MARIANA
LA ZAPATERA PRODIGIOSA
ASÍ QUE PASEN CINCO AÑOS
DOÑA ROSITA LA SOLTERA
LA CASA DE BERNARDA ALBA
PRIMERAS CANCIONES
CANCIONES

FEDERICO GARCÍA LORCA
(Dibujo de Moreno Villa)

FEDERICO GARCÍA LORCA

MARIANA PINEDA
LA ZAPATERA PRODIGIOSA
ASÍ QUE PASEN CINCO AÑOS
DOÑA ROSITA LA SOLTERA
LA CASA DE BERNARDA ALBA
PRIMERAS CANCIONES
CANCIONES

PRÓLOGO
DE
SALVADOR NOVO

DECIMOQUINTA EDICIÓN

EDITORIAL PORRÚA
AV. REPÚBLICA ARGENTINA, 15
MÉXICO, 1998

Primeras ediciones: *Mariana Pineda,* Madrid, 1928; *La zapatera prodigiosa,* Buenos Aires, 1938; *Así que pasen cinco años,* Valencia, 1937; *Doña Rosita la soltera,* Buenos Aires, 1938; *La casa de Bernarda Alba,* Buenos Aires, 1945; *Primeras canciones,* Madrid, 1936, y *Canciones,* Málaga, 1927.

Primera edición en la Colección "Sepan cuantos...", 1973

ISBN 968–432–111–2 Rústica
ISBN 970–07–0254–5 Tela

IMPRESO EN MÉXICO
PRINTED IN MEXICO

PRÓLOGO

I. LA ESPAÑA NUEVA DE LOS AÑOS VEINTES

Tropiezo, en el rincón de un estante, con unos pequeños tomos en rústica amarillentos, envejecidos, ahí olvidados desde hace muchos años. Son los "Cuadernos Literarios" que por 1927 —pronto hará un medio siglo— llegaban al México literario de Ulises y de los Contemporáneos como portadores, heraldos, de un propósito de divulgación a la vez que de conjunción y fraternidad entre los autores españoles consagrados y los nuevos, los jóvenes del momento: los que encontraban resonancia, simbiosis, en Xavier Villaurrutia, Jaime Torres Bodet, José Gorostiza.

Releo la segunda de forros de uno de estos Cuadernos, tarifados de una a dos y media pesetas: "En el propósito de los Cuadernos Literarios está el responder con la fidelidad posible a las corrientes espirituales, quizá un poco antagónicas para vistas de cerca, que se van marcando en nuestros días. Junto a la obra del hombre consagrado con personalidad definida, cabe aquí la tentativa del escritor joven que ve claro su propósito. Pretenden, en suma, los Cuadernos Literarios, ser un reflejo de la vida literaria contemporánea, sin reducirla al círculo intelectual de un grupo, de una tendencia o de un país."

Eran los años en que la benemérita Biblioteca de Autores Españoles de Rivadeneyra, y la Nueva de igual tamaño, se veían actualizadas, manuables y legibles; dotados los autores de estudios, prólogos y notas por investigadores nuevos, en los "Clásicos Castellanos de la Lectura". Eran en España los "días alcióneos" de un renacimiento cultural nutrido en la flamante Ciudad Universitaria, nodriza próvida de talentos nacidos el año clave del 1898. A la erudición caudalosa, desbordada y undívaga de don Marcelino Menéndez y Pelayo, había sucedido el rigor crítico y de investigación de don Ramón Menéndez Pidal.

Significativamente, la "primera serie" de los Cuadernos aludidos reunía a Pío Baroja, Ramón y Cajal y don Ramón Menéndez Pidal con José Moreno Villa —diez años más tarde incorporado a México hasta su muerte— y con el mexicano a quien sentíamos, más allá de sus deberes diplomáticos, antena de nuestro país y representante de los escritores de acá: Alfonso Reyes. Años después, ya vecino del México a que por aquellos años había venido a dar conferencias —como otro ilustre prologuista de La Lectura, Américo Castro el año que publicó su Pensamiento de Cervantes—, Enrique Diez Canedo evocaba a sus propios Contemporáneos, que lo eran de nuestro Alfonso Reyes, en el ambiente madrileño en que sonaban— como las travesuras li-

terarias confiadas a la revista *Índice* (el Diálogo entre don Vino y
doña Cerveza), las "horas" de este o de aquel escritor. Recuerdo un
par de ellas, alegremente comunicadas por don Enrique:

> "Es la hora de Solalinde:
> el benjamín de los filólogos,
> que redacta notas y prólogos,
> de quien don Ramón no prescinde;
> es la hora de Solalinde."

o bien:

> "Es la hora de Julio Camba;
> con estos terribles bochornos
> va a tomar chocolate en Fornos
> o a tomar café en Tupinamba.
> Es la hora de Julio Camba."

Acababa de abandonarnos para mudarse al Buenos Aires donde lo
volví a ver, y justo en la ocasión en que conocí a Federico García
Lorca, un Maestro que aun bajo el porfirismo, había venido de su natal
Santo Domingo a estudiar en México y fundar, con otros jóvenes, un
Ateneo cuyos miembros dispondrían años más tarde, al triunfo y a
la institucionalización de la Revolución de 1910, de oportunidades bri-
llantes para llevar al cabo la revisión de la cultura, la filosofía, las
letras —y aun la pintura y la música— que fue dable a José Vasconcelos auspiciar desde una restaurada Universidad, y desde una nueva
Secretaría de Educación Pública. En ambas tareas —Universidad y
Educación—, Pedro Henríquez Ureña aportó a su coateneísta Vasconcelos su oportuno consejo; y a la nueva generación de escritores, su
guía, su disciplina —y la relación con los escritores jóvenes de los
países de América y con los de la España nueva: aquella en que acababa de publicarse su *Versificación Irregular en la Poesía Castellana*.

Alfonso Reyes —a la vez compañero y discípulo de Pedro Henríquez Ureña en el Ateneo de México— compartía en Madrid el ejer-
cicio de su vocación investigadora de las letras, ya acusada en su primer
libro: *Cuestiones Estéticas*, con la necesidad de ganarse el sustento mediante las colaboraciones periodísticas: crónicas, ensayos, que reunía
en libros para formar la serie de "Simpatías y· Diferencias" a que Pedro
Henríquez Ureña nos aficionó; y cuya lectura, con la de los demás
libros de esa su muý fecunda época, inició nuestra relación con Alfonso
Reyes y cuanto ella servía a la vez de enlace entre los jóvenes escritores españoles y los mexicanos.

Así los nombres de Pedro Salinas, de Benjamín Jarnés, de Mauricio
Bacarisse, de Rafael Alberti: las pulcras ediciones *Índice*, en que nos
había llegado la *Visión de Anáhuac* de Alfonso Reyes y se nos presen-

taban los poetas nuevos de España: aquellos que a partir de Antonio
Machado cruzarán el puente críptico y delicado de Juan Ramón Jiménez hacia nuestra más cordial comprensión, simpatía, inscripción
entre nuestras sinceras admiraciones juveniles. En esa flota de Argonautas, una voz a que daba fondo la guitarra de Andrés Segovia:
preñada de una luna mágica y verde, medio el Greco y medio Dalí:
que contaba historias estrujantes, como los viejos romances; como si
los viejos romances hubiesen despertado de su sueño de siglos a revivir en la imaginación y los labios de Federico García Lorca, llegó,
con su nombre, a nuestros oídos.

II. PERSPECTIVA DE GARCÍA LORCA

Los años transcurridos desde su culminación teatral hasta esta
fecha en que toda su obra ha alcanzado amplísima difusión mundial,
la enmarcan en una perspectiva que permite apreciar la genial medida en que dentro del término forzosamente breve de una existencia
individual, se pudo repetir en García Lorca —prodigiosamente acele-
rado, comprimido— el largo, pero sólido y firme, proceso que en la
literatura española parte de los Romances Viejos en derechura y flo-
ración hacia y hasta el gran teatro del Siglo de Oro.

Lo que rinde al joven poeta la admiración, la atención, la sorpresa
y la adopción inmediata entre las revelaciones de nuestro tiempo, es en
efecto su *Romancero Gitano*. Dos corrientes lo nutren: la raigambre
popular, ancestral, de los romances viejos: en su máxima porción, na-
rrativos, dramáticos: genes naturales del teatro que adoptará sus octo-
sílabos como lenguaje y sus historias como temas: y la imaginería, la
adjetivación y la metáfora cultas en que se manifiesta un Góngora
resurrecto. En alguna parte de sus confidencias, entrevistas o reflexio-
nes, García Lorca señaló su propósito de restituir al Romancero la vitalidad de que el neoclasicismo había, en apariencia, logrado privarlo,
despojarlo; la vitalidad que había, con el romance, dado sus últimas
boqueadas con el Duque de Rivas y con don José Zorrilla, para hacer
en el resto del XIX un mutis doloroso.

Cabe señalar que si en España sufrió el Romancero eventuales eclip-
ses, no le ocurrió lo mismo en un México adonde los primeros romances llegaron en los labios sedientos y jóvenes de los aventureros
conquistadores. Bernal Díaz recuerda y recita romances viejos: los recuerda (y los sufre agriados hasta el burdo epigrama) Cortés. El
romance se infiltra en el oído y en el gusto de la Nueva España,
condenada empero a la pesadez de las estrofas reales para la versificación de su epopeya *(El Peregrino Indiano)*. Sor Juana lo escribe,
dentro y fuera de su escaso teatro. Y el pueblo lo hace suyo, lo canta
por ferias y plazas como los juglares antiguos. Es el Corrido mexicano,

romance vestido de charro, que conserva en el trasplante las virtudes castellanas del honor, la pasión, los celos y la muerte.

A partir de Menéndez Pidal, mucho se ha investigado el arraigo, la difusión y las metamorfosis de los romances castellanos en América, y muy particularmente en México. El romancero mexicano no sufrió quebranto ni eclipse durante el siglo xix, sino todo lo contrario: sirvióse de él para narrar la Independencia y la Reforma; Guillermo Prieto, a quien sus contemporáneos acaban por llamar "el Romancero"; en romances cuenta leyendas lóbregas de las calles virreinales Juan de Dios Peza. Y en nuestro siglo: dramáticamente ilustrados en papeles de colores por Posada y Vanegas Arroyo, los romances —esto es; los corridos, cantan por todos los pueblos, plazas, ferias, las hazañas de los héroes —¡tan medioevales!— de la Revolución.

He aquí por qué al llegar a nuestros ojos y oídos la voz de García Lorca en su *Romancero Gitano,* nuestro entusiasmo no abría la puerta a un extraño, sino los brazos al regreso de un hermano pródigo. El corrido saludaba al romance. Y el romance regresaba a sus lares rico de cuanta pedrería le había enjoyado —Marco Polo— Federico en sus viajes.

III. CLÁSICOS Y ROMÁNTICOS

Sólo que los viajes de este audaz Marco Polo andaluz no habían explorado espacios, sino anulado tiempo. Habían sido viajes alrededor de su propio mundo: la literatura de su patria. Y la literatura de su patria no se explica sino como su vida entrañable: es el paisaje; pero como residencia del hombre y la mujer sin los cuales ese paisaje languidece y se extingue.

En los romances viejos habitan, cautivos y encantados, los personajes en espera del mago o brujo capaz de hacerlos revivir, como ya en otro siglo lográronlo Guillén de Castro o Lope de Vega. Cuando en el nuestro Federico se acerca nuevamente al romancero, los caracteres, los personajes y los tipos que en ellos han preservado por siglos la simiente de su humanidad, le acosarán para confiarle sus vidas, reencarnaciones, sus triunfos y derrotas; sus angustias, su muerte. El genio de García Lorca habrá decantado en su alquimia los ingredientes más probados y auténticos del gran teatro poético del Siglo de Oro, para ofrecernos *su* propio —y nacional— gran teatro poético.

Los estudiantes de teatro saben que este género admite (entre las múltiples disecciones a que se le suele someter) una gran división en dos rubros: teatro clásico y teatro romántico. Entendemos por teatro estructuralmente clásico el que reglamentó en su *Poética* Aristóteles: pero sobre todo, el que cronológicamente floreció antes de Cristo, y está por ello impregnado en el determinismo que convierte al héroe en juguete y siervo de los dioses. El héroe clásico: aunque suela rebelarse contra su destino, lo cumple porque una caprichosa voluntad omnímoda lo fuerza a ello.

La moral cristiana introdujo en la vida un elemento —el libre albedrío —que al emancipar al hombre de la tiranía de los dioses, lo responsabiliza de su destino. Transfiere a sus propios hombros la carga que, en cierto modo, era cómodo atribuir a los dioses. Por lo que hace al teatro, el libre albedrío como pivote de la conducta humana, dota a la máscara de un segundo rostro: origina, motiva al teatro romántico, por oposición al clásico. El héroe, por una parte, ha dejado de ser necesariamente rey o semidiós; puede ser simplemente humano. Y por la otra, está en aptitud de erguir su propio ideal, defenderlo o con él atacar, medir sus fuerzas contra quien o quienes o lo que, se le oponga. Y hacerlo con la posibilidad de triunfar. El conflicto deja así de tener un solo desenlace posible, para abrirse a muchos potenciales y no dictados ni condicionados por los dioses.

IV. EL SIGLO DE ORO

Dos grandes pueblos desarrollan, en el Renacimiento, sendos grandes teatros de raíces religiosas semejantes, pero de características propias: la Inglaterra que culmina en Shakespeare, y la España que derrama hasta Inglaterra la influencia de sus temas e historias —como por lo demás, lo hará hacia la Francia clasicista con *Le Menteur, Le Cid, Don Juan.* La española *Celestina* fue conocida en Londres, anónimamente traducida de una versión italiana, en 1578. Gran importancia e influencia (aun por su parecido con *Hamlet)* tuvo el "drama de venganza" que Thomas Kyd llamó *The Spanish Tragedy;* no menos que *The Spanish Gypsy,* de Middleton y Rowley, y *The City Nightcap,* curiosa versión del *Curioso Impertinente* cervantino, por Robert Davenport. Como lo observa Allardice Nicoll en su *Historia del Drama Inglés,* "la tragicomedia de molde romántico tuvo influencia indudable en el espíritu de los dramaturgos ingleses, y la intriga española llegó a usurpar más y más la atención. El drama español estaba magníficamente calificado para atraer en la época de los reyes Jaime y Carlos. Bajo Lope de Vega y Calderón, había ganado un sitio supremo en el mundo del arte. Al enfriarse los sentimientos que llegaron al rojo vivo en los días de la Armada Invencible, la Corte se volvió hacia España." Y analiza las razones de esta atracción, que hacía triunfar al teatro español del Siglo de Oro: "El teatro español se distinguía por tres características: el tono romántico que con frecuencia envolvía las escenas más serias: el énfasis en la intriga, o acción, a expensas de los caracteres; y el aire de una galanura aristocrática engendrada en un pueblo estrictamente monarquista entre convenciones de una etapa tardía de civilización."

V. DONDE HUBO FUEGO...

Un pesado telón de boca prolonga para el teatro español el inter-
medio provocado al cesar la línea barroca, romántica, de los Austrias,
e infiltrarse en nuestra cultura el frío, formal, racional academismo de
los Borbones. Había caído el telón sobre un Calderón de la Barca
que rendiría la admiración de los alemanes; sobre el Tirso, maestro
en intrigas, sobre el monstruo Lope. Todo empezaría a ser mesura, tres
unidades, tipos; y a expresarse el teatro en el común hablar de la prosa.

Bajo este vasto silencio se percibe, empero, la alegría burlona: el
rasgueo de guitarra de don Ramón de la Cruz, quien afirma sacar
sus textos "del teatro de la vida humana, que es donde leo" Cuando
arraiga y prospera la popularidad de este fecundo sainetero, no se
halla sólo en la lucha defensiva contra los escritores partidarios del
teatro "a la francesa", ni en sus sátiras de las tragedias "a la Corneille".
Le acompaña y aplaude el pueblo; el mismo que un siglo antes se miró
complacido a los espejos mágicos que enmarcaban en romances y sonetos sus autores consentidos.

Si pues don Ramón de la Cruz custodia bajo la ceniza del siglo XVIII el fuego, o siquiera la chispa, del gran teatro español que le
precedió, la ocasión de verlo surgir en llamarada efímera, la deparó
el viento, o ventarrón, o temblor de tierra, de un Romanticismo cuyo
epicentro se localiza en los países sajones, adonde parece haberse
mudado en trueque. Desde esos países, volverá a España después
de haber estallado en el grito alemán del *Sturm und Drang*. Las traducciones de Chateaubriand, Walter Scott, Lord Byron, Víctor Hugo,
preparan el terreno (o, mejor, siembran en coto propicio) para el
advenimiento triunfal del Martínez de la Rosa de *La Conjuración de
Venecia* (1834); del Duque de Rivas y su *Don Álvaro o la Fuerza
del Sino* (1835); de Antonio García Gutiérrez (visitante de México,
obligado en Mérida a salir a escena para agradecer ovaciones) y su
Trovador de 1836; de *Los Amantes de Teruel*, de Hartzenbusch, 1837.
Las poesías de Espronceda (1839), la obra de Mariano José de Larra y
el *Don Juan Tenorio* de su condoliente José Zorrilla (1844) anuncian
el nuevo, pronto ocaso del romanticismo en el XIX. Mucho de cuyo
material temático aprovechará el genio de Verdi para armar óperas que
han de durar —¡ay!— más que los dramas que las nutren. Con agu-
deza observan Germán Bleiber y Julián Marías que "la vida española
está inmersa en el romanticismo desde 1812 aproximadamente; pero
se vierte literalmente durante tres lustros, en moldes neoclásicos."

Con un teatro compartido por Benavente y Muñoz Seca: en crisis la
España que se asomaba al siglo XX, los escritores que las historias li-
terarias emulsionan a pesar de sus diferencias y géneros como "la generación del 98" se planteaban interrogaciones acerca de si ya fuera

a seguir la suerte de Grecia y de Roma: sucumbir; y qué podría hacerse para sacarla del marasmo. Parecía preciso volver a establecer, averiguar qué era España; cuál su esencia; qué le ocurría y cuál era su mal.

El siglo XIX tocaba a su fin cuando la racha del Modernismo, llevada por el americano Rubén Darío a una España necesitada de renovación, pareció indicar el camino, y aconsejar una renovación que no adulterase, sino que re-descubriera, sus gloriosas esencias eternas. Del ilustre catálogo de miembros de aquella Generación, aislcmos a Valle-Inclán, los Machado y Juan Ramón Jiménez, como los espíritus más afines y más próximos en la poesía y para el teatro, a quien, nacido en ese año, fija en su primer libro a los veinte de edad las *Impresiones y Paisajes*, recogidos durante un viaje de estudiante universitario: Federico García Lorca.

VI.   ENTER LORCA

Le estaba reservado a este gran poeta catalizar todas las dudas, esperanzas, anhelos de su generación, y darles respuesta con una obra que recogía, remozaba, lavaba, sacudía, el lenguaje poético: le daba de boca a boca la respiración que empezaba a faltarle; y al re-descubrir el teatro poético, propiciaba el regreso triunfal de la "monarquía cómica" con la renovación más audaz intentada para la escena contemporánea en castellano.

Son las *Canciones* —1927— lo que primero llega a nuestra admiración: libro en que ya germinan, como en un almácigo, las simientes de una poesía que ha de diversificarse en las siguientes obras suyas. Como la tónica que habría de reiterarse en las posteriores creaciones, el *Romancero Gitano* madura el ritmo popular de canción, con reminiscencias infantiles; la metáfora relampagueante, y la angustia del misterio.

*

El paso de la poesía narrativa a la escena fue en García Lorca tan normal y maduro como el que conduce la flor al fruto. Hay poesía y empieza a haber teatro en el *Maleficio de la Mariposa*, inconclusa; ensayo de sus 21 años en 1919 A partir de ese ensayo, su balanza poética se inclinaría en el teatro alternativa, compensadoramente, por la evocación melancólica, tierna, del pasado cuyo ambiente y personajes sirvan a la poesía como *Mariana Pineda* o *Rosita la Soltera;* por el desenfado, el burlesco disfraz de una emoción lírica disimulada en las farsas como *La Zapatera Prodigiosa* o *Los Amores de don Perlimplín;* o con mayor hondura y peso artístico, por los dramas de tema popular, con obras cumbres como *Bodas de Sangre, Yerma* y *La Casa de Ber-*

narda Alba. En estas tres tragedias, la pasión, el sexo, la frustración
maternal, construyen en su choque con el viejo honor del teatro castellano en sus perdurables metamorfosis, una admirable galería de
caracteres femeninos surgidos de la pluma de un poeta que, con ellos,
dota al teatro español de todos los tiempos de las mujeres que el Siglo
de Oro recató; y de que asoman apenas, en el mejor Benavente, los
perfiles de *La Malquerida* y de *Señora Ama.*

Por lo demás, el teatro de Federico García Lorca recibe, aparte
la poesía o con ella, el concurso de todas las artes que su autor cono-
cía y practicaba: música, canto, danza, pantomima; y decorados y ves-
tuarios fantásticos. Su amistad con Manuel de Falla (con quien en 1923
prepara una original fiesta para los niños); con Adolfo Salazar (fallecido en México), con Dalí, con Buñuel; su personal habilidad para
el piano, la guitarra, la declamación y el canto, le calificaron para
emprender en 1932, con Eduardo Ugarte, el teatro trashumante de "La
Barraca" que llevara —nuevo Tespis— por los pueblos de España sus
propias versiones de *La Vida es Sueño, Fuente Ovejuna, El Burlador,
los Entremeses* de Cervantes. Ya para entonces, sus obras —después
del temprano fracaso de *El Maleficio de la Mariposa*— habían pisado
los escenarios españoles: *Mariana Pineda,* por la Xirgu, en el Teatro
Fontalba el 12 de octubre de 1927.

Quien habría de introducir, presentar, revelar el teatro de García
Lorca en México en 1936: Cipriano Rivas Cherif, ya había montado
en su propio grupo teatral El Caracol, el *Amor de don Perlimplín,*
en enero de 1929; y estrenado en el Teatro Español, el 24 de diciembre
de 1930, la versión de *La Zapatera Prodigiosa,* con la Xirgu.

El 8 de marzo de 1933, la compañía de Josefina Díaz de Artigas es-
trenó en el Teatro Beatriz de Madrid las *Bodas de Sangre* que ese
mismo año, Lola Membrives presentaría en Buenos Aires durante la
estancia triunfal del poeta, del 12 de octubre de 1933, al 27 de marzo
de 1934: las *Bodas de Sangre, Mariana Pineda,* y la versión ampliada
de *La Zapatera Prodigiosa.*

El 12 de marzo de 1935, con motivo de las 100 representaciones de
Yerma en el Teatro Español de Madrid, Federico dio lectura a su
Llanto por Ignacio Sánchez Mejías; y el público madrileño conoció el
18 de marzo la versión ampliada de *La Zapatera,* en el Coliseum,
por Lola Membrives, escenografía de Fontanals (fallecido en México
después de colaborar asiduamente en nuestro cine) y dirección de
Federico García Lorca.

Por esos días anunció el poeta haber terminado *Doña Rosita,* obra
que la compañía de Margarita Xirgu leyó en el Teatro Studium de
Barcelona en septiembre de 1935 y que dirigida por Cipriano Rivas
Cherif constituiría, con los estrenos de *Bodas de Sangre* y *Yerma,* en
Bellas Artes, la presentación teatral de un poeta ya aquí admirado
como tal; y cuya llegada personal a gozar de su triunfo, se anunciaba

como inminente. Él mismo había declarado, en mayo, su plan de via-
jar nuevamente a Nueva York, descansar en el tren a México, ver el
estreno de sus obras y dar aquí una conferencia sobre el Quevedo que
lo tenía fascinado. Entre junio y julio de 1936, en el Club Anfístora,
se leyó con intención de montarla, una obra teatral más de Federico:
Así que pasen Cinco Años —que en 1957 tuve el gusto de presentar en
televisión dentro de la serie de Teatro Universal que entonces dirigí
bajo el patrocinio de la Lotería Nacional.

VII.   FEDERICO EN MI MEMORIA,
O MEMORIA DE FEDERICO

En las páginas de mi *Continente Vacío, viaje a Sudamérica,* publi-
cado en Madrid por Espasa-Calpe en 1935, aparece el Federico García
Lorca a quien brevemente conocí y traté en Buenos Aires.

Lo de menos sería cometer aquí el auto-plagio de reproducir aquellas páginas. Renuncio a hacerlo. Prefiero, a la distancia de todos estos
años, dejar que floten, surjan, los recuerdos que no hayan naufragado;
sin el orden cronológico con que en aquel libro vertí las impresiones
de unos cuantos días absorbidos por su personalidad arrolladora.

Durante el viaje por mar —¡18 días desde Nueva York a Montevideo, con apenas una pausa en Río de Janeiro!— yo había escrito un
poema bilingüe que titulé Seamen Rhymes. Cuando el poeta argentino
Ricardo Molinari insistió en que fuésemos a saludar a Federico García
Lorca, pues él había manifestado deseos de conocerme, llevé conmigo
el poema.

Como el camerino de una estrella en noche de gala, el cuarto que
Federico ocupaba en el hotel se hallaba, a medio día, lleno de admiradores. Él vestía aún el pijama a grandes rayas blancas y azules con que
saltaba sobre la cama, reía, hablaba sin tregua. Pero un diálogo sin palabras se entabló entre nosotros, que dejaba a los demás fuera o al
margen de una amistad forjada de un solo golpe. Me parece aún oír
su voz: "Pa mí, l'amiztá é ya pa ziempre. E' cosa sagrá." Y exageraba
el ceceo.

Cuando por fin partieron los visitantes, Federico se vistió como
un transformista, y salimos a almorzar. Llevaba entonces, como una
audacia personal, lo que llamaba "pulóver" —sweater cuello de tor-
tuga— y lo que llamaba "mono" y nosotros overall de tela corriente.
No usaba el sombrero que la mayoría de la gente conservaba encima,
a pesar de la prédica sinsombrerista de H. G. Wells.

Me explicó que su indumentaria era una especie de uniforme usado
por todos los miembros de "La Barraca"

Mentiría si dijera que hablamos de cosas trascendentales o impor-
tantes. México, por supuesto, era un tema de nuestra conversación.

¿Cómo, si ya había estado en Nueva York y en La Habana, no llegó, no se desvió a México? "Nadie me invitó. Yo habría volado hacia allá." Mientras tanto, había conocido y tratado a algunos mexicanos: en Madrid, desde luego a nuestros diplomáticos: "Cómo está uzté", y hacía un ademán de cortesana, falsa cortesía. Y creo que en La Habana, a Emilio Amero y a Julio Castellanos. Y en Madrid, a Antonieta Rivas Mercado.

Pero él quería saber de México. No el México literario, sino... Le parecía imposible que no me gustaran los toros. No me lo creía. De la ciudad que le describía, le prometí ser en ella su cicerone a-literario, y procuré entusiasmarle a visitar a México lo antes posible.

Si no al siguiente, sí fue uno de esos días cuando Federico estrenaba *La Zapatera Prodigiosa*. El "todo Buenos Aires" —como decía Pedro Henríquez Ureña— se dio elegante cita en un teatro pletórico en que refulgían los prestigios locales de Oliverio Girondo, y ya más difundidos de Pablo Neruda. Hizo el Prólogo Federico: de frac, la chistera en la mano, de que en el momento climático de su improvisación hizo brotar una paloma que revoloteó por el teatro, sacudido por la ovación tributada al niño mimado de la temporada. Obvio es decir que su camerino, repleto de flores, fue un desfile interminable de damas y caballeros bonaerenses.

Enfermé. Y cuando menos lo esperaba, Federico irrumpió en el cuarto de mi hotel. Traía consigo cuatro dibujos que acababa de trazar para mi poema, y que (muchas veces reproducidos desde entonces: uno de ellos, en las obras completas de Aguilar como "amor novo") ilustraron la limitada y fina edición de cien ejemplares en diversos papeles que Molinari encargó de imprimir a don Francisco Colombo. Luego habló, habló; yendo de aquí para allá, seguro de poder alejar a los duendes de mi enfermedad mediante los conjuros gitanos que se divertía en recitar. Sólo que uno de los exorcismos más eficaces consistía en arrojar agua por la ventana, como lo hizo. El administrador del hotel no tardó en subir a reprochar que desde mi ventana, se hubiese humedecido a un transeúnte.

Teníamos pocos días para vernos, para andar juntos. Yo debía volver a Montevideo —sede de la Conferencia Panamericana de que era Relator— y Federico, ir a alguna ciudad del interior a dar conferencias. Aquel último día de nuestra coincidencia en Buenos Aires, era pues preciso pasarlo juntos y divertirnos como lo planeamos.

Plan que por un momento, pareció zozobrar. Pues cierto joven millonario con afición por la fotografía, nos hizo ir a su estudio y posar, juntos y aparte, para varios retratos. De ahí debíamos ir a su casa para tomar un copetín, pues su bella hermana daba un "recibo"

El apartamento, de lujo, estaba a nuestra llegada lleno de elegantes señoras y caballeros en tuxedo, todos admiradores de Federico. Se nos anunciaba un buen par de horas de sociedad hasta la saciedad. Pero nunca imaginé el recurso a que García Lorca acudiría para liberarnos. "Vas a ver", me sopló al oído con aire misterioso. Y de pronto: con el aire más ofendido del mundo, se plantó frente a su aristocrático, desconcertado anfitrión: "¡Es imperdonable! No nos dices que tu recibo ha de ser de etiqueta, como visten todos tus invitados! ¡Y aquí llegamos, Salvador como quiera, y yo con mono, para vernos ridículos entre todos estos elegantes! ¡Ah, no! ¡Eso no te lo perdono! ¡No te lo tolero! ¡Vámonos!" Y salimos, entre el asombro general. Ya en la calle: "¿Has visto qué fácil?", rió estruendosamente, y nos encaminamos hacia una noche bonaerense sin etiqueta.

*

Escribo este prólogo a los dos volúmenes con que Federico García Lorca ingresa en la colección "Sepan Cuantos...", a los treinta y nueve años de aquel fugaz encuentro con la persona cuyo genio, gracia, voz, ha permanecido, a la vez congelada y viva, inmóvil y dinámica, en mi recuerdo; sin posibilidad de cotejarla con la que en el curso de los años habría deteriorado su irremediable decadencia, de haber sobrevivido al vendaval que —fruto en madurez— lo desprendió del árbol.

Al México a que en 1934 me reintegré; donde apenas recibí suyas unas líneas que hablaban "al indiecito que llevas debajo de la tetilla izquierda", llegó el teatro de Federico. Lo traían Cipriano Rivas Cheriff, Pedro López Lagar, Margarita Xirgu. Fue para todos una revelación deslumbradora, que no faltó quien se diera fallida prisa en imitar.

Desde aquellos años, la obra y la vida de Federico García Lorca han sido en todo el mundo objeto de estudio, homenaje y admiración. Y México (donde la "Alcancía" de Justino Fernández y Edmundo O'Gorman, con un dibujo de Rodríguez Lozano, había dado primera edición a su Oda a Walt Whitman), el país en que su poesía sigue siendo tan profundamente sentida y apreciada, como adoptado su teatro por repertorio predilecto: de esfuerzos juveniles semejantes a los de su precursora Barraca, o de Compañías como las que estrenan las grandes obras suyas que el lector hallará en los dos volúmenes "Sepan Cuantos...", para los cuales me ha sido concedido el privilegio de escribir estas líneas a guisa de prólogo.

SALVADOR NOVO.

30 de julio de 1973.

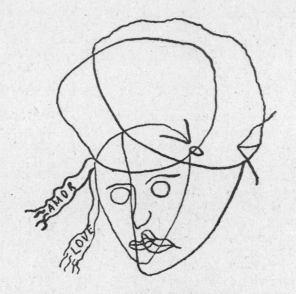

Este dibujo, y el que aparece en la pág. xxII, fueron
ejecutados por el poeta granadino especialmente para
Seamen Rhymes, de Salvador Novo, libro aparecido en
Buenos Aires en 1934.

CRONOLOGÍA DE LA VIDA Y OBRA DE
FEDERICO GARCÍA LORCA

1898. 5 de junio: Nace en Fuente Vaqueros, provincia de Granada, hijo de Federico García Rodríguez y Vicenta Lorca.

1913. Su familia se establece en Granada, y Federico García Lorca estudia en el Colegio del Sagrado Corazón de Jesús.

1914. Estudia Filosofía y Letras y Derecho en la Universidad de Granada. Toma lecciones de guitarra y piano.

1917. Escribe sus primeras poesías y publica un artículo con motivo del Centenario de Zorrilla en el "Boletín del Centro Artístico de Granada". Viaje de estudio por España.

1918. Publica en Granada *Impresiones y Paisajes*.

1919. Se aloja en la Residencia de Estudiantes de Madrid hasta 1928.

1920. 22 de marzo: Estrena el *Maleficio de la Mariposa* en Madrid, dirigida por Gregorio Martínez Sierra, con figurines de Barradas y bailes de La Argentinita.

1921. Publica en Madrid su primer libro de versos. Adolfo Salazar lo revela como un Poeta Nuevo.

1922. Organiza con Manuel de Falla (13 y 14 de junio) la Fiesta del Cante Jondo en Granada.

1923. Prepara con Falla en Granada una "Fiesta para los Niños". Se licencia en Derecho.

1924. Termina de escribir canciones y comienza el *Romancero Gitano*.

1925. Termina *Mariana Pineda*.

1926. Publica en la *Revista de Occidente* la "Oda" a Salvador Dalí.

1927. Es el año más movido y fecundo del poeta, con publicación de colaboraciones suyas en muchas revistas, exposición de 24 dibujos (25 de junio, 2 de julio) en Barcelona, estreno en Madrid de *Mariana Pineda* (12 de octubre), por la Xirgu y lectura en Granada de "La imagen poética de don Luis de Góngora".

1928. Funda "El Gallo" —dos números— y publica el *Romancero Gitano*, editado por la Revista de Occidente.

1929-30. Estancia en Nueva York y en Cuba. Regresa a Madrid en diciembre. Estreno de la versión breve de *La Zapatera prodigiosa*, por la Xirgu.

1931. Lee "Poeta" en Nueva York. Publica el *Poema del Cante jondo*, trabaja en el *Amor de Don Perlimplín*, y en *Así que pasen cinco años*.

1932. Dirige y funda el teatro universitario "La Barraca", con Eduardo Ugarte.

1933. Marzo: se estrena *Bodas de sangre*, en Madrid, por Josefina Díaz de Artigas. Viaja a Buenos Aires. Grandes triunfos.

1934.   *Llanto por Ignacio Sánchez Mejías.* Estreno de *Yerma,* en Madrid,
        por Margarita Xirgu.

1935.   Se estrena en Nueva York *Bodas de Sangre* en inglés. Lee en pri-
        vado *Doña Rosita,* que se estrena en Barcelona el 13 de diciembre.

1936.   Publica *Bodas de Sangre* en las ediciones Cruz y Raya. Proyecta
        y anuncia su viaje a México a ver el estreno de sus obras, que ha
        traído la Xirgu a Bellas Artes. Lee La *Casa de Bernarda Alba* y
        ensaya *Así que pasen cinco años.* Muere el 19 de agosto, sin haber
        realizado el plan de visitar a México.

MARIANA PINEDA
LA ZAPATERA PRODIGIOSA
ASÍ QUE PASEN CINCO AÑOS
DOÑA ROSITA LA SOLTERA
LA CASA DE BERNARDA ALBA
PRIMERAS CANCIONES
CANCIONES

García Lorca en un recital de piano,
en Madrid en 1928
(Dibujo de Moreno Villa)

MARIANA PINEDA

ROMANCE POPULAR
EN TRES ESTAMPAS

(1927)

A la gran actriz Margarita Xirgu.

F. G. L.

PERSONAJES

Mariana Pineda.
Isabel la Clavela.
Doña Angustias.
Amparo.
Lucía.
Niño.
Niña.
Sor Carmen.
Novicia primera.
Novicia segunda.
Monja.
Fernando.
Don Pedro Sotomayor.
Pedrosa.
Alegrito.
Conspirador primero.
Conspirador segundo.
Conspirador tercero.
Conspirador cuarto.
Mujer del velón, niñas, monjas.

3

PRÓLOGO

Telón representando el desaparecido arco árabe de las Cucharas y perspectiva de la plaza Bibarrambla en Granada. La escena estará encuadrada en un margen amarillento, como una vieja estampa, iluminada en azul, verde, amarillo, rosa y celeste. Una de las casas que se vean estará pintada con escenas marinas y guirnaldas de frutas. Luz de luna. Al fondo, las niñas cantarán, con acompañamiento, el romance popular:

> ¡Oh! Qué día tan triste en Granada,
> que a las piedras hacía llorar
> al ver que Marianita se muere
> en cadalso por no declarar.

> Marianita, sentada en su cuarto,
> no paraba de considerar:
> "Si Pedrosa me viera bordando
> la bandera de la Libertad."

(Más lejos.)

> ¡Oh, qué día tan triste en Granada,
> las campanas doblar y doblar!

(De una ventana se asoma una MUJER *con un velón encendido. Cesa el coro.)*

MUJER.
¡Niña! ¿No me oyes?

NIÑA *(desde lejos).*
¡Ya voy!

(Por debajo del arco aparece una NIÑA *vestida según la moda del año 1850, que canta.)*

> Como lirio cortaron el lirio,
> como rosa cortaron la flor,
> como lirio cortaron el lirio,
> más hermosa su alma quedó.

(Lentamente, entra en su casa. Al fondo, el coro continúa.)

> ¡Oh! Qué día tan triste en Granada,
> que a las piedras hacía llorar.

TELÓN LENTO

5

ESTAMPA PRIMERA

(Casa de MARIANA. *Paredes blancas. Al fondo, balconcillos pintados de oscuro. Sobre una mesa, un frutero de cristal lleno de membrillos. Todo el techo estará lleno de la misma fruta, colgada. Encima de la cómoda, grandes ramos de rosas de seda. Tarde de otoño. Al levantarse el telón, aparece* DOÑA ANGUSTIAS, *madre adoptiva de* MARIANA, *sentada leyendo. Viste de oscuro. Tiene un aire frío, pero es maternal al mismo tiempo.* ISABEL LA CLAVELA *viste de maja. Tiene treinta y siete años.)*

ESCENA PRIMERA

CLAVELA *(entrando)*
            ¿Y la niña?

ANGUSTIAS.—*(Dejando la lectura.)*
                        Borda y borda lentamente.
Yo la he visto por el ojo de la llave.
Parecía el hilo rojo, entre sus dedos,
una herida de cuchillo sobre el aire.

CLAVELA.
            ¡Tengo un miedo!

ANGUSTIAS.
                        ¡No me digas!

CLAVELA *(intrigada)*.
                                    ¿Se sabrá?

ANGUSTIAS.
            Desde luego, por Granada no se sabe.

CLAVELA
            ¿Por qué borda esa bandera?

ANGUSTIAS.
                                    Ella me dice
que la obligan sus amigos liberales.

    (Con intención.)

Don Pedro, sobre todos; y por ellos
se expone... *(Con gesto doloroso.)* a lo que no quiero
                                    [acordarme.

7

CLAVELA.

Si pensara como antigua le diría...
embrujada.

ANGUSTIAS *(rápida.)*

Enamorada.

CLAVELA *(rápida).*

¿Sí?

ANGUSTIAS *(vaga).*

¡Quién sabe!
(Lírica.)

Se le ha puesto la sonrisa casi blanca,
como vieja flor abierta en un encaje.
Ella debe dejar esas intrigas
¡Qué le importan las cosas de la calle!
Y si borda, que borde unos vestidos
para su niña, cuando sea grande.
Que si el Rey no es buen Rey, que no lo sea;
las mujeres no deben preocuparse.

CLAVELA.

Esta noche pasada no durmió.

ANGUSTIAS.

¡Si no vive! ¿Recuerdas?... Ayer tarde...

(Suena una campanilla alegremente.)

Son las hijas del Oidor. Guarda silencio.

*(Sale CLAVELA, rápida. DOÑA ANGUSTIAS se dirige a
la puerta de la derecha y llama.)*

Marianita, sal, que vienen a buscarte.

ESCENA II

*(Entran dando carcajadas las hijas del Oidor de la
Chancillería. Visten enormes faldas de volantes y vienen
con mantillas, peinadas a la moda de la época, con un
clavel rojo en cada sién. LUCÍA es rubia tostada, y AM-
PARO, morenísima, de ojos profundos y movimientos rápidos.)*

ANGUSTIAS.—*(Dirigiéndose a besarlas, con los brazos abiertos.)*
¡Las dos bellas del Campillo
por esta casa!

AMPARO.—*(Besa a DOÑA ANGUSTIAS y dice a CLAVELA):*
¡Clavela!
¿Qué tal tu esposo el clavel?

CLAVELA.—*(Marchándose, disgustada, y como temiendo más bromas.)*
¡Marchito!

LUCÍA.—*(Llamando al orden.)*
¡Amparo! *(Besa a DOÑA ANGUSTIAS.)*

AMPARO.—*(Riéndose.)*
¡Paciencia!
¡Pero clavel que no huele,
se corta de la maceta!

LUCÍA.
Doña Angustias, ¿qué os parece?

ANGUSTIAS.—*(Sonriendo.)*
¡Siempre tan graciosa!

AMPARO.
Mientras
que mi hermana lee y relee
novelas y más novelas,
o borda en el cañamazo
rosas, pájaros y letras,
yo canto y bailo el jaleo
de Jerez, con castañuelas;
el vito, el ole, el sorongo,
y ojalá siempre tuviera
ganas de cantar, señora.

ANGUSTIAS.—*(Riendo.)*
¡Qué chiquilla!

(AMPARO coge un membrillo y lo muerde.)

LUCÍA.—*(Enfadada.)*
¡Estáte quieta!

AMPARO.—*(Habla con lo agrio de la fruta entre los dientes.)*
¡Buen membrillo!

(Le da un calofrío por lo fuerte del ácido, y gui

ANGUSTIAS.—*(Con las manos en la cara.)*
¡Yo no puedo
mirar!

LUCÍA.—*(Un poco sofocada.)*
¿No te da vergüenza?

AMPARO.
Pero, ¿no sale Mariana?
Voy a llamar a su puerta.

(Va corriendo y llama.)

¡Mariana, sal pronto, hijita!

LUCÍA.
> ¡Perdonad, señora!

ANGUSTIAS.— *(Suave.)*
> ¡Déjala!

ESCENA III

(La puerta se abre y aparece MARIANA, *vestida de malva claro, con un peinado de bucles, peineta y una gran rosa roja detrás de la oreja. No tiene más que una sortija de diamantes en su mano siniestra. Aparece preocupada, y da muestras, conforme avanza el diálogo, de vivísima inquietud. Al entrar* MARIANA *en escena, las dos muchachas corren a su encuentro.)*

AMPARO.— *(Besándola.)*
> ¡Cómo has tardado!

MARIANA.— *(Cariñosa.)*
> ¡Niñas!

LUCÍA.— *(Besándola.)*
> ¡Marianita!

AMPARO.
> ¡A mí otro beso!

LUCÍA.
> ¡Y otro a mí!

MARIANA.
> ¡Preciosas!
>
> *(A* DOÑA ANGUSTIAS.)
> ¿Trajeron una carta?

ANGUSTIAS.
> ¡No!
>
> *(Queda pensativa.)*

AMPARO.— *(Acariciándola.)*
> Tú, siempre joven y guapa.

MARIANA.— *(Sonriendo con amargura.)*
> ¡Ya pasé los treinta!

AMPARO.
> ¡Pues parece que tienes quince!
>
> *(Se sientan en un amplio sofá, una a cada lado.* DOÑA ANGUSTIAS *recoge su libro y arregla una cómoda.)*

MARIANA.—*(Siempre con un dejo de melancolía.)*
　　　　　　　　　　　　　　　　¡Amparo!
　¡Viudita y con dos niños!

LUCÍA.
　　　　　　　　　　　　　¿Cómo siguen?

MARIANA.

　Han llegado ahora mismo del colegio.
　Y estarán en el patio.

ANGUSTIAS.
　　　　　　　　　　　　　Voy a ver.
　No quiero que se mojen en la fuente.
　¡Hasta luego, hijas mías!

LUCÍA.—*(Fina siempre.)*
　　　　　　　　　　　　　¡Hasta luego!

　(Se va DOÑA ANGUSTIAS.*)*

ESCENA IV

MARIANA.

　Tu hermano Fernando, ¿cómo sigue?

LUCÍA.
　　　　　　　　　　　　　　　　Dijo
　que vendría a buscarnos, para saludarte.
　(Ríe.) Se estaba poniendo su levita azul.
　Todo lo que tienes le parece bien.
　Quiere que vistamos como tú te vistes.
　Ayer...

AMPARO.—*(Que tiene siempre qué hablar, la interrumpe.)*
　　　　　　　Ayer mismo nos dijo que tú

　(Lucía queda seria.)

　tenías en los ojos... ¿qué dijo?

LUCÍA.—*(Enfadada.)*
　　　　　　　　　　　　　¿Me dejas
　hablar? *(Hace intención de hacerlo.)*

AMPARO.—*(Rápida.)*
　　　　　　　¡Ya me acuerdo! Dijo que en tus ojos
　había un constante desfile de pájaros.

　(Le coge la cabeza por la barbilla y le mira los ojos.)

　Un temblor divino, como de agua clara,
　sorprendida siempre bajo el arrayán,
　o temblor de luna sobre una pecera
　donde un pez de plata finge rojo sueño.

LUCÍA.—*(Sacudiendo a* MARIANA.*)*
¡Mira! Lo segundo son inventos de ella. *(Ríe.)*

AMPARO.
¡Lucía, eso dijo!

MARIANA.

¡Qué bien me causáis,
con vuestra alegría de niñas pequeñas!
La misma alegría que debe sentir
el gran girasol al amanecer,
cuando sobre el tallo de la noche vea
abrirse el dorado girasol del cielo.

(Les coge las manos.)

La misma alegría que la viejecilla
siente cuando el sol se duerme en sus manos
y ella lo acaricia creyendo que nunca
la noche y el frío cercarán su casa.

LUCÍA.
¡Te encuentro muy triste!

AMPARO.
¿Qué tienes?

(Entra CLAVELA.*)*

MARIANA.—*(Levantándose rápidamente.)*
¡Clavela!...
¿Llegó? ¡Di!

CLAVELA.—*(Triste.)*
¡Señora, no ha venido nadie!
(Cruza la escena y se va.)

LUCÍA.
Si esperas visita, nos vamos.

AMPARO.
Lo dices,
y salimos.

MARIANA.—*(Nerviosa.)*
¡Niñas, tendré que enfadarme!

AMPARO.
No me has preguntado por mi estancia
en Ronda.

MARIANA.
Es verdad que fuiste; ¿y has vuelto contenta?

AMPARO.
>
> Mucho. Todo el día baila que te baila.
>
> *(MARIANA está inquieta, y llena de angustia, mira a las puertas y se distrae.)*

LUCÍA.—*(Seria.)*
>
> Vámonos, Amparo.

MARIANA.—*(Inquieta por algo que ocurre fuera de la escena.)*
>
> ¡Cuéntame! Si vieras
> cómo necesito de tu fresca risa,
> cómo necesito de tu gracia joven.
> Mi alma tiene el mismo color del vestido.
>
> *(MARIANA sigue de pie.)*

AMPARO.
>
> Qué cosas tan lindas dices,
> Marianilla.

LUCÍA.
>
> ¿Quieres que te traiga una novela?

AMPARO.
>
> Tráele
> la plaza de toros de la ilustre Ronda.
>
> *(Ríen. Se levanta y se dirige a MARIANA.)*
>
> ¡Siéntate!
>
> *(MARIANA se sienta y la besa.)*

MARIANA.—*(Resignada.)*
>
> ¿Estuviste en los toros?

LUCÍA.
>
> ¡Estuvo!

AMPARO.
>
> En la corrida más grande
> que se vio en Ronda la vieja.
> Cinco toros de azabache,
> con divisa verde y negra.
> Yo pensaba siempre en ti;
> yo pensaba: si estuviera
> conmigo mi triste amiga,
> ¡mi Marianita Pineda!
> Las niñas venían gritando
> sobre pintadas calesas,
> con abanicos redondos
> bordados de lentejuelas.
> Y los jóvenes de Ronda
> sobre jacas pintureras,
> los anchos sombreros grises

calados hasta las cejas.
La plaza con el gentío
(calañés y altas peinetas)
giraba como un zodíaco
de risas blancas y negras.
Y cuando el gran Cayetano
cruzó la pajiza arena
con traje color manzana,
bordado de plata y seda,
destacándose gallardo
entre la gente de brega
frente a los toros zaínos
que España cría en su tierra,
parecía que la tarde
se ponía más morena.
¡Si hubieras visto con qué
gracia movía las piernas!
¡Qué gran equilibrio el suyo
con la capa y la muleta!
Ni Pepe-Hillo, ni nadie
toreó como él torea.
Cinco toros mató; cinco,
con divisa verde y negra.
En la punta de su espada
cinco flores dejó abiertas,
y a cada instante rozaba
los hocicos de las fieras,
como una gran mariposa
de oro con alas bermejas.
La plaza, al par que la tarde,
vibraba fuerte, violenta,
y entre el olor de la sangre
iba el olor de la sierra.
Yo pensaba siempre en ti;
yo pensaba: si estuviera
conmigo mi triste amiga,
¡mi Marianita Pineda!...
....

MARIANA.—*(Emocionada y levantándose.)*
            ¡Yo te querré siempre a ti
            tanto como tú me quieras!

LUCÍA.—*(Se levanta.)*
            Nos retiramos; si sigues
            escuchando a esta torera
            hay corrida para rato.

AMPARO.
            Y dime: ¿estás más contenta?
            Porque este cuello, ¡oh, qué cuello!

            (La besa en el cuello.)

            No se hizo para la pena.

LUCÍA.—*(En la ventana.)*

Hay nubes por Parapanda.
Lloverá, aunque Dios no quiera.

AMPARO.

¡Este invierno va a `ser de agua!
¡No podré lucir!

LUCÍA.

¡Coqueta!

AMPARO.

¡Adiós, Mariana!

MARIANA.

¡Adiós, niñas! *(Se besan.)*

AMPARO.

¡Que te pongas ´más contenta!

MARIANA.

Tardecillo es. ¿Queréis
que os acompañe Clavela?

AMPARO.

¡Gracias! Pronto volveremos.

LUCÍA.

¡No bajes, no!

MARIANA.

¡Hasta la vuelta! *(Salen.)*

ESCENA V

(MARIANA *atraviesa rápidamente la escena y mira
la hora en uno de esos grandes relojes dorados, donde
sueña toda la poesía exquisita de la hora y el siglo.
Se asoma a los cristales y mira la última luz de la tarde.)*

MARIANA.

Si toda la tarde fuera
como un gran pájaro, ¡cuántas
duras flechas lanzaría
para cerrarle las alas!
Hora redonda y oscura
que me pesa en las pestañas.
Dolor de viejo lucero
detenido en mi garganta.
Ya debieran las estrellas
asomarse a mi ventana
y abrirse, lentos, los pasos
por la calle solitaria.

¡Con qué trabajo tan grande
deja la luz a Granada!
Se enreda entre los cipreses
o se esconde bajo el agua.
¡Y esta noche que no llega!

(Con angustia.)

¡Noche temida y soñada
que me hieres ya de lejos
con larguísimas espadas!

FERNANDO.— *(En la puerta.)*
Buenas tardes.

MARIANA.— *(Asustada.)*

¿Qué?

(Reponiéndose.)

¡Fernando!

FERNANDO.

¿Te asusto?

MARIANA.

No te esperaba *(Sonriendo.)*
y tu voz me sorprendió.

FERNANDO.

¿Se han ido ya mis hermanas?

MARIANA.

Ahora mismo. Se olvidaron
de que vendrías a buscarlas.

*(FERNANDO viste elegantemente la moda de la época.
Mira y habla apasionadamente. Tiene dieciocho años.
A veces le temblará la voz y se turbará a menudo.)*

ERNANDO.

¿Interrumpo?

MARIANA.

Siéntate.

(Se sientan.)

FERNANDO.— *(Lírico.)*
¡Cómo me gusta tu casa!
Con este olor a membrillos. *(Aspira.)*
¡Y qué preciosa fachada
tiene, llena de pinturas,
de barcos y de guirnaldas!

MARIANA.—*(Interrumpiéndole.)*
¿Hay mucha gente en la calle?
(Inquieta.)

FERNANDO.—*(Sonríe.)*
¿Por qué preguntas?

MARIANA.—*(Turbada.)*
Por nada.

FERNANDO.
Pues hay mucha gente.

MARIANA.—*(Impaciente.)*
¿Dices?...

FERNANDO.
Al pasar por Bibarrambla
he visto dos o tres grupos
de gente envuelta en sus capas,
que aguantando el airecillo
a pie firme comentaban
el suceso.

MARIANA.—*(Ansiosamente.)*
¿Qué suceso?

FERNANDO.
¿Sospechas de qué se trata?

MARIANA.
¿Cosas de masonería?

FERNANDO.
Un capitán que se llama...;
(MARIANA *está como en vilo.)*
no recuerdo...; liberal,
prisionero de importancia,
se ha fugado de la cárcel
de la Audiencia. *(Viendo a* MARIANA.*)*
¿Qué te pasa?

MARIANA.
Ruego a Dios por él ¿Se sabe
si le buscan?

FERNANDO.
Ya marchaban,
antes de venir yo aquí,
un grupo de tropas hacia
el Genil y sus puentes
para ver si lo encontraban,
y es fácil que lo detengan
camino de la Alpujarra.
¡Qué triste es esto!

MARIANA.—*(Llena de angustia.)*

¡Dios mío!

FERNANDO.

Y las gentes cómo aguàntan.
Señores, ya es demasiado.
El preso, como un fantasma
se escapó; pero Pedrosa
ya buscará su garganta.
Pedrosa cónoce el sitio
donde la vena es más ancha,
por donde brota la sangre
más caliente y encarnada.
¡Qué chacal! ¿Tú le conoces?

(La luz se va retirando de la escena.)

MARIANA.

Desde que llegó a Granada.

FERNANDO.—*(Sonriendo.)*
¡Bravo amigo, Marianita!

MARIANA.

Le conocí por desgracia.
Él está amable conmigo
y hasta viene por mi casa,
sin que yo pueda evitarlo.
¿Quién le impediría la entrada?

FERNANDO.

Ojo, que es un viejo verde.

MARIANA.

Es un hombre que me espanta.

FERNANDO.

¡Qué gran alcalde del crimen!

MARIANA.

¡No puedo mirar su cara!

FERNANDO.—*(Serio.)*
¿Te da mucho miedo?

MARIANA.

¡Mucho!

Ayer tarde yo bajaba
por el Zacatín. Volvía
de la iglesia de Santa Ana,
tranquila; pero de pronto
vi a Pedrosa. Se acercaba,
seguido por dos golillas,
entre un grupo de gitanas.

¡Con un aire y un silencio!...
¡Él notó que yo temblaba!

(La escena está en una dulce penumbra.)

FERNANDO.

¡Bien supo el Rey lo que se hizo
al mandarlo aquí a Granada!

MARIANA.—*(Levantándose.)*
Ya es noche. ¡Clavela! ¡Luces!

FERNANDO.

Ahora los ríos sobre España,
en vez de ser ríos, son
largas cadenas de agua.

MARIANA.

Por eso hay que.mantener
la cabeza levantada.

CLAVELA.—*(Entrando con. dos candelabros.)*
¡Señora, las luces!

MARIANA.—*(Palidísima y en acecho.)*
¡Déjalas!

(Llaman fuertemente a la puerta.)

CLAVELA.

¡Están llamando! *(Coloca las luces.)*

FERNANDO.—*(Al ver a MARIANA descompuesta.)*
¡Mariana!
¿Por qué tiemblas de ese modo?

MARIANA.—*(A CLAVELA, en voz baja.)*
¡Abre pronto, por Dios; anda!

*(Sale CLAVELA corriendo. MARIANA queda en actitud
expectante junto a la puerta, y FERNANDO, de pie.)*

ESCENA VI

FERNANDO.

Sentiría en el alma ser molesto...
Marianita, ¿qué tienes?

MARIANA.—*(Angustiada exquisitamente.)*
Esperando,
los segundos se alargan de manera
irresistible.

FERNANDO.—*(Inquieto.)*
¿Bajo yo?

MARIANA.

Un caballo
se aleja por la calle. ¿Tú lo sientes?

FERNANDO.

Hacia la vega corre. *(Pausa.)*

MARIANA.

Ya ha cerrado
el postigo Clavela.

FERNANDO.

¿Quién será?

MARIANA.—*(Turbada y reprimiendo una honda angustia.)*
¡Yo no lo sé! *(Aparte.)* ¡Ni siquiera pensarlo!

CLAVELA.—*(Entrando.)*
Una carta, señora.

(MARIANA coge la carta ávidamente.)

FERNANDO.—*(Aparte.)*

¡Qué será!

CLAVELA.

Me la entregó un jinete. Iba embozado
hasta los ojos. Tuve mucho miedo.
Soltó las bridas y se fue volando
hacia lo oscuro de la plazoleta.

FERNANDO.

Desde aquí lo sentimos.

MARIANA.

¿Le has hablado?

CLAVELA.

Ni yo le dije nada, ni él a mí.
Lo mejor es callar en estos casos.

*(FERNANDO cepilla el sombrero con su manga; tiene
el semblante inquieto.)*

MARIANA.—*(Con la carta.)*
¡No la quisiera abrir! ¡Ay, quién pudiera
en esta realidad estar soñando!
¡Señor, no me quitéis lo que más quiero!

(Rasga la carta y lee.)

FERNANDO.—*(A CLAVELA, ansiosamente.)*
Estoy confuso. ¡Es esto tan extraño!
Tú sabes lo que tiene. ¿Qué le ocurre?

CLAVELA.

Ya le he dicho que no lo sé.

FERNANDO.—*(Discreto.)*

Me callo.

Pero...

CLAVELA.—*(Continuando la frase.)*
¡Pobre doña Mariana mía!

MARIANA.—*(Agitada.)*
¡Acércame, Clavela, el candelabro!

(CLAVELA *se lo acerca corriendo.* FERNANDO *cuelga
lentamente la capa sobre sus hombros.)*

CLAVELA.—*(A* MARIANA.*)*
¡Dios nos guarde, señora de mi vida!

FERNANDO.—*(Azorado e inquieto.)*
Con tu permiso.

MARIANA.—*(Queriendo reponerse.)*
¿Ya te vas?

FERNANDO.

Me marcho;
voy al café de la Estrella.

MARIANA.—*(Tierna y suplicante.)*
Perdona
estas inquietudes...

FERNANDO.—*(Digno.)*
¿Necesitas algo?

MARIANA.—*(Conteniéndose.)*
Gracias... Son asuntos familiares hondos,
y tengo yo misma que solucionarlos.

FERNANDO.

Yo quisiera verte contenta. Diré
a mis hermanillas que vengan un rato,
y ojalá pudiera prestarte mi ayuda.
Adiós, que descanses.

(*Le estrecha la mano.)*

MARIANA.

Adiós.

FERNANDO.—*(A* CLAVELA.*)*

Buenas noches.

CLAVELA.

Salga, que yo le acompaño.
(Se van.)

MARIANA.

(En el momento de salir FERNANDO, *da rienda suelta
a su angustia.)*

¡Pedro de mi vida! ¿Pero quién irá?
Ya cercan mi casa los días amargos.
Y este corazón, ¿adónde me lleva,
que hasta de mis hijos me estoy olvidando?
¡Tiene que ser pronto y no tengo a nadie!
¡Yo misma me asombro de quererle tanto!
¿Y si le dijese... y él lo comprendiera?
¡Señor, por la llaga de vuestro costado!

(Sollozando.)

Por las clavelinas de su dulce sangre,
enturbia la noche para los soldados.

(En un arranque, mirando el reloj.)

¡Es preciso! ¡Tengo que atreverme a todo!

(Sale corriendo hacia la puerta.)

¡Fernando!

CLAVELA.—*(Que entra.)*

¡En la calle, señora!

MARIANA.—*(Asomándose rápidamente a la ventana.)*

¡Fernando!

CLAVELA.—*(Con las manos cruzadas.)*

¡Ay, doña Mariana, qué malita está!
Desde que usted puso sus preciosas manos
en esa bandera de los liberales,
aquellos colores de flor de granado
desaparecieron de su cara.

MARIANA.—*(Reponiéndose.)*

Abre,
y respeta y ama lo que estoy bordando.

CLAVELA.—*(Saliendo.)*

Dios dirá; los tiempos cambian con el tiempo.
Dios dirá. ¡Paciencia! *(Sale.)*

MARIANA.

Tengo, sin embargo,
que estar muy serena, muy serena; aunque
me siento vestida de temblor y llanto.

ESCENA VII

(Aparece en la puerta FERNANDO, *con el alto sombrero de cintas entre sus manos enguantadas. Le precede* CLAVELA.*)*

FERNANDO.—*(Entrando, apasionado.)*
¿Qué quieres?

MARIANA.—*(Firme.)*

Hablar contigo.

(A CLAVELA.*)*

Puedes irte.

CLAVELA.—*(Marchándose, resignada.)*
¡Hasta mañana!

(Se va, turbada, mirando con ternura y tristeza a su señora. Pausa.)

FERNANDO.

Dime, pronto.

MARIANA.

¿Eres mi amigo?

FERNANDO.

¿Por qué preguntas, Mariana?

*(*MARIANA *se sienta en una silla, de perfil al público, y* FERNANDO *junto a ella, un poco de frente, componiendo una clásica estampa de la época.)*
¡Ya sabes que siempre fui!

MARIANA.

¿De corazón?

FERNANDO.

¡Soy sincero!

MARIANA.

¡Ojalá que fuese así!

FERNANDO.

Hablas con un caballero.

(Poniéndose la mano sobre la blanca pechera.)

MARIANA.—*(Segura.)*
¡Lo sé!

FERNANDO.

¿Qué quieres de mí?

MARIANA.

Quizá quiera demasiado
y por eso no me atrevo.

FERNANDO.

No quieras ver disgustado
este corazón tan nuevo.
Te sirvo con alegría.

MARIANA.—*(Temblorosa.)*
Fernando, ¿y si fuera?...

FERNANDO.—*(Ansiosamente.)*

¿Qué?

MARIANA.

Algo peligroso.

FERNANDO.—*(Decidido.)*
Iría,
con toda mi buena fe.

MARIANA.

¡No puedo pedirte nada!
Pero esto no puede ser.
Como dicen por Granada,
¡soy una loca mujer!

FERNANDO.—*(Tierno.)*
Marianita.

MARIANA.

¡Yo no puedo!

FERNANDO.

¿Por qué me llamaste? ¿Di?

MARIANA.—*(En un arranque trágico.)*
Porque tengo mucho miedo,
de morirme sola aquí.

FERNANDO.

¿De morirte?

MARIANA.

Necesito,
para seguir respirando,
que tú me ayudes, mocito.

FERNANDO —*(Lleno de pasión.)*
Mis ojos te están mirando,
y no lo debes dudar.

MARIANA
Pero mi vida está fuera,
por el aire, por la mar,
por donde yo no quisiera.

FERNANDO.
¡Dichosa la sangre mía
si puede calmar tu pena!

MARIANA.
No; tu sangre aumentaría
el grosor de mi cadena.

(Se lleva decidida las manos al pecho para sacar la carta. FERNANDO tiene una actitud expectante y conmovida.)

¡Confío en tu corazón!

(Saca la carta. Duda.)

¡Qué silencio el de Granada!
Fija, detrás del balcón,
hay puesta en mí una mirada.

FERNANDO.—*(Extrañado.)*
¿Qué estás hablando?

MARIANA.
                        Me mira *(Levantándose.)*
la garganta, que es hermosa,
y toda mi piel se estira
¿Podrás conmigo, Pedrosa?

(En un arranque.)

Toma esta carta, Fernando.
Lee despacio y entendiendo.
¡Sálvame! Que estoy dudando
si podré seguir viviendo.

(FERNANDO coge la carta y la desdobla. En este momento, el reloj da las ocho lentamente. Las luces topacio y amatista de las velas hacen temblar líricamente la habitación. MARIANA pasea la escena y mira angustiada al joven. Éste lee el comienzo de la carta y tiene un exquisito pero contenido gesto de dolor y desaliento. Pausa, en la que se oye el reloj y se siente la angustia de MARIANITA.)

FERNANDO.

(Leyendo la carta, con sorpresa, y mirando, asombrado y triste, a MARIANA.)

"Adorada Marianita."

MARIANA.

No interrumpas la lectura.
Un corazón necesita
lo que pide en la escritura.

FERNANDO.

(Leyendo, desalentado, aunque sin afectación.)

"Adorada Marianita: Gracias al traje de capuchino,
que tan diestramente hiciste llegar a mi poder, me he
fugado de la torre de Santa Catalina, confundido con
otros frailes que salían de asistir a un reo de muerte. Esta noche, disfrazado de contrabandista, tengo
absoluta necesidad de salir para Válor Cadiar, donde
espero tener noticias de los amigos. Necesito antes de
las nueve el pasaporte que tienes en tu poder y una persona de tu absoluta confianza que espere, con un caballo,
más arriba de la presa del Genil, para, río adelante, in-
ternarme en la sierra. Pedrosa estrechará el cerco como él sabe, y si esta misma noche no parto, estoy irre-
misiblemente perdido. Me encuentro en la casa del viejo
don Luis, que no lo sepa nadie de tu familia. No hagas
por verme, pues me consta que estás vigilada. Adiós,
Mariana. Todo sea por nuestra divina madre la libertad.
Dios me salvará. Adiós, Mariana. Un abrazo y el
alma de tu amante.—*Pedro de Sotomayor.*"

FERNANDO.—*(Enamoradísimo.)*
¡Mariana!

MARIANA.

(Rápida, llevándose una mano a los ojos.)

¡Me lo imagino!
Pero silencio, Fernando.

FERNANDO.—*(Dramático.)*
¡Cómo has cortado el camino
de lo que estaba soñando!

(MARIANA protesta mímicamente.)

No es tuya la culpa; no;
ahora tengo que ayudar
a un hombre que empiezo a odiar,
¡¡y el que te quiere soy yo!!
El que de niño te amara
lleno de amarga pasión,
mucho antes de que robara
don Pedro tu corazón.
¡Pero quién te deja en esta
triste angustia del momento!
Y torcer mi sentimiento
¡ay, qué trabajo me cuesta!

MARIANA.—*(Orgullosa.)*
>¡Pues iré sola! *(Humilde.)*

>>¡Dios mío,
>>tiene que ser al instante!

FERNANDO.
>Yo iré en busca de tu amante
>por la ribera del río.

MARIANA.

>*(Orgullosa y corrigiendo la timidez y tristeza de* FER-
>NANDO *al decir "amante".)*

>Decirte cómo le quiero
>no me produce rubor.
>Me escuece dentro su amor
>y relumbra todo entero.
>Él ama la libertad
>y yo la quiero más que él.
>Lo que dice es mi verdad
>agria, que me sabe a miel.
>Y no me importa que el día
>con la noche se enturbiara,
>que con la luz que emanara
>su espíritu viviría.
>Por este amor verdadero
>que muerde mi alma sencilla,
>me estoy poniendo amarilla
>como la flor del romero.

FERNANDO.—*(Fuerte.)*
>Mariana, dejo que vuelen
>tus quejas. Mas, ¿no has oído
>que el corazón tengo herido
>y las heridas me duelen?

MARIANA.—*(Popular.)*
>Pues si mi pecho tuviera
>vidrieritas de cristal,
>te asomaras y lo vieras
>gotas de sangre llorar.

FERNANDO.
>¡Basta! ¡Dame el documento!

>*(*MARIANA *va a una cómoda rápidamente.)*

>¿Y el caballo?

MARIANA.—*(Sacando los papeles.)*
>>En el jardín.
>Si vas a marchar, al fin,
>no hay que perder un momento.

FERNANDO.—*(Rápido y nervioso.)*
Ahora mismo.
(MARIANA le da los papeles.)
¿Y aquí va...?

MARIANA.—*(Desazonada.)*
Todo.

FERNANDO.

(Guardándose el documento en la levita.)
¡Bien!

MARIANA.

¡Perdón, amigo!
Que el Señor vaya contigo.
Yo espero que así sea.

FERNANDO.

(Natural, digno y suave, poniéndose lentamente la capa.)
Yo espero que así será.
Está la noche cerrada.
No hay luna, y aunque la hubiera,
los chopos de la ribera
dan una sombra apretada.
Adiós. *(Le besa la mano.)* Y seca ese llanto,
pero quédate sabiendo
que nadie te querrá tanto
como yo te estoy queriendo.
Que voy con esta misión
para no verte sufrir,
torciendo el hondo sentir·
de mi propio corazón.
(Inicia el mutis.)

MARIANA.

Evita guarda o soldado...

FERNANDO.

(Mirándola con ternura.)
Por aquel sitio no hay gente.
Puedo marchar descuidado.
(Amargamente irónico.)
¿Qué quieres más?

MARIANA.—*(Turbada y balbuciente.)*
Sé.prudente.

FERNANDO.

(En la puerta, poniéndose el sombrero.)
Ya tengo el alma cautiva;
desecha todo temor.

Prisionero soy de amor,
y lo seré mientras viva.

MARIANA.

Adiós. *(Coge el candelabro.)*

FERNANDO.

No salgas, Mariana.
El tiempo corre, y yo quiero
pasar el puente primero
que don Pedro. Hasta mañana. *(Salen.)*

ESCENA VIII

(La escena queda solitaria medio segundo. Apenas han salido MARIANA *y* FERNANDO *por una puerta, cuando aparece* DOÑA ANGUSTIAS *por la de enfrente con un candelabro. El fino y otoñal perfume de los membrillos invade el ambiente.)*

ANGUSTIAS.

Niña, ¿dónde estás? ¡Niña!'
Pero, señor ¿qué es esto?
¿Dónde estabas?

MARIANA.

(Entrando con un candelabro.)
Salía
con Fernando...

ANGUSTIAS.

¡Qué juego
inventaron los niños!
Regáñales.

MARIANA.—*(Dejando el candelabro.)*
¿Qué hicieron?

ANGUSTIAS.

¡Mariana, la bandera
que bordas en secreto...

MARIANA.—*(Interrumpiendo dramáticamente.)*
¿Qué dices?

ANGUSTIAS.

...han hallado
en el armario viejo
y se han tendido en ella
fingiéndose los muertos.
Tilín, talán; abuela,
dile al curita nuestro
que traiga banderolas
y flores de romero;

que traigan encarnadas
clavelinas del huerto.
Ya vienen los obispos,
decían *uri memento,*
y cerraban los ojos
poniéndose muy serios.
Serán cosas de niños;
está bien. Mas yo vengo
muy mal impresionada,
y me da mucho miedo
la dichosa bandera.

MARIANA.— *(Aterrada.)*
　　　　¿Pero cómo la vieron?
　　　　¡Estaba bien oculta!

ANGUSTIAS.

Mariana, ¡triste tiempo
para esta antigua casa,
que derrumbarse veo,
sin un hombre, sin nadie,
en medio del silencio!
Y luego, tú...

MARIANA.

　　　(Desorientada y con aire trágico.)

　　　　　¡Por Dios!

ANGUSTIAS.

Mariana, ¿tú qué has hecho?
Cercar estas paredes
de guardianes secretos.

MARIANA.

Tengo el corazón loco
y no sé lo que quiero.

ANGUSTIAS.
　　　　¡Olvídalo, Mariana!

MARIANA.— *(Con pasión.)*
　　　　¡Olvidarlo no puedo!

　　　(Se oyen risas de niños.)

ANGUSTIAS.

　　　(Haciendo señas para que MARIANA *calle.)*

Los niños.

MARIANA.

　　　　　Vamos pronto.
　　　¿Cómo alcanzaron eso?

ANGUSTIAS.

Así pasan las cosas.
¡Mariana, piensa en ellos!

(Coge un candelabro.)

MARIANA.

Sí; sí; tienes razón.
Tienes razón. ¡No pienso!

(Salen.)

TELÓN

ESTAMPA SEGUNDA

(Sala principal en la casa de MARIANA. *Entonación en grises, blancos y marfiles, como una antigua litografía. Estrado blanco a estilo Imperio. Al fondo, una puerta con una cortina gris, y puertas laterales. Hay una consola con urna y grandes ramos de flores de seda. En el centro de la habitación, un pianoforte y candelabros de cristal. Es de noche. Están en escena la* CLAVELA *y los* NIÑOS DE MARIANA. *Visten la deliciosa moda infantil de la época. La* CLAVELA *está sentada, y a los lados, en taburetes, los niños. La estancia es limpia y modesta, aunque conservando ciertos muebles de lujo heredados por* MARIANA.*)*

ESCENA PRIMERA

CLAVELA.

'No cuento más. *(Se levanta.)*

NIÑO.—*(Tirándole del vestido.)*
Cuéntanos otra cosa.

CLAVELA.

¡Me romperás el vestido!

NIÑA.—*(Tirando.)*

Es muy malo.

CLAVELA.—*(Echándoselo en cara.)*
Tu madre lo compró.

NIÑO.—*(Riendo y tirando del vestido para que se siente.)*
¡Clavela!

CLAVELA.—*(Sentándose a la fuerza y riendo también.)*
¡Niños!

NIÑA.

El cuento aquel del príncipe gitano.

CLAVELA.

Los gitanos no fueron nunca príncipes.

NIÑA.

¿Y por qué?

NIÑO.

No los quiero a mi lado.
Sus madres son las brujas.

32

NIÑA.— *(Enérgica.)*

¡Embustero!

CLAVELA.— *(Reprendiéndola.)*
¡Pero niña!

NIÑA.

Si ayer yo vi rezando
al Cristo de la Puerta Real dos de ellos.
Tenían unas tijeras así... y cuatro
borriquitos peludos que miraban...
con unos ojos... y movían los rabos
dale que le das. ¡Quién tuviera alguno!

NIÑO.— *(Doctoral.)*
Seguramente los habrían robado.

CLAVELA.

Ni tanto ni tan poco. ¿Qué se sabe?
(Los niños se hacen burla sacando la lengua.)
¡Chitón!

NIÑO.

¿Y el romancillo del bordado?

NIÑA.

¡Ay, duque de Lucena! ¿Cómo dice?

NIÑO.

Olivarito, olivo... está bordado.
(Como recordando.)

CLAVELA.

Os lo diré; pero cuando se acabe,
en seguida a dormir.

NIÑO.

Bueno.

NIÑA.

¡Enterados!

CLAVELA.

(Se persigna lentamente, y los niños la imitan, mi-
rándola.)
Bendita sea por siempre
la Santísima Trinidad,
y guarde al hombre en la sierra
y al marinero en el mar.
A la verde, verde orilla
del olivarito está...

NIÑA.—*(Tapando con una mano la boca a* CLAVELA *y continuando ella.)*
Una niña bordando.
¡Madre! ¿Qué bordará?

CLAVELA.—*(Encantada de que la niña lo sepa.)*
Las agujas de plata,
bastidor de cristal,
bordaba una bandera,
cantar que te cantar.
Por el olivo, olivo,
¡madre, quién lo dirá!

NIÑO.—*(Continuando.)*
Venía un andaluz
bien plantado y galán.

(Aparece por la puerta del fondo MARIANA, *vestida
de amarillo claro, un amarillo de libro viejo, y oye el
romance glosando con gestos lo que en ella evoca
la idea de bandera y muerte.)*

CLAVELA.

Niña, la bordadora,
mi vida, ¡no bordad!,
que el duque de Lucena
duerme y dormirá.

NIÑA.

La niña le responde:
"No dices la verdad:
el duque de Lucena
me ha mandado bordar
esta roja bandera
porque a la guerra va."

NIÑO.

Por las calles de Córdoba
lo llevan a enterrar,
muy vestido de fraile
en caja de coral.

NIÑA.—*(Como soñando.)*
La albahaca y los claveles
sobre la caja van,
y un verderol antiguo
cantando el pío pa.

CLAVELA.—*(Con sentimiento.)*
¡Ay, duque de Lucena,
ya no te veré más!
La bandera que bordo
de nada servirá.
En el olivarito
me quedaré a mirar

cómo el aire menea
las hojas al pasar.

NIÑO.

Adiós, niña bonita,
espigada y juncal,
me voy para Sevilla,
donde soy capitán.

CLAVELA.

Y a la verde, verde orilla
del olivarito está
una niña morena
llorar que te llorar.

*(Los niños hacen un gesto de satisfacción. Han se-
guido el romance con alto interés.)*

ESCENA II

MARIANA.—*(Avanzando)*
Es hora de acostarse.

CLAVELA.—*(Levantándose y a los niños.)*
¿Habéis oído?

NIÑA.—*(Besando a MARIANA.)*
Mama, acuéstanos tú.

MARIANA.
Hija, no puedo;
yo tengo que coserte una capita.

NIÑO.
¿Y para mí?

CLAVELA.—*(Riendo.)*
¡Pues claro está!

MARIANA.
Un sombrero
con una cinta verde y dos naranja. *(Lo besa.)*

CLAVELA.
¡A la costa, mis niños!

NIÑO.—*(Volviendo.)*
Yo lo quiero
como los hombres: alto y grande, ¿sabes?

MARIANA.
¡Lo tendrás, primor mío!

NIÑA.

Y entra luego;
me gustará sentirte, que esta noche
no se ve nada y hace mucho viento.

MARIANA.—*(Bajo a* CLAVELA.*)*
Cuando acabes, te bajas a la puerta.

CLAVELA.

Pronto será; los niños tienen sueño.

MARIANA.

¡Que recéis sin reíros!

CLAVELA.

¡Sí, señora!

MARIANA.—*(En la puerta.)*
Una salve a la Virgen, y dos credos
al Santo Cristo del Mayor Dolor,
para que nos protejan.

NIÑA.

Rezaremos
la oración de San Juan y la que ruega
por caminantes y por marineros.
(Entran. Pausa.)

ESCENA III

MARIANA.—*(En la puerta.)*
Dormir tranquilamente, niños míos,
mientras que yo, perdida y loca, siento

(Lentamente.)

quemarse con su propia lumbre viva
esta rosa de sangre de mi pecho.
Soñar en la verbena y el jardín
de Cartagena, luminoso y fresco,
y en la pájara pinta que se mece
en las ramas del verde limonero.
Que yo también estoy dormida, niños,
y voy volando por mi propio sueño,
como van, sin saber adónde van,
los tenues vilanicos por el viento.

ESCENA IV

(Aparece DOÑA ANGUSTIAS *en la puerta y en un aparte.)*

ANGUSTIAS.

Vieja y honrada casa, ¡qué locura!

(A Mariana.*)*
Tienes una visita.

Mariana.

¿Quién?

Angustias.

¡Don Pedro!

*(*Mariana *sale corriendo hacia la puerta.)*
¡Serénate, hija mía! ¡No es tu esposo!

Mariana.

Tienes razón. ¡Pero no puedo!

ESCENA V

*(*Mariana *llega corriendo a la puerta en el momento en
que* Don Pedro *entra por ella.* Don Pedro *tiene treinta
y seis años. Es un hombre simpático, sereno y fuerte.
Viste correctamente, y habla de una manera dulce.*
Mariana *le tiende los brazos y le estrecha las manos.*
Doña Angustias *adopta una triste y reservada actitud.
Pausa.)*

Pedro.—*(Efusivo.)*
Gracias, Mariana, gracias.

Mariana.—*(Casi sin hablar.)*
Cumplí con mi deber.

(Durante esta escena dará Mariana *muestras de una
vehementísima y profunda pasión.)*

Pedro.—*(Dirigiéndose a* Doña Angustias.*)*
Muchas gracias, señora.

Angustias.—*(Triste.)*
¿Y por qué? Buenas Noches.
(A Mariana.*)*
Yo me voy con los niños.

(Aparte.) ¡Ay, pobre Marianita!

(Sale. Al salir Doña Angustias. Pedro, *efusivo, enlaza a* Mariana *por el talle.)*

Pedro.—*(Apasionado.)*
¡Quién pudiera pagarte lo que has hecho por mí!
Toda mi sangre es nueva, porque tú me la has dado
exponiendo tu débil corazón al peligro.
¡Ay, qué miedo tan grande tuve por él, Mariana!

MARIANA.—*(Cerca y abandonada.)*
>¿De qué sirve mi sangre, Pedro, si tú murieras?
>Un pájaro sin aire ¿puede volar? ¡Entonces!...
>
>*(Bajo.)*
>
>Yo no podré decirte cómo te quiero nunca;
>a tu lado me olvido de todas las palabras.

PEDRO *(Con voz suave.)*
>¡Cuántos peligros corres sin el menor desmayo!
>¡Qué sola estás, cercada de maliciosa gente!
>¡Quién pudiera librarte de aquellos que te acechan
>con mi propio dolor y mi vida, Mariana!
>¡Día y noche, qué largos sin ti por esa sierra!

MARIANA.—*(Echando la cabeza en el hombro y como soñando.)*
>¡Así! Deja tu aliento sobre mi frente. Limpia
>esta angustia que tengo y este sabor amargo;
>esta angustia de andar sin saber dónde voy,
>y este sabor de amor que me quema la boca.
>
>*(Pausa. Se separa rápidamente del caballero y le coge los codos.)*
>
>¡Pedro! ¿No te persiguen? ¿Te vieron entrar?

PEDRO.
>   ¡Nadie!
>
>*(Se sienta.)*
>
>Vives en una calle silenciosa, y la noche
>se presenta endiablada.

MARIANA.
>   Yo tengo mucho miedo.

PEDRO.—*(Cogiéndole una mano.)*
>¡Ven aquí!

MARIANA.—*(Se sienta.)*
>   Mucho miedo de que esto se adivine,
>de que pueda matarte la canalla realista.
>Y si tú... *(Con pasión.)*
>yo me muero, lo sabes, yo me muero.

PEDRO.—*(Con pasión.)*
>¡Marianita, no temas! ¡Mujer mía! ¡Vida mía!
>En el mayor sigilo conspiramos. ¡No temas!
>La bandera que bordas temblará por las calles
>entre el calor entero del pueblo de Granada.
>Por ti la Libertad suspirada por todos
>pisará tierra dura con anchos pies de plata.
>Pero si así no fuese; si Pedrosa...

MARIANA.—*(Aterrada.)*
>   ¡No sigas!

PEDRO.

    ...sorprende nuestro grupo y hemos de morir...

MARIANA.

    ¡Calla!

PEDRO.

    Mariana, ¿qué es el hombre sin libertad? ¿Sin esa
luz armoniosa y fija que se siente por dentro?
¿Cómo podría quererte no siendo libre, dime?
¿Cómo darte este firme corazón si no es mío?
No temas; ya he burlado a Pedrosa en el campo
y así pienso seguir hasta vencer contigo,
que me ofreces tu amor y tu casa y tus dedos.

MARIANA.

    ¡Y algo que yo no sé decir, pero que existe!
¡Qué bien estoy contigo! Pero aunque alegre, noto
un gran desasosiego que me turba y enoja;
me parece que hay hombres detrás de las cortinas,
que mis palabras suenan claramente en la calle.

PEDRO.—(Amargo.)

    ¡Eso sí! ¡Qué mortal inquietud, qué amargura!
¡Qué constante pregunta al minuto lejano!
¡Qué otoño interminable sufrí por esa sierra!
¡Tú no lo sabes!

MARIANA.

    Dime: ¿corriste gran peligro?

PEDRO.

    Estuve casi en manos de la justicia,

    (MARIANA hace un gesto de horror.)

pero me salvó el pasaporte y el caballo que enviaste
con un extraño joven, que no me dijo nada.

MARIANA.—(Inquieta y sin querer recordar.)
    Y dime. (Pausa.)

PEDRO.

    ¿Por qué tiemblas?

MARIANA.—(Nerviosa.)

    Sigue. ¿Después?

PEDRO.

    Después
vagué por la Alpujarra.
Supe que en Gibraltar
había fiebre amarilla;
la entrada era imposible
y esperé bien oculto

la ocasión. ¡Ya ha llegado!
Venceré con tu ayuda, ¡Mariana de mi vida!
¡Libertad, aunque con sangre llame a todas las puertas!

MARIANA.—(*Radiante.*)
¡Mi victoria consiste en tenerte a mi vera!
En mirarte los ojos mientras tú no me miras.
Cuando estás a mi lado olvido lo que siento
y quiero a todo el mundo:
hasta al rey y a Pedrosa.
Al bueno como al malo. ¡Pedro!, cuando se quiere
se está fuera del tiempo,
y ya no hay día ni noche, ¡sino tú y yo!

PEDRO.—(*Abrazándola.*)
                                                        ¡Mariana!
Como dos blancos ríos de rubor y silencio,
así enlazan tus brazos mi cuerpo combatido.

MARIANA.—(*Cogiéndole la cabeza.*)
Ahora puedo perderte, puedo perder tu vida.
Como la enamorada de un marinero loco
que navegara eterno sobre una barca vieja,
acecho un mar oscuro, sin fondo ni oleaje,
en espera de gentes que te traigan ahogado.

PEDRO.
No es hora de pensar en quimeras, que es hora
de abrir el pecho a bellas realidades cercanas
de una España cubierta de espigas y rebaños,
donde la gente coma su pan con alegría,
en medio de estas anchas eternidades nuestras
y esta aguda pasión de horizonte y silencio.
España entierra y pisa su corazón antiguo,
su herido corazón de península andante,
y hay que salvarla pronto con manos y con dientes.

MARIANA.—(*Pasional.*)
Y yo soy la primera que lo pide con ansia.
Quiero tener abiertos mis balcones al sol
para que llene el suelo de flores amarillas
y quererte, segura de tu amor, sin que nadie
me acecho, como en este decisivo momento.

(*En un arranque.*)

¡Pero ya estoy dispuesta! (*Se levanta.*)

PEDRO.—(*Entusiasmado se levanta.*)
                                        ¡Así me gusta verte,
hermosa Marianita! Ya no tardarán mucho
los amigos, y alienta
ese rostro bravío y esos ojos ardientes

(Amoroso.)

sobre tu cuello blanco, que tiene luz de luna.

(Fuera comienza a llover y se levanta el viento.
MARIANA *hace señas a* PEDRO *de que calle.)*

ESCENA VI

CLAVELA.—*(Entrando.)*
Señora... Me parece que han llamado.

*(*PEDRO *y* MARIANA *adoptan actitudes indiferentes.*
Dirigiéndose a DON PEDRO.)

¡Don Pedro!

PEDRO.—*(Sereno.)*
¡Dios te guarde!

MARIANA.
¿Tú sabes quién vendrá?

CLAVELA.
Sí, señora; lo sé.

MARIANA.
¿La seña?

CLAVELA.
No la olvido.

MARIANA.
Antes de abrir, que mires por la mirilla grande.

CLAVELA.
Así lo haré, señora.

MARIANA.
No enciendas luz ninguna,
pero ten en el patio
un velón prevenido,
y cierra la ventana del jardín.

CLAVELA.—*(Marchándose.)*
En seguida.

MARIANA.
¿Cuántos vendrán?

PEDRO.
Muy pocos.
Pero los que interesan.

MARIANA.

¿Noticias?

PEDRO.

Las habrá
dentro de unos instantes.
Si, al fin, hemos de alzarnos
decidiremos.

MARIANA.

¡Calla!

(Hace ademán a DON PEDRO *de que se calle, y queda
escuchando. Fuera, se oye la lluvia y el viento.)*

¡Ya están aquí!

PEDRO.—*(Mirando el reloj.)*

Puntuales,
como buenos patriotas.
¡Son gente decidida!

MARIANA.

¡Dios nos ayude a todos!

PEDRO.

¡Ayudará!

MARIANA.

¡Debiera, si mirase a este mundo!

*(*MARIANA, *corriendo, avanza hasta la puerta y levanta la gran cortina del fondo.)*

¡Adelante, señores!

ESCENA VII

*(Entran tres caballeros con amplias capas grises;
uno de ellos lleva patillas.* MARIANA *y* DON PEDRO
los reciben amablemente. Los caballeros dan la mano a
MARIANA *y a* DON PEDRO.*)*

MARIANA.—*(Dando la mano al* CONSPIRADOR 1º*)*
¡Ay, qué manos tan frías!

CONSPIRADOR 1º—*(Frunco.)*

¡Hace un frío
que corta! Y me he olvidado de los guantes;
pero aquí se está bien.

MARIANA.

¡Llueve de veras!

CONSPIRADOR 3º—*(Decidido.)*
El Zacatín estaba intransitable.

(Se quitan las capas, que sacuden de lluvia.)

CONSPIRADOR 2º—*(Melancólico.)*
La lluvia, como un sauce de cristal,
sobre las casas de Granada cae.

CONSPIRADOR 3º
Y el Darro viene lleno de agua turbia.

MARIANA.
¿Les vieron?

CONSPIRADOR 2º—*(Melancólico. Habla poco y pausadamente.)*
¡No! Vinimos separados
hasta la entrada de esta oscura calle.

CONSPIRADOR 1º
¿Habrá noticias para decidir?

PEDRO.
Llegarán esta noche, Dios mediante.

MARIANA.
Hablen bajo

CONSPIRADOR 1º—*(Sonriendo.)*
¿Por qué, doña· Mariana?
Toda la gente duerme en este instante.

PEDRO.
Creo que estamos seguros.

CONSPIRADOR 3º
No lo afirmes;
Pedrosa no ha cesado de espiarme,
y, aunque yo lo despisto sagazmente,
continúa en acecho, y algo sabe.

(Unos se sientan y otros quedan de pie, componiendo una bella estampa.)

MARIANA.
Ayer estuvo aquí.

(Los caballeros hacen un gesto de extrañeza.)

Como es mi amigo...
no quise, porque no debía, negarme.
Hizo un elogio de nuestra ciudad;
pero mientras hablaba, tan amable,
me miraba... no sé... ¡como sabiendo!,

(Subrayando.)
de una ·manera penetrante.
En una sorda lucha con mis ojos
estuvo aquí toda la tarde,
y Pedrosa es capaz... ¡de lo que sea!

PEDRO.

No es posible que pueda figurarse...

MARIANA.

Yo no estoy muy tranquila, y os lo digo
para que andemos con cautela grande.
De noche, cuando cierro las ventanas,
imagino que empuja los cristales.

PEDRO.—*(Mirando el reloj.)*
Ya son las once y diez. El emisario
debe estar ya muy cerca de esta calle.

CONSPIRADOR 3º—*(Mirando el reloj.)*
Poco debe tardar.

CONSPIRADOR 1º

¡Dios lo permita!
¡Que me parece un siglo cada instante!

(Entra CLAVELA *con una bandeja de altas copas de cristal tallado y un frasco lleno de vino rojo, que deja sobre el velador.* MARIANA *habla con ella.)*

PEDRO.

Estarán sobre aviso los amigos.

CONSPIRADOR 1º

Enterados están. No falta nadie.
Todo depende de lo que nos digan
esta noche.

PEDRO.

La situación es grave,
pero excelente si la aprovechamos.

(Sale CLAVELA *y* MARIANA *corre la cortina.)*

Hay que estudiar hasta el menor detalle,
porque el pueblo responde, sin dudar.
Andalucía tiene todo el aire
lleno de Libertad. Esta palabra
perfuma el corazón de sus ciudades,
desde las viejas torres amarillas
hasta los troncos de los olivares.
Esa costa de Málaga está llena
de gente decidida a levantarse:
pescadores del Palo, marineros
y caballeros principales.

Nos siguen pueblos como Nerja, Vélez,
que aguardan las noticias, anhelantes.
Hombres de acantilado y mar abierto,
y, por lo tanto, libres como nadie.
Algeciras acecha la ocasión,
y en Granada, señores de linaje
como vosotros exponen su vida
de una manera emocionante.
¡Ay, qué impaciencia tengo!

CONSPIRADOR 3º

Como todos
los verdaderamente liberales.

MARIANA.—(Tímida.)
Pero ¿habrá quien os siga?

PEDRO.—(Convencido.)

Todo el mundo.

MARIANA.
¿A pesar de este miedo?

PEDRO.—(Seco.)

Sí.

MARIANA.

No hay nadie
que vaya a la Alameda del Salón
tranquilamente a pasearse,
y el café de la Estrella está desierto.

PEDRO.—(Entusiasta.)
¡Mariana, la bandera que bordaste
será acatada por el rey Fernando,
mal que le pese a Calomarde.

CONSPIRADOR 3º

Cuando ya no le quede otro recurso
se rendirá a las huestes liberales,
que aunque se finja desvalido y solo,
no cabe duda que él hace y deshace.

MARIANA.
¿No es Fernando un juguete de los suyos?

CONSPIRADOR 3º
¿No tarda mucho?

PEDRO.—(Inquieto.)

Yo no sé decirte.

CONSPIRADOR 3º
¿Si lo habrán detenido?

CONSPIRADOR 1º

No es probable.
Oscuridad y lluvia le protegen,
y él está siempre vigilante.

MARIANA.

Ahora llega.

PEDRO.

Y al fin, sabremos algo.

(Se levantan y se dirigen a la puerta.)

CONSPIRADOR 3º

Bien venido, si buenas cartas trae.

MARIANA.—*(Apasionada a* **PEDRO.***)*
Pedro, mira por mí. Sé muy prudente,
que me falta muy poco para ahogarme.

ESCENA VIII

(Aparece por la puerta el **CONSPIRADOR 4º.** *Es un hombre fuerte: campesino rico. Viste el traje popular de la época: sombrero puntiagudo de alas de terciopelo, adornado con borlas de seda; chaqueta con bordados y aplicaciones de paño de todos los colores en los codos, en la bocamanga y en el cuello. El pantalón, de vueltas, sujeto por botones de filigrana, y las polainas de cuero, abiertas por un costado, dejando ver la pierna. Trae una dulce tristeza varonil. Todos los personajes están de pie cerca de la puerta de entrada.* **MARIANA** *no oculta su angustia, y mira, ya al recién llegado, ya a* **DON PEDRO** *con un aire doliente y escrutador.)*

CONSPIRADOR 4º

¡Caballeros! ¡Doña Mariana!

(Estrecha la mano de **MARIANA.***)*

PEDRO.—*(Impaciente.)*

¿Hay noticias?

CONSPIRADOR 4º

¡Tan malas como el tiempo!

PEDRO.

¿Qué ha pasado?

CONSPIRADOR 1º—*(Irritado.)*
Casi lo adivinaba.

MARIANA.— *(A* PEDRO.*)*

¿Te entristeces?

PEDRO.

¿Y las gentes de Cádiz?

CONSPIRADOR 4º

Todo en vano.
Hay que estar prevenidos. El Gobierno
por todas partes nos está acechando.
Tendremos que aplazar el alzamiento,
o luchar o morir de lo contrario.

PEDRO.— *(Desesperado.)*

Yo no sé qué pensar; que tengo abierta
una herida que sangra en mi costado,
y no puedo esperar; señores míos.

CONSPIRADOR 3º— *(Fuerte.)*

Don Pedro, triunfaremos esperando.
La situación no puede durar mucho.

CONSPIRADOR 4º— *(Fuerte.)* Ahora mismo tenemos que callarnos.
Nadie quiere una muerte sin provecho.

PEDRO.— *(Fuerte también.)*

Mucho dolor me cuesta.

MARIANA.— *(Angustiada.)*

¡Hablen más bajo! *(Se pasea.)*

CONSPIRADOR 4º

España entera calla, ¡pero vive!
Guarde bien la bandera.

MARIANA.

La he mandado
a casa de una vieja amiga mía
allá en el Albaicín, y estoy temblando.
Quizá estuviera aquí mejor guardada.

PEDRO.

¿Y en Málaga?

CONSPIRADOR 4º

En Málaga, un espanto.
El canalla de González Moreno...
No se puede contar lo que ha pasado.

(Expectación vivísima. MARIANA, *sentada en el sofá,
junto a* DON PEDRO, *después de todo el juego escénico que
ha realizado, oye anhelante lo que cuenta el* CONS-
PIRADOR 4º*)*

Torrijos, el general
noble, de la frente limpia,

donde se estaban mirando
las gentes de Andalucía,
Caballero entre los duques,
corazón de plata fina,
ha sido muerto en las playas
de Málaga la bravía.
Le atrajeron con engaños
que él creyó, por su desdicha,
y se acercó, satisfecho,
con sus buques, a la orilla.
¡Malhaya el corazón noble
que de los malos se fía!
que al poner el pie en la arena
lo prendieron los realistas.
El vizconde de La Barthe,
que mandaba las milicias,
debió cortarse la mano
antes de tal villanía,
como es quitar a Torrijos
bella espada que ceñía,
con el puño de cristal,
adornado con dos cintas.
Muy de noche lo mataron
con toda su compañía.
Caballero entre los duques,
corazón de plata fina.
Grandes nubes se levantan
sobre la tierra de Mijas.
El viento mueve la mar
y los barcos se retiran,
con los remos presurosos
y las velas extendidas.
Entre el ruido de las olas
sonó la fusilería,
y muerto quedó en la arena,
sangrando por tres heridas,
el valiente caballero,
con toda su compañía.
La muerte, con ser la muerte,
no deshojó su sonrisa.
Sobre los barcos lloraba
toda la marinería,
y las más bellas mujeres,
enlutadas y afligidas,
lo iban llorando también
por el limonar arriba.

PEDRO.

(Levantándose, después de oír el romance.)

Cada dificultad me da más bríos.
Señores, a seguir nuestro trabajo.
La muerte de Torrijos me enardece
para seguir luchando.

CONSPIRADOR 1º

Yo pienso así.

CONSPIRADOR 4º

Pero hay que estarse quietos;
otro tiempo vendrá.

CONSPIRADOR 2º—*(Conmovido.)*
¡Tiempo lejano!

PEDRO.

Pero mis fuerzas no se agotarán.

MARIANA.—*(Bajo a* PEDRO.)
Pedro, mientras yo viva...

CONSPIRADOR 1º

¿Nos marchamos?

CONSPIRADOR 3º

No hay nada que tratar. Tienes razón.

CONSPIRADOR 4º

Esto es lo que tenía que contaros,
y nada más.

CONSPIRADOR 1º

Hay que ser optimistas.

MARIANA.

¿Gustarán de una copa?

CONSPIRADOR 4º

La aceptamos
porque nos hace falta.

CONSPIRADOR 1º

¡Buen acuerdo!

(Se ponen ae pie y cogen sus copas.)

MARIANA.—*(Llenando los vasos.)*
¡Cómo llueve! ·

(Fuera se oye la lluvia.)

CONSPIRADOR 3º

¡Don Pedro está apenado!

CONSPIRADOR 4º

¡Como todos nosotros!

PEDRO.

¡Es verdad!
Y tenemos razones para estarlo.

MARIANA

Pero a pesar de esta opresión aguda
y de tener razones para estarlo...

(Levantando la copa.)

"Luna tendida, marinero en pie",
dicen allá, por el Mediterráneo,
las gentes de veleros y fragatas.
¡Como ellos, hay que estar siempre acechando!

(Como en sueños.)

"Luna tendida, marinero en pie."

PEDRO.—*(Con la copa.)*

Que sean nuestras casas como barcos.

*(Beben. Pausa. Fuera, se oyen aldabonazos lejanos.
Todos quedan con las copas en la mano, en medio de
un gran silencio.)*

MARIANA.

Es el viento que cierra una ventana. *(Otro aldabonazo.)*

PEDRO.

¿Oyes, Mariana?

CONSPIRADOR 4º

¿Quién será?

MARIANA.—*(Llena de angustia.)*

¡Dios santo!

PEDRO.—*(Acariciador.)*

¡No temas! Ya verás cómo no es nada.

*(Todos están con las capas puestas, llenos de in-
quietud.)*

CLAVELA.—*(Entrando casi ahogada.)*

¡Ay, señora! ¡Dos hombres embozados,
y Pedrosa con ellos!

MARIANA.—*(Gritando, llena de pasión.)*

¡Pedro, vete!
¡Y todos, Virgen santa! ¡Pronto!

PEDRO.—*(Confuso.)*

¡Vamos!

(CLAVELA quita las copas y apaga los candelabros.)

CONSPIRADOR 4º

Es indigno dejarla.

MARIANA.—*(A PEDRO.)*

¡Date prisa!

PEDRO.

¿Por dónde?

MARIANA.—(*Loca.*)

¡Ay! ¿Por dónde?

CLAVELA.

¡Están llamando!

MARIANA.—(*Iluminada.*)

¡Por aquella ventana del pasillo
saltarás fácilmente! Ese tejado
está cerca del suelo.

CONSPIRADOR 2º

¡No debemos
dejarla abandonada!

PEDRO.—(*Enérgico.*)

¡Es necesario!
¿Cómo justificar nuestra presencia?

MARIANA.

Sí, sí, vete en seguida. ¡Ponte a salvo!

PEDRO.—(*Apasionado.*)

¡Adiós, Mariana!

MARIANA.

¡Dios os guarde, amigos!

(*Van saliendo rápidamente por la puerta de la derecha.* CLAVELA *está asomada a una rendija del balcón,
que da a la calle.* MARIANA, *en la puerta, dice:*)

¡Pedro..., y todos, que tengáis cuidado!

(*Cierra la puertecilla de la izquierda, por donde han
salido los* CONSPIRADORES, *y corre la cortina. Luego,
dramática.*)
¡Abre, Clavela! Soy una mujer
que va atada a la cola de un caballo.

(*Sale* CLAVELA. *Se dirige rápidamente al fortepiano.*)

¡Dios mío, acuérdate de tu pasión
y de las llagas de tus manos!

(*Se sienta y empieza a cantar la canción de "El
Contrabandista", original de Manuel García; 1808.*)

Yo, que soy contrabandista
y campo por mis respetos
a todos los desafío
porque a nadie tengo miedo.
¡Ay! ¡Ay!

¡Ay, muchachos! ¡Ay, muchachas!
¿Quién me compra hilo negro?
Mi caballo está rendido
¡y yo me muero de sueño!
    ¡Ay!
¡Ay! Que la ronda ya viene
y· se empezó el tiroteo.
¡Ay! ¡Ay! Caballito mío,
caballo mío, careto.
    ¡Ay!
¡Ay! Caballo, ve ligero.
¡Ay! Caballo, que me muero.
    ¡Ay!

(Ha de cantar con un admirable y desesperado sentimiento, escuchando los pasos de PEDROSA *por la escalera.)*

ESCENA IX

(Las cortinas del fondo se levantan y aparece CLAVELA, *aterrada, con el candelabro de tres bujías en una mano, y la otra puesta sobre el pecho.* PEDROSA, *vestido de negro, con capa, llega detrás.* PEDROSA *es un tipo seco, de una palidez intensa y de una admirable serenidad. Dirá las frases con ironía muy velada, y mirará minuciosamente a todos lados, pero con corrección. Es antipático. Hay que huir de la caricatura. Al entrar* PEDROSA, MARIANA *deja de tocar y se levanta del fortepiano. Silencio.)*

MARIANA.

Adelante.

PEDROSA.—*(Adelantándose.)*
            Señora, no interrumpa
por mí la cancioncilla que ahora mismo
entonaba. *(Pausa.)*

MARIANA.—*(Queriendo sonreír.)*
            La noche estaba triste
y me puse a cantar. *(Pausa.)*

PEDROSA.

            He visto luz
en su balcón y quise visitarla.
Perdone si interrumpo sus quehaceres.

MARIANA.

Se lo agradezco mucho.

PEDROSA.

                    ¡Qué manera
de llover!

(Pausa. En esta escena habrá pausas imperceptibles y rotundos silencios instantáneos, en los cuales luchan desesperadamente las almas de los dos personajes. Escena delicadísima de matizar, procurando no caer en exageraciones que perjudiquen su emoción. En esta escena se ha de notar mucho más lo que no se dice que lo que se está hablando. La lluvia, discretamente imitada y sin ruido excesivo, llegará de cuando en cuando a llenar silencios.)

MARIANA.—*(Con intención.)*

¿Es muy tarde? *(Pausa.)*

PEDROSA.

(Mirándola fijamente, y con intención también.)

Sí, muy tarde.
El reloj de la Audiencia ya hace rato
que dio las once.

MARIANA.

(Serena e indicando asiento a PEDROSA.)

No las he sentido.

PEDROSA.—*(Sentándose.)*

Yo las sentí lejanas. Ahora vengo
de recorrer las calles silenciosas,
calado hasta los huesos por la lluvia,
resistiendo ese gris fino y glacial
que viene de la Alhambra.

MARIANA.

(Con intención y rehaciéndose.)

El aire helado,
que clava agujas sobre los pulmones
y para el corazón.

PEDROSA.—*(Devolviéndole la ironía.)*

Pues ése mismo.
Cumplo deberes de mi duro cargo.
Mientras que usted, espléndida Mariana,
en su casa, al abrigo de los vientos,
hace encajes... o borda...

(Como recordando.)

¿Quién me ha dicho
que bordaba muy bien?

MARIANA.

(Aterrada pero con cierta serenidad.)

¿Es un pecado?

PEDROSA.

(*Haciendo una seña negativa.*)

El Rey nuestro Señor, que Dios proteja *(se inclina)*
se entretuvo bordando en Valençay
con su tío el infante don Antonio.
Ocupación bellísima.

MARIANA.—(*Entre dientes.*)

¡Dios mío!

PEDROSA.

¿Le extraña mi visita?

MARIANA.

(*Tratando de sonreir.*)

¡No!

PEDROSA.—(*Serio.*)

¡Mariana! *(Pausa.)*
Una mujer tan bella como usted,
¿no siente miedo de vivir tan sola?

MARIANA.

¿Miedo? Ninguno.

PEDROSA.—(*Con intención.*)

Hay tantos liberales
y tantos anarquistas por Granada
que la gente no vive muy segura.
(Firme.) ¡Usted ya lo sabrá!

MARIANA.—(*Digna.*)

¡Señor Pedrosa!
¡Soy mujer de mi casa y nada más!

PEDROSA.—(*Sonriendo.*)

Y yo soy juez. Por eso me preocupo
de estas cuestiones. Perdonad, Mariana.
Pero hace ya tres meses que ando loco
sin poder capturar a un cabecilla...

(*Pausa.* MARIANA *trata de escuchar y juega con su
sortija, conteniendo su angustia y su indignación.*)

PEDROSA.

(*Como recordando, con frialdad.*)

Un tal don Pedro de Sotomayor.

MARIANA.

Es probable que esté fuera de España.

PEDROSA.

No; yo espero que pronto será mío.

(Al oír eso MARIANA *tiene un ligero desvanecimiento nervioso; lo suficiente para que se le escape la sortija de la mano, o más bien la arroja ella para evitar la conversación.)*

MARIANA.—*(Levantándose.)*
¡Mi sortija!

PEDROSA.

¿Cayó?

(Con intención.)

Tenga cuidado.

MARIANA.—*(Nerviosa.)*
Es mi anillo de bodas; no se mueva,
y vaya a pisarlo. *(Busca.)*

PEDROSA.

Está muy bien.

MARIANA.

Parece
que una mano invisible lo arrancó.

PEDROSA.

Tenga más calma. *(Frío.)* Mire.

(Señala el sitio donde ve el anillo, al mismo tiempo que avanzan.)

¡Ya está aquí!

*(*MARIANA *se inclina para recogerlo antes que* PEDROSA; *éste queda a su lado y en el momento de levantarse* MARIANA *la enlaza rápidamente y la besa.)*

MARIANA.

(Dando un grito y retirándose.)
¡Pedrosa!

(Pausa. MARIANA *rompe a llorar de furor.)*

PEDROSA.—*(Suave.)*
Grite menos.

MARIANA.

¡Virgen santa!

PEDROSA.—*(Sentándose.)*
Me parece que este llanto está de más.
¡Mi señora Mariana, esté serena!

MARIANA.

(Arrancándose desesperada y cogiendo a PEDROSA *por la solapa.)*
¿Qué piensa de mí? ¡Diga!

PEDROSA.— *(Impasible.)*

¡Muchas cosas!

MARIANA.

Pues yo sabré vencerlas. ¿Qué pretende?
Sepa que yo no tengo miedo a nadie.
Como el agua que nace soy de limpia,
y me puedo manchar si usted me toca;
pero sé defenderme. ¡Salga pronto!

PEDROSA.— *(Fuerte y lleno de ira.)*
¡Silencio!

(Pausa. Frío.)

Quiero ser amigo suyo.
Me debe agradecer esta visita.

MARIANA.— *(Fiera.)*
¿Puedo yo permitir que usted me insulte?
¿Que penetre de noche en mi vivienda
para que yo...? ¡Canalla! No sé cómo...
(Se contiene.) ¡Usted quiere perderme!

PEDROSA.— *(Cálido.)*

¡Lo contrario!
Vengo a salvarla.

MARIANA.— *(Bravía.)*

¡No lo necesito! *(Pausa.)*

PEDROSA.— *(Fuerte y dominador, acercándose con una agria sonrisa.)*
¡Mariana! ¿Y la bandera?

MARIANA.— *(Turbada.)*

¿Qué bandera?

PEDROSA.

¡La que bordó con esas manos blancas
(Las coge.)
en contra de las leyes y del Rey!

MARIANA.

¿Qué infame le mintió?

PEDROSA.— *(Indiferente.)*

¡Muy bien bordada!
De tafetán morado y verdes letras.

Allá en el Albaicín la recogimos,
y ya está en mi poder como tu vida.
Pero no temas, soy amigo tuyo.

(MARIANA *queda ahogada.*)

MARIANA.—*(Casi desmayada.)*
Es mentira, mentira.

PEDROSA.

Sé también
que hay mucha gente complicada.
Espero que dirás sus nombres, ¿verdad?

(Bajando la voz y apasionadamente.)

Nadie sabrá lo que ha pasado. Yo te quiero
mía, ¿lo estás oyendo? Mía o muerta.
Me has despreciado siempre; pero ahora
puedo apretar tu cuello con mis manos,
este cuello de nardo transparente,
y me querrás porque te doy la vida.

MARIANA.

*(Tierna y suplicante en medio de su desesperación,
abrazándose a* PEDROSA.)

¡Tenga piedad de mí! ¡Si usted supiera!
Y déjeme escapar. Yo guardaré
su recuerdo en las niñas de mis ojos.
¡Pedrosa, por mis hijos!...

PEDROSA.—*(Abrazándola sensual.)*
La bandera
no la has bordado tú, linda Mariana,
y ya eres libre porque así lo quiero...

(MARIANA, *al ver cerca de sus labios los labios de*
PEDROSA, *lo rechaza, reaccionando de una manera sal-
vaje.)*

MARIANA.

¡Eso nunca! ¡Primero doy mi sangre!
Que me cueste dolor, pero con honra.
¡Salga de aquí!

PEDROSA.—*(Reconviniéndola.)*
¡Mariana!

MARIANA.

¡Salga pronto!

PEDROSA.—*(Frío y reservado.)*
¡Está muy bien! Yo seguiré el asunto
y usted misma se pierde.

MARIANA.

¡Qué me importa!
Yo bordé la bandera con mis manos;
con estas manos, ¡mírelas, Pedrosa!,
y conozco muy grandes caballeros
que izarla pretendían en Granada.
¡Mas no diré sus nombres!

PEDROSA.

¡Por la fuerza
delatará! ¡Los hierros duelen mucho
y una mujer es siempre una mujer!
¡Cuando usted quiera me avisa!

MARIANA.

¡Cobarde!
¡Aunque en mi corazón clavaran vidrios
no hablaría! *(En un arranque.)*
¡Pedrosa, aquí me tiene!

PEDROSA.

¡Ya veremos!...

MARIANA.

¡Clavela, el candelabro!

(Entra CLAVELA, *aterrada, con las manos cruzadas
sobre el pecho.)*

PEDROSA.

No hace falta, señora. Queda usted
detenida en nombre de la Ley.

MARIANA.

¿En nombre de qué ley?

PEDROSA.— *(Frío y ceremonioso.)*

¡Buenas noches! *(Sale.)*

CLAVELA.— *(Dramática.)*

¡Ay, señora; mi niña, clavelito,
prenda de mis entrañas!

MARIANA.

(Llena de angustia y terror.) Isabel,
yo me voy. Dame el chal.

CLAVELA.

¡Sálvese pronto!

*(Se asoma a la ventana. Fuera se oye otra vez la
fuerte lluvia.)*

MARIANA.

¡Me iré a casa de don Luis! ¡Cuida los niños!

CLAVELA.

¡Se han quedado en la puerta! ¡No se puede!

MARIANA.

Claro está.

(Señalando al sitio por donde han salido los CONS-
PIRADORES.*)*
¡Por aquí!

CLAVELA.

¡Es imposible!

(Al cruzar MARIANA, *por la puerta aparece* DOÑA
ANGUSTIAS.*)*

ANGUSTIAS.

¡Mariana! ¿Dónde vas? Tu niña llora.
Tiene miedo del aire y de la lluvia.

MARIANA.

¡Estoy presa! ¡Estoy presa, Clavela!

ANGUSTIAS.—*(Abrazándola.)*
¡Marianita!

MARIANA.—*(Arrojándose en el sofá.)*
¡Ahora empiezo a morir!

(Las dos mujeres la abrazan.)

Mírame y llora. ¡Ahora empiezo a morir!

TELÓN RÁPIDO

ESTAMPA TERCERA

(Convento de Santa María Egipciaca, de Granada. Rasgos árabes. Arcos, cipreses, fuentecillas y arrayanes. Hay unos bancos y unas viejas sillas de cuero. Al levantarse el telón está la escena solitaria. Suenan el órgano y las lejanas voces de las monjas. Por el fondo vienen corriendo de puntillas y mirando a todos lados para que no las vean dos NOVICIAS. *Visten toquillas blancas y trajes azules. Se acercan con mucho sigilo a una puerta de la izquierda y miran por el ojo de la cerradura.)*

ESCENA PRIMERA

NOVICIA 1ª

¿Qué hace?

NOVICIA 2ª

(En la cerradura.)

¡Habla más bajito!
Está rezando.

NOVICIA 1ª

¡Deja! *(Se pone a mirar.)*
¡Qué blanca está, qué blanca!
Reluce su cabeza
en la sombra del cuarto.

NOVICIA 2ª

¿Reluce su cabeza?
Yo no comprendo nada.
Es una mujer buena,
y la quieren matar.
¿Tú qué dices?

NOVICIA 1ª

Quisiera
mirar su corazón
largo rato y muy cerca.

NOVICIA 2ª

¡Qué mujer tan valiente! Cuando ayer
vinieron a leerle la sentencia
de muerte, no ocultó
su sonrisa.

NOVICIA 1ª

En la iglesia
la vi después llorando
y me pareció que ella
tenía el corazón en la garganta.
¿Qué es lo que ha hecho?

NOVICIA 2ª

Bordó una bandera.

NOVICIA 1ª

¿Bordar es malo?

NOVICIA 2ª

Dicen que es masona.

NOVICIA 1ª

¿Qué es eso?

NOVICIA 2ª

Pues... ¡no sé!

NOVICIA 1ª

¿Por qué está presa?

NOVICIA 2ª

Porque no quiere al Rey.

NOVICIA 1ª

¿Qué más da? ¿Se habrá visto?

NOVICIA 2ª

¡Ni a la Reina!

NOVICIA 1ª

Yo tampoco los quiero. *(Mirando.)*
¡Ay, Mariana Pineda!
Ya están abriendo flores
que irán contigo muerta.

(Aparece por la puerta del foro la MADRE SOR CARMEN DE BORJA.*)*

CARMEN.

Pero niñas, ¿qué miráis?

NOVICIA 1ª—*(Asustada.)*
Hermana...

CARMEN.

¿No os da vergüenza?
Ahora mismo, al obrador.
¿Quién os enseñó esa fea
costumbre? ¡Ya nos veremos!

NOVICIA 1ª

¡Con licencia!

NOVICIA 2ª

¡Con licencia!

(Se van. Cuando la MADRE CARMEN *se ha convencido de que las otras se han marchado, se acerca también con sigilo y mira por el ojo de la llave.)*

CARMEN.

¡Es inocente! ¡No hay duda!
¡Calla con una firmeza!
¿Por qué? Yo no me lo explico.
(Sobresaltada.) ¡Viene! *(Sale corriendo.)*

ESCENA II

*(*MARIANA *aparece con un espléndido traje blanco. Está palidísima.)*

MARIANA.

¡Hermana!

CARMEN.—*(Volviéndose.)*

¿Qué desea?

MARIANA.

¡Nada!

CARMEN.

¡Decidlo, señora!

MARIANA.

Pensaba...

CARMEN.

¿Qué?

MARIANA.

Si pudiera
quedarme aquí en el Beaterio
para siempre.

CARMEN.

¡Qué contentas
nos pondríamos!

MARIANA.

¡No puedo!

CARMEN.

¿Por qué?

MARIANA.—*(Sonriendo.)*

Porque ya estoy muerta.

CARMEN.—*(Asustada.)*
¡Doña Mariana, por Dios!

MARIANA.

Pero el mundo se me acerca,
las piedras, el agua, el aire,
¡comprendo que estaba ciega!

CARMEN.

¡La indultarán!

MARIANA.—*(Con sangre fría.)*
¡Ya veremos!
Este silencio me pesa
mágicamente. Se agranda
como un techo de violetas,

(Apasionada.)

y otras veces finge en mí
una larga cabellera.
¡Ay, qué buen soñar!

CARMEN.—*(Cogiéndole la mano.)*
¡Mariana!

MARIANA.

¿Cómo soy yo?

CARMEN.

Eres muy buena.

MARIANA.

Soy una gran pecadora;
pero amé de una manera
que Dios me perdonará,
como a Santa Magdalena.

CARMEN.

Fuera del mundo y en él
perdona.

MARIANA.

¡Si usted supiera!
¡Estoy muy herida, hermana,
por las cosas de la tierra!

CARMEN.

Dios está lleno de heridas
de amor, que nunca se cierran.

MARIANA.

Nace el que muere sufriendo,
¡comprendo que estaba ciega!

CARMEN.

>*(Apenada al ver el estado de* MARIANA.*)*
>¡Hasta luego! ¿Asistirá
>esta tarde a la novena?

MARIANA.

>Como siempre. ¡Adiós, hermana!
>*(Se va* CARMEN.*)*

ESCENA III

>*(*MARIANA *se dirige al fondo rápidamente, con todo
>género de precauciones, y allí aparece* ALEGRITO, *jardi-
>nero del convento. Ríe constantemente, con una sonrisa
>suave y sana. Viste traje de cazador de la época.)*

MARIANA.

>¡Alegrito! ¿Qué?

ALEGRITO.

>¡Paciencia
>para lo que vais a oír!

MARIANA.

>¡Habla pronto, no nos vean!
>¿Fuiste a casa de don Luis?

ALEGRITO.

>Y me han dicho que les era
>imposible pretender
>salvarla. Que ni lo intentan,
>porque todos morirían;
>pero que harán lo que puedan.

MARIANA.—*(Valiente.)*
>¡Lo harán todo! ¡Estoy segura!
>Son gentes de la nobleza
>y yo soy noble, Alegrito.
>¿No ves cómo estoy serena?

ALEGRITO.

>Hay un miedo que da miedo.
>Las calles están desiertas.
>Sólo el viento viene y va,
>pero la gente se encierra.
>No encontré más que una niña
>llorando sobre la puerta
>de la antigua Alcaicería.

MARIANA.

>¿Crees van a dejar que muera
>la que tiene menos culpa?

ALEGRITO.

>Yo no sé lo que ellos piensan.

MARIANA.

¿Y de lo demás?

ALEGRITO.—*(Turbado.)*

¡Señora!...

MARIANA.

Sigue hablando.

ALEGRITO.

No quisiera.

(MARIANA hace un gesto de impaciencia.)

El caballero don Pedro
de Sotomayor se aleja
de España, según me han dicho.
Dicen que marcha a Inglaterra.
Don Luis lo sabe de cierto.

MARIANA.

*(Sonríe incrédula y dramática, porque en el fondo
sabe que es verdad.)*

Quien te lo dijo desea
aumentar mi sufrimiento.
¡Alegrito, no lo creas!
¿Verdad que tú no lo crees?

(Angustiada.)

ALEGRITO.—*(Turbado.)*
Señora, lo que usted quiera.

MARIANA.

Don Pedro vendrá a caballo
como loco cuando sepa
que yo estoy encarcelada
por bordarle su bandera.
Y, si me matan, vendrá
para morir a mi vera,
que me lo dijo una noche
besándome la cabeza.
Él vendrá como un San Jorge
de diamantes y agua negra,
al aire la deslumbrante
flor de su capa bermeja.
Y porque es noble y modesto,
para que nadie lo vea
vendrá por la madrugada,
por la madrugada fresca,
cuando sobre el cielo oscuro
brilla el limonar apenas
y el alba finge en las olas
fragatas de sombra y seda.

¿Tú qué sabes? ¡Qué alegría!
No tengo miedo, ¿te enteras?

ALEGRITO.

¡Señora!

MARIANA.

¿Quién te lo ha dicho?

ALEGRITO.

Don Luis.

MARIANA.

¿Sabe la sentencia?

ALEGRITO.

Dijo que no la creía.

MARIANA.—*(Angustiada.)*
Pues es muy verdad.

ALEGRITO.

Me apena
darle tan malas noticias.

MARIANA.

¡Volverás!

ALEGRITO.

Lo que usted quiera.

MARIANA.

Volverás para decirles
que yo estoy muy satisfecha
porque sé que vendrán todos,
¡y son muchos!, cuando deban.
¡Dios te lo pague!

ALEGRITO.

Hasta luego. *(Sale.)*

ESCENA IV

MARIANA.—*(En voz baja.)*
Y me quedo sola mientras
que, bajo la acacia en flor
del jardín, mi muerte acecha.

(En voz alta y dirigiéndose al huerto.)

Pero mi vida está aquí.
Mi sangre se agita y tiembla,
como un árbol de coral
con la marejada tierna.
Y aunque tu caballo pone
cuatro lunas en las piedras
y fuego en la verde brisa
débil de la Primavera,

¡corre más! ¡Ven a buscarme!
Mira que siento muy cerca
dedos de hueso y de musgo
acariciar mi cabeza.

(Se dirige al jardín como si hablara con alguien.)

No puedes entrar. ¡No puedes!
¡Ay, Pedro! Por ti no entra;
pero sentada en la fuente
toca una blanda vihuela.

(Se sienta en un banco y apoya la cabeza sobre sus manos. En el jardín se oye una guitarra.)

Voz.

A la vera del agua,
sin que nadie la viera,
se murió mi esperanza.

MARIANA.—*(Repitiendo exquisitamente la canción.)*
A la vera del agua,
sin que nadie la viera,
se murió mi esperanza.

(Por el foro aparecen dos monjas, seguidas de PEDROSA. MARIANA no los ve.)

MARIANA.

Esta copla está diciendo
lo que saber no quisiera.
Corazón sin esperanza
¡que se lo trague la tierra!

CARMEN.

Aquí está, señor Pedrosa.

MARIANA.

(Asustada, levantándose y como saliendo de un sueño.)
¿Quién es?

PEDROSA.

¡Señora!

(MARIANA queda sorprendida y deja escapar una exclamación. Las monjas inician el mutis.)

MARIANA.— *(A las monjas.)*
¿Nos dejan?

CARMEN.

Tenemos que trabajar...

(Se van. Hay en estos momentos una gran inquietud en escena. PEDROSA, frío y correcto, mira intensamente a MARIANA, y ésta, melancólica, pero valiente, recoge sus miradas.)

ESCENA V

(Pedrosa viste de negro, con capa. Su aire frío debe hacerse notar.)

MARIANA.

Me lo dio el corazón: ¡Pedrosa!

PEDROSA.

                                   El mismo,
que aguarda, como siempre, sus noticias.
Ya es hora. ¿No os parece?

MARIANA.

                            Siempre es hora
de callar y vivir con alegría.

(Se sienta en un banco. En este momento, y durante todo el acto, Mariana tendrá un delirio delicadísimo, que estallará al final.)

PEDROSA.

¿Conoce la sentencia?

MARIANA.

                    La conozco.

PEDROSA.

¿Y bien?

MARIANA.—*(Radiante.)*
                Pero yo pienso que es mentira.
Tengo el cuello muy corto para ser
ajusticiada. Ya ve. No podrían.
Además, es hermoso y blanco; nadie
querrá tocarlo.

PEDROSA.—*(Completando.)*
                        ¡Mariana!

MARIANA.—*(Fiera.)*
                            Se olvida
que para que yo muera tiene toda
Granada que morir. Y que saldrían
muy grandes caballeros a salvarme,
porque soy noble. Porque yo soy hija
de un capitán de navío, caballero
de Calatrava. ¡Déjeme tranquila!

PEDROSA.

No habrá nadie en Granada que se asome
cuando usted pase con su comitiva.
Los andaluces hablan; pero luego...

MARIANA.

Me dejan sola; ¿y qué? Uno vendría

para morir conmigo, y esto basta.
¡Pero vendrá para salvar mi vida!

(Sonríe y respira fuertemente, llevándose las manos al pecho.)

PEDROSA.—*(En un arranque.)*
Yo no quiero que mueras tú, ¡no quiero!
Ni morirás, porque darás noticias
de la conjuración. Estoy seguro.

MARIANA.—*(Fiera.)*
No diré nada, como usted querría,
a pesar de tener un corazón
en el que ya no caben más heridas.
Fuerte y sorda seré a vuestros halagos.
Antes me daban miedo sus pupilas.
Ahora le estoy mirando cara a cara

(Se acerca.)

y puedo con sus ojos que vigilan
el sitio donde guardo este secreto
que por nada del mundo contaría.
¡Soy valiente, Pedrosa, soy valiente!

PEDROSA.
Está muy bien.
(Pausa.) Ya sabe, con mi firma
puedo borrar la lumbre de sus ojos.
Con una pluma y un poco de tinta
puedo hacerla dormir un largo sueño.

MARIANA.—*(Elevada.)*
¡Ojalá fuese pronto por mi dicha!

PEDROSA.—*(Frío.)*
Esta tarde vendrán.

MARIANA.—*(Aterrada y dándose cuenta.)*
¿Cómo?

PEDROSA.
Esta tarde;
ya se ha ordenado que entres en capilla.

MARIANA.—*(Exaltada y protestando fieramente de su muerte.)*
¡No puede ser! ¡Cobardes! ¿Y quién manda
dentro de España tales villanías?
¿Qué crimen cometí? ¿Por qué me matan?
¿Dónde está la razón de la Justicia?
En la bandera de la Libertad
bordé el amor más grande de mi vida.
¿Y he de permanecer aquí encerrada?
¡Quién tuviera unas alas cristalinas
para salir volando en busca tuya!

(PEDROSA ha visto con satisfacción esta súbita desesperación de MARIANA y se dirige a ella. La luz empieza a tomar el tono del crepúsculo.)

PEDROSA.—*(Muy cerca de* MARIANA.*)*
Hable pronto, que el Rey la indultaría.
Mariana, ¿quiénes son los conjurados?
Yo sé que usted de todos es amiga.
Cada segundo aumenta su peligro.
Antes que se haya disipado el día
ya vendrán por la calle a recogerla.
¿Quiénes son? Y sus nombres. ¡Vamos, pronto!
Que no se juega así con la Justicia,
y luego será tarde.

MARIANA.—*(Fiera.)*
¡No hablaré!

PEDROSA.—*(Fiero, cogiéndole las manos.)*
¿Quiénes son?

MARIANA.
Ahora menos lo diría.
(Con desprecio.)
Suelta, Pedrosa; vete. ¡Madre Carmen!

PEDROSA.—*(Terrible.)*
¡Quieres morir!
(Aparece, llena de miedo, la MADRE CARMEN; *dos monjas cruzan al fondo.)*

CARMEN.
¿Qué pasa, Marianita?

MARIANA.
Nada.

CARMEN.
Señor, no es justo...

PEDROSA.
(Frío, sereno y autoritario dirige una severa mirada a la monja, e inicia el mutis.)
Buenas tardes.
(A MARIANA.*)*
Tendré un placer muy grande si me avisa.

CARMEN.
¡Es muy buena, señor!

PEDROSA.—*(Altivo.)*
No os pregunté.
(Sale, seguido de SOR CARMEN.*)*

ESCENA VI

MARIANA.

(En el banco, con dramática y tierna entonación andaluza.)

Recuerdo aquella copla que decía
cruzando los olivos de Granada:
"¡Ay, qué fragatita,
real corsaria! ¿Dónde está
tu valentía?
Que un velero bergantín
te ha puesto la puntería."

(Como soñando y nebulosamente.)

Entre el mar y las estrellas
¡con qué gusto pasearía
apoyada sobre una
larga baranda de brisa!

(Con pasión y llena de angustia.)

Pedro, coge tu caballo
o ven montado en el día.
¡Pero pronto! Que ya vienen
para quitarme la vida.
Clava las duras espuelas.

(Llorando.)

"¡Ay, qué fragatita,
real corsaria! ¿Dónde está
tu valentía?
Que un famoso bergantín
te ha puesto la puntería."

(Vienen dos MONJAS.)

MONJA 1ª

Sé fuerte, que Dios te ayuda.

CARMEN.

Marianita, hija, descansa.

(Se llevan a MARIANA.)

ESCENA VII

(Suena el esquilón de-las monjas. Por el fondo aparecen varias de ellas, que cruzan la escena y se santiguan al pasar ante una Virgen de los Dolores que, con el corazón atravesado de puñales, llora en el muro, cobijada por un inmenso arco de rosas amarillas y plateadas de papel. Entre ellas se destacan las NOVICIAS 1ª y 2ª Los cipreses comienzan a teñirse de luz dorada.)

NOVICIA 1ª

¡Qué gritos! ¿Tú los sentiste?

NOVICIA 2ª

Desde el jardín; y sonaban
como si estuvieran lejos.
¡Inés, yo estoy asustada!

NOVICIA 1ª

¿Dónde estará Marianita,
rosa y jazmín de Granada?

NOVICIA 2ª

Está esperando a su novio.

NOVICIA 1ª

Pero su novio ya tarda.
¡Si la vieras cómo mira
por una y otra ventana!
Dice: "Si no hubiera sierras
lo vería en la distancia."

NOVICIA 2ª

Ella lo espera segura.

NOVICIA 1ª

¡No vendrá, por su desgracia!

NOVICIA 2ª

¡Marianita va a morir!
¡Hay otra luz en la casa!

NOVICIA 1ª

¡Y cuánto pájaro! ¿Has visto?
Ya no caben en las ramas
del jardín ni en los aleros;
nunca vi tantos, y al alba,
cuando se siente la Vela,
cantan y cantan y cantan...

NOVICIA 2ª

...y al alba
despiertan brisas y nubes
desde el frescor de las ramas.

NOVICIA 1ª

...y al alba
por cada estrella que muere
nace diminuta flauta.

NOVICIA 2ª

¿Y ella?... ¿Tú la has visto? Ella
me parece amortajada
cuando cruza el coro bajo
con esa ropa tan blanca.

NOVICIA 1ª

¡Qué injusticia! Esta mujer
de seguro fue engañada.

NOVICIA 2ª

¡Su cuello es maravilloso!

NOVICIA 1ª

(Llevándose instintivamente las manos al cuello.)
Sí, pero...

NOVICIA 2ª

Cuando lloraba
me pareció que se le iba
a deshojar en la falda.

(Se acercan dos MONJAS.*)*

MONJA 1ª

¿Vamos a ensayar la Salve?

NOVICIA 1ª

¡Muy bien!

NOVICIA 2ª

Yo no tengo gana.

MONJA 1ª

Es muy bonita.

NOVICIA 1ª

*(Hace una señal a las demás y se dirigen rápidamente
al foro.)*
¡Y difícil!

(Aparece MARIANA *por la puerta de la izquierda, y
al verla se retiran todas con disimulo.)*

MARIANA.—*(Sonriendo.)*
¿Huyen de mí?

NOVICIA 1ª—*(Temblando.)*
¡Vamos a la...!

NOVICIA 2ª—*(Turbada.)*
Nos íbamos... Yo decía...
Es muy tarde.

MARIANA.—*(Con bondad irónica.)*
¿Soy tan mala?

NOVICIA 1ª—*(Exaltada.)*
¡No, señora! ¿Quién lo dice?

MARIANA.

¿Qué sabes tú, niña?

NOVICIA 2ª—*(Señalando a la primera.)*
¡Nada!

NOVICIA 1ª

> ¡Pero la queremos todas! *(Nerviosa.)*
> ¿No lo está usted viendo?

MARIANA.—*(Con amargura.)*

> ¡Gracias!
>
> *(MARIANA se sienta en el banco, con las manos cruzadas y la cabeza caída, en una divina actitud de tránsito.)*

NOVICIA 1ª

> ¡Vámonos!

NOVICIA 2ª

> ¡Ay, Marianita,
> rosa y jazmín de Granada,
> que está esperando a su novio,
> pero su novio se tarda!... *(Se van.)*

MARIANA.

> ¡Quién me hubiera dicho a mí!...
> Pero... ¡paciencia!

SOR CARMEN.—*(Que entra.)*

> ¡Mariana!
> Un señor, que trae permiso
> del juez, viene a visitarla.

MARIANA.—*(Levantándose, radiante.)*

> ¡Que pase! ¡Por fin, Dios mío!
>
> *(Sale la monja. MARIANA se dirige a una cornucopia que hay en la pared y, llena de su delicado delirio, se arregla los bucles y el escote.)*
>
> Pronto... ¡qué segura estaba!
> Tendré que cambiarme el traje:
> me hace demasiado pálida.

ESCENA VIII

(Se sienta en el banco en actitud amorosa, vuelta al sitio donde tienen que entrar. Aparece la MADRE CARMEN, y MARIANA, no pudiendo resistir, se vuelve. En el silencio de la escena, entra FERNANDO, pálido. MARIANA queda estupefacta.)

MARIANA.—*(Desesperada, como no queriendo creer.)*

> ¡No!

FERNANDO.—*(Triste.)*

> ¡Mariana! ¿No quieres
> que hable contigo? ¡Dime!

MARIANA.

> ¡Pedro! ¿Dónde está Pedro?
> ¡Dejadlo entrar, por Dios!

> ¡Está abajo, en la puerta!
> ¡Tiene que estar! ¡Que suba!
> Tú viniste con él,
> ¿verdad? Tú eres muy bueno.
> Él vendrá muy cansado, pero entrará en seguida.

FERNANDO.

> Vengo solo, Mariana. ¿Qué sé yo de don Pedro?

MARIANA.

> ¡Todos deben saber, pero ninguno sabe!
> Entonces, ¿cuándo viene para salvar mi vida?
> ¿Cuándo viene a morir, si la muerte me acecha?
> ¿Vendrá? Dime, Fernando.
> ¡Aún es hora!

FERNANDO.—*(Enérgico y desesperado, al ver la actitud de* MARIANA.*)*
> Don Pedro no vendrá,
> porque nunca te quiso, Marianita.
> Ya estará en Inglaterra,
> con otros liberales.
> Te abandonaron todos
> tus antiguos amigos.
> Solamente mi joven corazón te acompaña.
> ¡Mariana! ¡Aprende y mira cómo te estoy queriendo!

MARIANA.—*(Exaltada.)*
> ¿Por qué me lo dijiste? Yo bien que lo sabía;
> pero nunca lo quise decir a mi esperanza.
> Ahora ya no me importa. Mi esperanza lo ha oído
> y se ha muerto mirando los ojos de mi Pedro.
> Yo bordé la bandera por él. Yo he conspirado
> para vivir y amar su pensamiento propio.
> Más que a mis propios hijos y a mí misma le quise.
> ¿Amas la Libertad más que a tu Marianita?
> ¡Pues yo seré la misma Libertad que tú adoras!

FERNANDO.

> ¡Sé que vas a morir! Dentro de unos instantes
> vendrán por ti, Mariana. ¡Sálvate y di los nombres!
> ¡Por tus hijos! ¡Por mí, que te ofrezco la vida!

MARIANA.

> ¡No quiero que mis hijos me desprecien! ¡Mis hijos
> tendrán un nombre claro como la luna llena!
> ¡Mis hijos llevarán resplandor en el rostro,
> que no podrán borrar los años ni los aires!
> Si delato, por todas las calles de Granada
> este nombre sería pronunciado con miedo.

FERNANDO.—*(Dramático y desesperado.)*
> ¡No puede ser! ¡No quiero que esto pase! ¡No quiero!
> ¡Tú tienes que vivir!
> ¡Mariana, por mi amor!

MARIANA.—*(Loca y delirante, en un estado agudo de pasión y angustia.)*
¿Y qué es amor, Fernando?
¡Yo no sé qué es amor!

FERNANDO.—*(Cerca.)*
¡Pero nadie te quiso como yo, Marianita!

MARIANA.—*(Reaccionando.)*
¡A ti debí quererte más que a nadie en el mundo,
si el corazón no fuera nuestro gran enemigo!
Corazón, ¿por qué mandas en mí si yo no quiero?

FERNANDO.—*(Se arrodilla y ella le coge la cabeza sobre el pecho.)*
¡Ay, te abandonan todos! ¡Habla, quiéreme y vive!

MARIANA.—*(Retirándolo.)*
¡Ya estoy muerta, Fernando! Tus palabras me llegan
a través del gran río del mundo que abandono.
Ya soy como la estrella sobre el agua profunda,
última débil brisa que se pierde en los álamos.

(Por el fondo pasa una monja, con las manos cruzadas, que mira llena de zozobra al grupo.)

FERNANDO.
¡No sé qué hacer! ¡Qué angustia! ¡Ya vendrán a buscarte!
¡Quién pudiera morir para que tú vivieras!

MARIANA.
¡Morir! ¡Qué largo sueño sin ensueños ni sombra!
Pedro, quiero morir
por lo que tú no mueres,
por el puro ideal que iluminó tus ojos:
¡¡Libertad!! Por que nunca se apague tu alta lumbre,
me ofrezco toda entera.
¡¡Arriba corazones!! ¡Pedro, mira tu amor
a lo que me ha llevado!
Me querrás, muerta, tanto,
que no podrás vivir.

(Dos monjas entran, con las manos cruzadas, en la misma expresión de angustia, y no se atreven a acercarse.)

Y ahora ya no te quiero,
porque soy una sombra.

CARMEN.—*(Entrando, casi ahogada.)*
¡Mariana! *(A* FERNANDO.*)* ¡Caballero!
¡Salga pronto!

FERNANDO.—*(Angustiado.)*
¡Dejadme!

MARIANA.
¡Vete! ¿Quién eres tú?

¡Ya no conozco a nadie!
¡Voy a dormir tranquila!

*(Entra otra monja rápidamente, casi ahogada por el
miedo y la emoción. Al fondo cruza otra con gran rapidez, con una mano sobre la frente.)*

FERNANDO.— *(Emocionadísimo.)*
¡Adiós, Mariana!

MARIANA.
                    ¡Vete!
Ya vienen a buscarme.

(Sale FERNANDO, *llevado por dos monjas.)*

Como un grano de arena

(Viene otra monja.)

siento al mundo en los dedos.
¡Muerte! ¿Pero qué es muerte?

(A las monjas.)

Y vosotras, ¿qué hacéis?
¡Qué lejanas os siento!

CARMEN.— *(Que llega llorando.)*
¡Mariana!

MARIANA.
                ¿Por qué llora?

CARMEN.
¡Están abajo, niña!

MONJA 1ª
¡Ya suben la escalera!

ESCENA ÚLTIMA

*(Entran por el foro todas las monjas. Tienen la tris-
teza reflejada en los rostros. Las* NOVICIAS 1ª *y* 2ª *están
en primer término.* SOR CARMEN, *digna y traspasada de
pena, está cerca de* MARIANA. *Toda la escena irá ad-
quiriendo hasta el final una gran luz extrañísima de crepúsculo granadino. Luz rosa y verde entra por los arcos,
y las cipreses se matizan exquisitamente, hasta parecer
piedras preciosas. Del techo desciende una suave luz
naranja que se va intensificando hasta el final.)*

MARIANA.
¡Corazón, no me dejes! ¡Silencio! Con un ala,
¿dónde vas? Es preciso que tú también descanses.
Nos espera una larga locura de luceros
que hay detrás de la muerte. ¡Corazón, no desmayes!

CARMEN.

¡Olvídate del mundo, preciosa Marianita!

MARIANA.

¡Qué lejano lo siento!

CARMEN.

¡Ya vienen a buscarte!

MARIANA.

¡Pero qué bien entiendo lo que dice esta luz!
¡Amor, amor, amor y eternas soledades!

(Entra el JUEZ por la puerta de la izquierda.)

NOVICIA 1ª

¡Es el Juez!

NOVICIA 2ª

¡Se la llevan!

JUEZ.

Señora, a sus órdenes;
hay un coche en la puerta.

MARIANA.

Mil gracias. Madre Carmen,
salvo a muchas criaturas que llorarán mi muerte.
No olviden a mis hijos.

CARMEN.

¡Que la Virgen te ampare!

MARIANA.

¡Os doy mi corazón! ¡Dadme un ramo de flores!
En mis últimas horas yo quiero engalanarme.
Quiero sentir la dura caricia de mi anillo
y prenderme en el pelo mi mantilla de encaje.
Amar la libertad por encima de todo,
pero yo soy la misma Libertad. Doy mi sangre,
que es tu sangre y la sangre de todas las criaturas.
¡No se podrá comprar el corazón de nadie!

*(Una monja le ayuda a ponerse la mantilla. MARIANA
se dirige al fondo, gritando.)*

Ahora sé lo que dicen el ruiseñor y el árbol.
El hombre es un cautivo y no puede librarse.
¡Libertad de lo alto! Libertad verdadera,
enciende para mí tus estrellas distantes.
¡Adiós! ¡Secad el llanto!

(Al JUEZ.) ¡Vamos pronto!

CARMEN.

¡Adiós, hija!

MARIANA.

Contad mi triste historia a los niños que pasen.

CARMEN.

Porque has amado mucho, Dios te abrirá su puerta.
¡Ay, triste Marianita! ¡Rosa de los rosales!

NOVICIA 1ª—*(Arrodillándose.)*

Ya no verán tus ojos las naranjas de luz
que pondrá en los tejados de Granada la tarde.

(Fuera empieza un lejano campaneo.)

MONJA 1ª—*(Arrodillándose.)*

Ni sentirás la dulce brisa de primavera
pasar de madrugada tocando tus cristales.

NOVICIA 2ª—*(Arrodillándose y besando la orla del vestido de* MARIANA.*)*

¡Clavellina de mayo! ¡Luna de Andalucía!,
en las altas barandas tu novio está esperándote.

CARMEN.

¡Mariana, Marianita, de bello y triste nombre,
que los niños lamenten tu dolor por la calle!

MARIANA.—*(Saliendo.)*

¡Yo soy la Libertad porque el amor lo quiso!
¡Pedro! La Libertad, por la cual me dejaste.
¡Yo soy la Libertad, herida por los hombres!
¡Amor, amor, amor y eternas soledades!

*(Un campaneo vivo y solemne invade la escena, y un
coro de niños empieza, lejano, el romance.* MARIANA *se va
saliendo lentamente, apoyada en* SOR CARMEN. *Todas
las demás monjas están arrodilladas. Una luz maravillosa
y delirante invade la escena. Al fondo, los niños cantan.)*

¡Oh, qué día triste en Granada,
que a las piedras hacía llorar,
al ver que Marianita se muere
en cadalso, por no declarar!

(No cesa el campaneo.)

TELÓN LENTO

FIN DE
«MARIANA PINEDA»

Granada, 8 de enero de 1925.

LA ZAPATERA PRODIGIOSA

FARSA VIOLENTA EN DOS ACTOS
Y UN PRÓLOGO

(1930)

PERSONAJES

ZAPATERA.
VECINA ROJA.
VECINA MORADA.
VECINA NEGRA.
VECINA VERDE.
VECINA AMARILLA.
BEATA 1ª
BEATA 2ª
SACRISTANA.
EL AUTOR.
ZAPATERO.
EL NIÑO.
ALCALDE·
DON MIRLO.
MOZO DE LA FAJA.
MOZO DEL SOMBRERO.
VECINAS, BEATAS, CURAS y PUEBLO

PRÓLOGO

(Cortina gris.) *(Aparece el* AUTOR. *Sale rápidamente. Lleva una carta en la mano.)*

EL AUTOR:

Respetable público... *(Pausa.)* No, respetable público no, público solamente, y no es que el autor no considere al público respetable, todo lo contrario, sino que detrás de esta palabra hay como un delicado temblor de miedo y una especie de súplica para que el auditorio sea generoso con la mímica de los actores y el artificio del ingenio. El poeta no pide benevolencia, sino atención, una vez que ha saltado hace mucho tiempo la barra espinosa de miedo que los autores tienen a la sala. Por este miedo absurdo y por ser el teatro en muchas ocasiones una finanza, la poesía se retira de la escena en busca de otros ambientes donde la gente no se asuste de que un árbol, por ejemplo, se convierta en una bola de humo o de que tres peces, por amor de una mano y una palabra, se conviertan en tres millones de peces para calmar el hambre de una multitud. El autor ha preferido poner el ejemplo dramático en el vivo ritmo de una zapaterita popular. En todos los sitios late y anima la criatura poética que el autor ha vestido de zapatera con aire de refrán o simple romancillo, y no se extrañe el público si aparece violenta o toma actitudes agrias, porque ella lucha siempre, lucha con la realidad que la cerca y lucha con la fantasía cuando ésta se hace realidad visible. *(Se oyen voces de la* ZAPATERA: ¡Quiero salir!)* ¡Ya voy! No tengas tanta impaciencia en salir; no es un traje de larga cola y plumas inverosímiles el que sacas, sino un traje roto, ¿lo oyes?, un traje de zapatera. *(Voz de la* ZAPATERA *dentro:* ¡Quiero salir!)* ¡Silencio! *(Se descorre la cortina y aparece el decorado con tenue luz.)* También amanece así todos los días sobre las ciudades, y el público olvida su medio mundo de sueño para entrar en los mercados como tú en tu casa, en la escena, zapaterilla prodigiosa. *(Va creciendo la luz.)* A empezar, tú llegas de la calle. *(Se oyen voces que pelean. Al público):* Buenas noches. *(Se quita el sombrero de copa y éste se ilumina por dentro con una luz verde; el Autor lo inclina y sale de él un chorro de agua. El Autor mira un poco cohibido al público y se retira de espaldas lleno de ironía.)* Ustedes perdonen. *(Sale.)*

ACTO PRIMERO

*(Casa del ZAPATERO. Banquillo y herramientas. Habitación completa-
iente blanca. Gran ventana y puerta. El foro es una calle también blanca
on algunas puertecitas y ventanas en gris. A derecha e izquierda, puertas.
Toda la escena tendrá un aire de optimismo y alegría exaltada en los más
pequeños detalles. Una suave luz naranja de media tarde invade la escena.
Al levantarse el telón la ZAPATERA viene de la calle toda, furiosa y se detiene en la puerta. Viste un traje verde rabioso y lleva el pelo tirante, adornado con dos grandes rosas. Tiene un aire agreste y dulce al mismo tiempo.)*

ZAPATERA.—Cállate, larga de lengua, penacho de catalineta, que
si yo lo he hecho..., si yo lo he
hecho, ha sido por mi propio gusto... Si no te metes dentro de
tu casa te hubiera arrastrado, ví-
borilla empolvada; y esto lo digo
para que me oigan todas las que
están detrás de las ventanas. Que
más vale estar casada con un viejo que con un tuerto, como tu
estás. Y no quiero más conversación, ni contigo, ni con nadie,
ni con nadie, ni con nadie. *(Entra
dando un fuerte portazo.)* Ya sabía yo que con esta clase de gente
no se podía hablar ni un segundo... pero la culpa la tengo yo,
yo y yo..., que debí estarme en
mi casa con... casi no quiero
creerlo, con mi marido. Quién me
hubiera dicho a mí, rubia con los
ojos negros, que hay que ver el
mérito que esto tiene, con este talle y estos colores tan hermosísi-
mos, que me iba a ver casada
con... Me tiraría del pelo. *(Llora. Llaman a la puerta.)* ¿Quién
es? *(No responden y llaman otra
vez.)* ¿Quién es? *(Enfurecida.)*

NIÑO.—*(Temerosamente.)* Gente de
paz.

ZAPATERA.—*(Abriendo.)* ¿Eres tú?
(Melosa y conmovida.)

NIÑO.—Sí, señora Zapaterita. ¿Estaba usted llorando?

ZAPATERA.—No, es que un mosco
de esos que hacen piiiii me ha picado en este ojo.

NIÑO.—¿Quiere usted que le sople?

ZAPATERA.—No, hijo mío, ya se me
ha pasado... *(Le acaricia.)* ¿Y
qué es lo que quieres?

NIÑO.—Vengo con estos zapatos de
charol, costaron cinco duros, para
que los arregle su marido. Son
de mi hermana la grande, la que
tiene el cutis fino y se pone dos
lazos, que tiene dos, un día uno
y otro día otro, en la cintura.

ZAPATERA.—Déjalos ahí, ya los arre-
glarán.

NIÑO.—Dice mi madre que tenga
cuidado de no darles muchos martillazos, porque el charol es muy
delicado, para que no se estro-
pee el charol.

ZAPATERA.—Dile a tu madre que
ya sabe mi marido lo que tiene
que hacer, y que así supiera ella
aliñar con laurel y pimienta un
buen guiso como mi marido com-
poner zapatos.

NIÑO.—*(Haciendo pucheros.)* No
se disguste usted conmigo, que yo
no tengo la culpa y todos los
días estudio muy bien la gramá-
tica.

ZAPATERA.—*(Dulce.)* ¡Hijo mío!
¡Prenda mía! ¡Si contigo no es

nada! *(Lo besa.)* Toma este muñequito, ¿te gusta? Pues llévatelo.

NIÑO.—Me lo llevaré, porque como yo sé que usted no tendrá nunca niños...

ZAPATERA.—¿Quién te dijo eso?

NIÑO.—Mi madre lo hablaba el otro día, diciendo: La zapatera no tendrá hijos, y se reían mis hermanas y la comadre Rafaela.

ZAPATERA.— *(Nerviosamente.)* ¿Hijos? Puede que los tenga más hermosos que todas ellas y con más arranque y más honra, porque tu madre... es menester que sepas...

NIÑO.—Tome usted el muñequito, ¡no lo quiero!

ZAPATERA. — *(Reaccionando.)* No, no, guárdalo, hijo mío... ¡Si contigo no es nada!

(Aparece por la izquierda el ZAPATERO. Viste traje de terciopelo con botones de plata, pantalón corto y corbata roja. Se dirige al banquillo.)

ZAPATERA.—¡Válgate Dios!

NIÑO. — *(Asustado.)* ¡Ustedes se conserven bien! ¡Hasta la vista! ¡Que sea enhorabuena! ¡Deo gratias! *(Sale corriendo por la calle!)*

ZAPATERA.—Adiós, hijito. Si hubiera reventado antes de nacer, no estaría pasando estos trabajos y estas tribulaciones. ¡Ay dinero, dinero! Sin manos y sin ojos debería haberse quedado el que te inventó.

ZAPATERO.— *(En el banquillo.)* Mujer, ¿qué estás diciendo?

ZAPATERA.—¡Lo que a ti no te importa!

ZAPATERO.—A mí no me importa nada de nada. Ya sé que tengo que aguantarme.

ZAPATERA.—También me aguanto yo..., piensa que tengo dieciocho años.

ZAPATERO.—Y yo... cincuenta y tres. Por eso me callo y no me disgusto contigo..., ¡demasiado

sé yo...! Trabajo para ti... y sea lo que Dios quiera...

ZAPATERA.— *(Está de espaldas a su marido y se vuelve y avanza tierna y conmovida.)* Eso no, hijo mío..., ¡no digas...!

ZAPATERO.—Pero ¡ay!, si tuviera cuarenta años o cuarenta y cinco, siquiera... *(Golpea furiosamente un zapato con el martillo.)*

ZAPATERA.— *(Enardecida.)* Entonces yo sería tu criada, ¿no es eso? Si una no puede ser buena... ¿Y yo?, ¿es que no valgo nada?

ZAPATERO.—Mujer..., repórtate.

ZAPATERA.—¿Es que mi frescura y mi cara no valen todos los dineros de este mundo?

ZAPATERO.—Mujer..., ¡que te van a oír los vecinos!

ZAPATERA.—Maldita hora, maldita hora en que le hice caso a mi compadre Manuel.

ZAPATERO.—¿Quieres que te eche un refresquito de limón?

ZAPATERA.—¡Ay, tonta, tonta, tonta! *(Se golpea la frente.)* Con tan buenos pretendientes como yo he tenido.

ZAPATERO.— *(Queriendo suavizar.)* Eso dice la gente.

ZAPATERA.—¿La gente? Por todas partes se sabe. Lo mejor de estas vegas. Pero el que más me gustaba a mí de todos era Emiliano..., tú lo conociste... Emiliano, que venía montado en una jaca negra, llena de borlas y espejitos, con una varilla de mimbre en su mano y las espuelas de cobre reluciente. ¡Y qué capa traía por el invierno! ¡Qué vueltas de pana azul y qué agremanes de seda!

ZAPATERO.—Así tuve yo una también..., son unas capas preciosísimas.

ZAPATERA.—¿Tú? ¡Tú qué ibas a tener!... Pero, ¿qué te haces ilusiones? Un zapatero no se ha puesto en su vida una prenda de esa clase...

ZAPATERO.—Pero, mujer, ¿no estás viendo...?

ZAPATERA. — (Interrumpiéndole.) También tuve otro pretendiente... (El ZAPATERO golpea fuertemente el zapato.) Aquél era medio señorito..., tendría dieciocho años, ¡se dice muy pronto! ¡Dieciocho años! (El ZAPATERO se revuelve inquieto.)

ZAPATERO.—También los tuve yo.

ZAPATERA.—Tú no has tenido en tu vida dieciocho años... Aquél sí que los tenía y me decía unas cosas... Verás...

ZAPATERO.—(Golpeando furiosamente.) ¿Te quieres callar? Eres mi mujer, quieras o no quieras, y yo soy tu esposo. Estabas pereciendo, sin camisa, ni hogar. ¿Por qué me has querido? ¡Fantasiosa, fantasiosa, fantasiosa!

ZAPATERA. — (Levantándose.) ¡Cállate! No me hagas hablar más de lo prudente y ponte a tu obligación. ¡Parece mentira! (Dos vecinas con mantillas cruzan la ventana sonriendo.) ¿Quién me lo iba a decir, viejo pellejo, que me ibas a dar tal pago? ¡Pégame, si te parece, anda, tírame el martillo!

ZAPATERO.—Ay, mujer..., no me des escándalos, ¡mira que viene la gente! ¡Ay, Dios mío! (Las dos vecinas vuelven a cruzar.)

ZAPATERA.—Yo me he rebajado. ¡Tonta, tonta, tonta! Maldito sea mi compadre Manuel, malditos sean los vecinos, tonta, tonta, tonta. (Sale golpeándose la cabeza.)

ZAPATERO.—(Mirándose en un espejo y contándose las arrugas.) Una, dos, tres, cuatro... y mil. (Guarda el espejo.) Pero me está muy bien empleado, sí, señor. Porque vamos a ver: ¿por qué me habré casado? Yo debí haber comprendido, después de leer tantas novelas, que las mujeres les gustan a todos los hombres, pero todos los hombres no les gustan a todas las mujeres. ¡Con

lo bien que yo estaba! ¡Mi hermana, mi hermana tiene la culpa, mi hermana que se empeñó: "Que si te vas a quedar solo", que si qué sé yo! Y esto es mi ruina. ¡Mal rayo parta a mi hermana, que en paz descanse! (Fuera se oyen voces.) ¿Qué será?

VECINA ROJA.—(En la ventana y con gran brío. La acompañan sus hijas, vestidas del mismo color.) Buenas tardes.

ZAPATERO.—(Rascándose la cabeza.) Buenas tardes.

VECINA.—Dile a tu mujer que salga. Niñas, ¿queréis no llorar más? ¡Que salga, a ver si por delante de mí casca tanto como por detrás!

ZAPATERO.—¡Ay, vecina de mi alma, no me dé usted escándalos, por los clavitos de Nuestro Señor! ¿Qué quiere usted que yo le haga? Pero comprenda mi situación: toda la vida temiendo casarme..., porque casarse es una cosa muy seria, y, a última hora, ya lo está usted viendo.

VECINA.—¡Qué lástima de hombre! ¡Cuánto mejor le hubiera ido a usted casado con gente de su clase!... Estas niñas, pongo por caso, u otras del pueblo.

ZAPATERO.—Y mi casa no es casa. ¡Es un guirigay!

VECINA.—¡Se arranca el alma! Tan buenísima sombra como ha tenido usted toda su vida.

ZAPATERO.—(Mira por si viene su mujer.) Anteayer... despedazó el jamón que teníamos guardado para estas Pascuas y nos lo comimos entero. Ayer estuvimos todo el día con unas sopas de huevo y perejil; bueno, pues porque protesté de esto, me hizo beber tres vasos seguidos de leche sin hervir.

VECINA.—¡Qué fiera!

ZAPATERO.—Así es, vecinita de mi corazón, que le agradecería en el alma que se retirase.

FEDERICO GARCÍA LORCA
90

VECINA.—¡Ay, si viviera su hermana! Aquélla sí que era...

ZAPATERO.—Ya ves... y de camino llévate tus zapatos, que están arreglados. *(Por la puerta de la izquierda asoma la ZAPATERA, que detrás de la cortina espía la escena sin ser vista.)*

VECINA.—*(Mimosa.)* ¿Cuánto me vas a llevar por ellos?... Los tiempos van cada vez peor.

ZAPATERO.—Lo que tú quieras... Ni que tire por allí ni que tire por aquí...

VECINA.—*(Dando con el codo a sus hijas.)* ¿Están bien en dos pesetas?

ZAPATERO.—¡Tú dirás!

VECINA.—Vaya..., te daré una...

ZAPATERA. — *(Saliendo furiosa.)* ¡Ladrona! *(Las mujeres chillan y se asustan.)* ¿Tienes valor de robar a este hombre de esa manera? *(A su marido.)* Y tú, ¿dejarte robar? Vengan los zapatos. Mientras no des por ellos diez pesetas, aquí se quedan.

VECINA.—¡Lagarta, lagarta!

ZAPATERA.—¡Mucho cuidado con lo que estás diciendo!

NIÑAS. — ¡Ay, vámonos, vámonos, por Dios!

VECINA.—Bien despachado vas de mujer, ¡que te aproveche! *(Se van rápidamente. El ZAPATERO cierra la ventana y la puerta.)*

ZAPATERO.—Escúchame un momento...

ZAPATERA.—*(Recordando.)* Lagarta..., lagarta... ¿Qué, qué, qué..., qué me vas a decir?

ZAPATERO.—Mira, hija mía. Toda mi vida ha sido en mí una verdadera preocupación evitar el escándalo. *(El ZAPATERO traga constantemente saliva.)*

ZAPATERA.—¿Pero tienes el valor de llamarme escandalosa, cuando he salido a defender tu dinero?

ZAPATERO.—Yo no te digo más que he huido de los escándalos, como las salamanquesas del agua fría.

ZAPATERA. — *(Rápida.)* ¡Salamanquesas! ¡Huy, qué asco!

ZAPATERO.—*(Armado de paciencia.)* Me han provocado, me han, a veces, hasta insultado, y no teniendo ni tanto así de cobarde he quedado sin alma en mi almario, por el miedo de verme rodeado de gentes y llevado y traído por comadres y desocupados. De modo que ya lo sabes. ¿He hablado bien? Ésta es mi última palabra.

ZAPATERA.—Pero vamos a ver, ¿a mí qué me importa todo eso? Me casé contigo, ¿no tienes la casa limpia? ¿No comes? ¿No te pones cuellos y puños que en tu vida te los habías puesto? ¿No llevas tu reloj, tan hermoso, con cadena de plata y venturinas, al que le doy cuerda todas las noches? ¿Qué más quieres? Porque yo, todo; menos esclava. Quiero hacer siempre mi santa voluntad.

ZAPATERO.—No me digas..., tres meses llevamos de casados, yo, queriéndote... y tú, poniéndome verde. ¿No ves que ya no estoy para bromas?

ZAPATERA.—*(Seria y como soñando.)* Queriéndome, queriéndome... Pero *(Brusca.)* ¿qué es eso de queriéndome? ¿Qué es queriéndome?

ZAPATERO.—Tú te creerás que yo no tengo vista y tengo. Sé lo que haces y lo que no haces, y ya estoy colmado ¡hasta aquí!

ZAPATERA.—*(Fiera.)* Pues lo mismo se me da a mí que me estés colmado como que no estés, porque tú me importas tres pitos, ¡ya lo sabes! *(Llora.)*

ZAPATERO.—¿No puedes hablarme un poquito más bajo?

ZAPATERA. — Merecías, por tonto, que colmara la calle a gritos.

ZAPATERO.—Afortunadamente, creo que esto se acabará pronto, porque yo no sé cómo tengo paciencia.

ZAPATERA.—Hoy no comemos..., de manera que ya te puedes buscar la comida por otro sitio. (*La* ZAPATERA *sale rápidamente hecha una furia.*)

ZAPATERO. — Mañana (*Sonriendo.*) quizá la tengas que buscar tú también. (*Se va al banquillo.*)

(*Por la puerta central aparece el* ALCALDE. *Viste de azul oscuro, gran capa y larga vara de mando rematada con cabos de plata. Habla despacio y con gran sorna.*)

ALCALDE.—¿En el trabajo?

ZAPATERO.—En el trabajo, señor alcalde.

ALCALDE.—¿Mucho dinero?

ZAPATERO.—El suficiente. (*El* ZAPATERO *sigue trabajando. El* ALCALDE *mira curiosamente a todos lados.*)

ALCALDE.—Tú no estás bueno.

ZAPATERO.—(*Sin levantar la cabeza.*) No.

ALCALDE.—¿La mujer?

ZAPATERO.—(*Asintiendo.*) ¡La mujer!

ALCALDE.—(*Sentándose.*) Eso tiene casarse a tu edad... A tu edad se debe ya estar viudo... de una, como mínimo... Yo estoy de cuatro: Rosa, Manuela, Visitación y Enriqueta Gómez, que ha sido la última; buenas mozas todas, aficionadas a las flores y al agua limpia. Todas, sin excepción, han probado esta vara repetidas veces. En mi casa..., en mi casa, coser y cantar.

ZAPATERO.—Pues ya está usted viendo qué vida la mía. Mi mujer... no me quiere. Habla por la ventana con todos. Hasta con don Mirlo, y a mí se me está encendiendo la sangre.

ALCALDE.—(*Riendo.*) Es que ella es una chiquilla alegre, eso es natural.

ZAPATERO. — ¡Ca! Estoy convencido..., yo creo que esto lo hace por atormentarme; porque, estoy seguro..., ella me odia. Al principio creí que la dominaría con mi carácter dulzón y mis regalillos: collares de coral, cintillos, peinetas de concha... ¡hasta unas ligas! Pero ella... ¡Siempre es ella!

ALCALDE.—Y tú, siempre tú; ¡qué demonio! Vamos, lo estoy viendo y me parece mentira cómo un hombre, lo que se dice un hombre, no puede meter en cintura, no una, sino ochenta hembras. Si tu mujer habla por la ventana con todos, si tu mujer se pone agria contigo, es porque tú quieres, porque tú no tienes arranque. A las mujeres buenos apretones en la cintura, pisadas fuertes y la voz siempre en alto, y si con esto se atreven a hacer kikirikí, la vara, no hay otro remedio. Rosa, Manuela, Visitación y Enriqueta Gómez, que ha sido la última, te lo pueden decir desde la otra vida, si es que por casualidad están allí.

ZAPATERO.—Pero si el caso es que no me atrevo a decirle una cosa. (*Mira con recelo.*)

ALCALDE.—(*Autoritario.*) Dímela.

ZAPATERO.—Comprendo que es una barbaridad..., pero, yo no estoy enamorado de mi mujer.

ALCALDE.—¡Demonio!

ZAPATERO.—Sí, señor, ¡demonio!

ALCALDE. — Entonces, grandísimo tunante, ¿por qué te has casado?

ZAPATERO.—Ahí lo tiene usted. Yo no me lo explico tampoco. Mi hermana, mi hermana tiene la culpa. Que si te vas a quedar solo, que si qué sé yo, que si qué sé yo cuántos. Yo tenía dinerillos, salud, y dije: ¡Allá voy! Pero, benditísima soledad antigua. ¡Mal rayo parta a mi hermana, que en paz descanse!

ALCALDE.—¡Pues te has lucido!

ZAPATERO.—Sí, señor, me he lucido... Ahora, que yo no aguanto más. Yo no sabía lo que era una mujer. Digo, ¡usted, cuatro!

Yo no tengo edad para resistir este jaleo.

ZAPATERA.—*(Cantando dentro, fuerte.)*

¡Ay, jaleo, jaleo,
ya se acabó el alboroto
y vamos al tiroteo!

ZAPATERO.—Ya la está usted oyendo.

ALCALDE.—¿Y qué piensas hacer?

ZAPATERO. — Cuca silvana. *(Hace un ademán.)*

ALCALDE.—¿Se te ha vuelto el juicio?

ZAPATERO.—*(Excitado.)* El zapatero a tus zapatos se acabó para mí. Yo soy un hombre pacífico. Yo no estoy acostumbrado a estos voceríos y a estar en lenguas de todos.

ALCALDE.—*(Riéndose.)* Recapacita lo que has dicho que vas a hacer, que tú eres capaz de hacerlo, y no seas tonto. Es una lástima que un hombre como tú no tenga el carácter que debías tener.

(Por la puerta de la izquierda aparece la ZAPATERA *echándose polvos con una polvera rosa y limpiándose las cejas.)*

ZAPATERA.—Buenas tardes.

ALCALDE.—Muy buenas. *(Al* ZAPATERO.*)* ¡Como guapa, es guapísima!

ZAPATERO.—¿Usted cree?

ALCALDE. — ¡Qué rosas tan bien puestas lleva usted en el pelo, y qué bien huelen!

ZAPATERA.—Muchas que tiene usted en los balcones de su casa.

ALCALDE.—Efectivamente. ¿Le gustan a usted las flores?

ZAPATERA.—¿A mí...? ¡Ay, me encantan! Hasta en el tejado pondría yo macetas, en la puerta, por las paredes. Pero a éste..., a éste..., no le gustan. Claro, toda la vida haciendo botas, ¡qué quie-

re usted! *(Se sienta en la ventana.)* Y buenas tardes. *(Mira a la calle y coquetea.)*

ZAPATERO.—¿Lo ve usted?

ALCALDE.—Un poco brusca..., pero es una mujer guapísima. ¡Qué cintura tan ideal!

ZAPATERO.—No la conoce usted.

ALCALDE.—¡Psch! *(Saliendo majestuosamente.)* ¡Hasta mañana! Y a ver si se despeja esa cabeza. ¡A descansar, niña! ¡Qué lástima de talle! *(Vase mirando a la* ZAPATERA.*)* ¡Porque, vamos! ¡Y hay que ver qué ondas en el pelo! *(Sale.)*

ZAPATERO.—*(Cantando.)*

Si tu madre tiene un rey,
la baraja tiene cuatro;
rey de oros, rey de copas,
rey de espadas, rey de bastos.

(La ZAPATERA *coge una silla y sentada en la ventana empieza a darle vueltas.)*

ZAPATERO.—*(Cogiendo otra silla y dándole vueltas en sentido contrario.)* Si sabes que tengo esa superstición, y para mí esto es como si me dieras un tiro, ¿por qué lo haces?

ZAPATERA. — *(Soltando la silla.)* ¿Qué he hecho yo? ¿No te digo que no me dejas ni moverme?

ZAPATERO.—Ya estoy harto de explicarte..., pero es inútil. *(Va a hacer mutis, pero la* ZAPATERA *empieza otra vez y el* ZAPATERO *viene corriendo desde la puerta y da vueltas a su silla.)* ¿Por qué no me dejas marchar, mujer?

ZAPATERA.—¡Jesús! Pero si lo que yo estoy deseando es que te vayas.

ZAPATERO.—¡Pues déjame!

ZAPATERA. — *(Enfurecida.)* ¡Pues vete!

(Fuera se oye una flauta acompañada de guitarra que toca una polquita antigua con el ritmo cómicamente acusado. La ZAPATERA *empie-*

za a llevar el compás con la cabeza y el ZAPATERO *huye por la izquierda.)*

ZAPATERA. — *(Cantando.)* Larán, larán... A mí, es que la flauta me ha gustado siempre mucho... Yo siempre he tenido delirio por ella... Casi se me saltan las lágrimas... ¡Qué primor! Larán, larán... Oye... Me gustaría que él la oyera... *(Se levanta y se pone a bailar como si lo hiciera con novios imaginarios.)* ¡Ay, Emiliano! Qué cintillos tan preciosos llevas... No, no... Me da vergüencilla... Pero, José María, ¿no ves que nos están viendo? Coge un pañuelo, que no quiero que me manches el vestido. A ti te quiero, a ti... ¡Ah, sí!..., mañana que traigas la jaca blanca, la que a mí me gusta. *(Ríe. Cesa la música.)* ¡Qué mala sombra! Esto es dejar a una con la miel en los labios... Qué...

(Aparece en la ventana DON MIRLO. Viste de negro, frac y pantalón corto. Le tiembla la voz y mueve la cabeza como un muñeco de alambre.)

DON MIRLO.—¡Chisssssssst!

ZAPATERA.—*(Sin mirar y vuelta de espaldas a la ventana.)* Pin, pin, pío, pío, pío.

DON MIRLO.—*(Acercándose más.)* ¡Chissst! Zapaterilla blanca, como el corazón de las almendras, pero amargosilla también. Zapaterita..., junco de oro encendido... Zapaterita, bella Otero de mi corazón.

ZAPATERA.—Cuánta cosa, don Mirlo; a mí me parecía imposible que los pajarracos hablaran. Pero si anda por ahí revoloteando un mirlo negro, negro y viejo... sepa que yo no puedo oírle cantar hasta más tarde... Pín, pío, pío, pío.

DON MIRLO.—Cuando las sombras crepusculares invadan con sus tenues velos el mundo y la vía pública se halle libre de transeúntes, volveré. *(Toma rapé y estornuda sobre el cuello de la ZAPATERA.)*

ZAPATERA.—*(Volviéndose airada y pegando a DON MIRLO, que tiembla.)* ¡Aaah! *(Con cara de asco.)* ¡Y aunque no vuelvas, indecente! Mirlo de alambre, garabato de candil... Corre, corre... ¿Se habrá visto? ¡Mira que estornudar! ¡Vaya mucho con Dios! ¡Qué asco!

(En la ventana se para el MOZO DE LA FAJA. Tiene el sombrero plano echado a la cara y da pruebas de gran pesadumbre.)

MOZO.—¿Se toma el fresco, zapaterita?

ZAPATERA.—Exactamente igual que usted.

MOZO.—Y siempre sola... ¡Qué lástima!

ZAPATERA. — *(Agria.)* ¿Y por qué lástima?

MOZO.—Una mujer como usted, con ese pelo y esa pechera tan hermosísima...

ZAPATERA.—*(Más agria.)* Pero ¿por qué lástima?

MOZO.—Porque usted es digna de estar pintada en las tarjetas postales y no aquí..., en este portalillo.

ZAPATERA.—¿Sí?... A mí las tarjetas postales me gustan mucho, sobre todo las de novios que se van de viaje...

MOZO.—¡Ay zapaterita, qué calentura tengo! *(Siguen hablando.)*

ZAPATERO. — *(Entrando y retrocediendo.)* ¡Con todo el mundo y a estas horas! ¡Qué dirán los que vengan al rosario de la iglesia! ¡Qué dirán en el casino!... ¡Me estarán poniendo!... En cada casa un traje con ropa interior y todo. *(La ZAPATERA ríe.)* ¡Ay, Dios mío! ¡Tengo razón para marcharme! Quisiera oír a la mujer del sacristán; pues ¿y los curas? ¿Qué dirán los curas? Eso será lo que habrá que oír. (Entra desesperado.)

Mozo.—¿Cómo quiere que se lo exprese...? Yo la quiero, te quiero como...

Zapatera.—Verdaderamente eso de "la quiero", "te quiero" suena de un modo que parece que me están haciendo cosquillas con una pluma detrás de las orejas. Te quiero, la quiero...

Mozo.—¿Cuántas semillas tiene el girasol?

Zapatera.—¿Yo qué sé!

Mozo.—Tantos suspiros doy a cada minuto por usted, por ti... (Muy cerca.)

Zapatera.—(Brusca.) Estate quieto. Y puedo oírte hablar porque me gusta y es bonito, pero nada más, ¿lo oyes? ¡Estaría bueno!

Mozo.—Pero eso no puede ser. ¿Es que tienes otro compromiso?

Zapatera.—Mira, vete.

Mozo.—No me muevo de este sitio sin el sí. ¡Ay mi zapaterita, dame tu palabra! (Va a abrazarla.)

Zapatera.—(Cerrando violentamente la ventana.) ¡Pero qué impertinente, qué loco!... ¡Si te he hecho daño te aguantas!... Como si yo no estuviera aquí más que paraa, paraaaa... ¿Es que en este pueblo no puede una hablar con nadie? Por lo que veo, en este pueblo no hay más que dos extremos: o monja o trapo de fregar... ¡Era lo que me quedaba que ver! (Haciendo como que huele y echando a correr.) ¡Ay, mi comida que está en la lumbre! ¡Mujer ruin!

(La luz se va marchando. El Zapatero sale con una gran capa y un bulto de ropa en la mano.)

Zapatero.—¡O soy otro hombre o no me conozco! ¡Ay casita mía!

¡Ay banquillo mío! Cerote, clavos, pieles de becerro... Bueno. (Se dirige hacia la puerta y retrocede, pues se topa con dos beatas en el mismo quicio.)

Beata 1ª—Descansando, ¿verdad?

Beata 2ª—¡Hace usted bien en descansar!

Zapatero.—(De mal humor.) ¡Buenas noches!

Beata 1ª—A descansar, maestro.

Beata 2ª—¡A descansar, a descansar! (Se van.)

Zapatero. — Sí, descansando... ¡Pues no estaban mirando por el ojo de la llave! ¡Brujas, sayonas! ¡Cuidado con el retintín con que me lo han dicho! Claro... Si en todo el pueblo no se hablará de otra cosa: ¡que si yo, que si ella, que si los mozos! ¡Ay! ¡Mal rayo parta a mi hermana, que en paz descanse! ¡Pero primero solo que señalado por el dedo de los demás! (Sale rápidamente y deja la puerta abierta. Por la izquierda aparece la Zapatera.)

Zapatera.—Ya está la comida..., ¿me estás oyendo? (Avanza hacia la puerta de la derecha.) ¿Me estás oyendo? Pero ¿habrá tenido el valor de marcharse al cafetín, dejando la puerta abierta... y sin haber terminado los borceguíes? Pues cuando vuelva ¡me oirá! ¡Me tiene que oír! ¡Qué hombres son los hombres, qué abusivos y qué... qué... vaya!... (En un repeluzno.) ¡Ay, qué fresquito hace! (Se pone a encender el candil y de la calle llega el ruido de las esquilas de los rebaños que vuelven. La Zapaterita se asoma a la ventana.) ¡Qué primor de rebaños! Lo que es a mí, me chalan las ovejitas. Mira, mira... aquella blanca tan chiquita que casi no puede andar. ¡Ay!... Pero aquella grandota y antipática se empeña en pisarla y nada... (A voces.) Pastor, ¡asombrado! ¿No estás viendo que te pisotean la oveja recién nacida? *(Pausa.)* Pues claro que me importa... ¿No ha de importarme? ¡Brutísimo!... Y mucho... *(Se quita de la ventana.)* Pero, señor, ¿adónde habrá ido este hombre desnortado? Pues si tarda siquiera dos ·minutos más, como yo sola, que me basto y me sobro... ¡Con la comida tan buena que he preparado...! Mi cocido, con sus patatas de la sierra, dos pimientos verdes, pan blanco, un· poquito magro de tocino, y arrope con calabaza y cáscara de limón para encima, ¡porque lo que es cuidarlo, lo que es cuidarlo, lo estoy cuidando a mano! *(Durante todo este monólogo da muestras de gran actividad, moviéndose de un lado para otro, arreglando las sillas, despabilando el velón y quitándose motas del vestido.)*

NIÑO.—*(En la puerta.)* ¿Estás disgustada todavía?

ZAPATERA.—Primorcito de su vecino, ¿dónde vas?

NIÑO.—*(En la puerta.)* Tú no me regañarás, ¿verdad?, porque a mi madre, que algunas veces me pega, la quiero veinte arrobas, pero a ti te quiero treinta y dos y media....

ZAPATERA.—¿Por qué eres tan precioso? *(Sienta al NIÑO en sus rodillas.)*

NIÑO.—Yo venía a decirte una cosa que nadie quiere decirte. Ve tú, ve tú, ve tú, y nadie quería, y entonces, "que vaya el niño", dijeron... Porque era un notición que nadie quiere dar.

ZAPATERA. — Pues dímelo pronto, ¿qué ha pasado?

NIÑO. — No te asustes, que de muertos no es.

ZAPATERA.—¡Anda!

NIÑO.—Mira, zapaterita... *(Por la ventana entra una mariposa y el NIÑO, bajándose de las rodillas de la ZAPATERA, echa a correr.)* Una

mariposa, una mariposa... ¿No tienes un sombrero...? Es amarilla, con pintas azules y rojas... y... ¡qué sé yo...!

ZAPATERA. — Pero, hijo mío..., ¿quieres: ?

NIÑO.—*(Enérgico.)* Cállate y habla en voz baja, ¿no ves que se espanta si no? ¡Ay! ¡Dame tu pañuelo!

ZAPATERA.—*(Intrigada ya en la caza.)* Tómalo.

NIÑO.—¡Chist...! No pises fuerte.

ZAPATERA.—Lograrás que se escape.

NIÑO.—*(En voz baja y como encantando a la mariposa, canta.)*

Mariposa del aire,
qué hermosa eres,
mariposa del aire,
dorada y verde.
Luz de candil,
mariposa del aire,
¡quédate ahí, ahí, ahí...
No te quieres parar,
pararte no quieres.
Mariposa del aire,
dorada y verde.
Luz de candil,
mariposa del aire,
¡quédate ahí, ahí, ahí!...
¡Quédate ahí!
Mariposa, ¿estás ahí?

ZAPATERA.—*(En broma.)* Síííí.

NIÑO.—No, eso no vale. *(La mariposa vuela.)*

ZAPATERA.—¡Ahora! ¡Ahora!

NIÑO.—*(Corriendo alegremente con el pañuelo.)* ¿No te quieres parar? ¿No quieres dejar de volar'?

ZAPATERA. — *(Corriendo también por otro lado.)* ¡Que se escapa, que se escapa! *(El NIÑO sale corriendo por la puerta persiguiendo a la mariposa.)*

ZAPATERA. — *(Enérgica.)* ¿Dónde vas?

NIÑO. — *(Suspenso.)* ¡Es verdad! *(Rápido.)* Pero yo no tengo la culpa.

ZAPATERA.—¡Vamos! ¿Quieres decirme lo que pasa? ¡Pronto!...

NIÑO.—¡Ay! Pues mira..., tu marido, el zapatero, se ha ido para no volver más.

ZAPATERA.—(Aterrada.) ¿Cómo?

NIÑO.—Sí, sí, eso ha dicho en casa antes de montarse en la diligencia, que lo he visto yo... y nos encargó que te lo dijéramos y ya lo sabe todo el pueblo.

ZAPATERA.—(Sentándose desplomada.) ¡No es posible, esto no es posible! ¡Yo no lo creo!

NIÑO.—¡Sí que es verdad, no me regañes!

ZAPATERA. — (Levantándose hecha una furia y dando fuertes pisotadas en el suelo.) ¿Y me da este pago? ¿Y me da este pago?

(El NIÑO se refugia detrás de la mesa.)

NIÑO.—¡Que se te caen las horquillas!

ZAPATERA.—¿Qué va a ser de mí sola en esta vida? ¡Ay, ay, ay! (El NIÑO sale corriendo. La ventana y las puertas están llenas de vecinos.) Sí, sí, venid a verme, cascantes, comadricas, por vuestra culpa ha sido...

ALCALDE.—Mira, ya te estás callando. Si tu marido te ha dejado ha sido porque no lo querías, porque no podía ser.

ZAPATERA.—¿Pero lo van a saber ustedes mejor que yo? Sí, lo quería, vaya si lo quería, que pretendientes buenos y muy riquísimos he tenido y no les he dado el sí jamás. ¡Ay, pobrecito mío, qué cosas te habrán contado!

SACRISTANA. — (Entrando.) Mujer, repórtate.

ZAPATERA.—No me resigno. No me resigno. ¡Ay, ay!

(Por la puerta empiezan a entrar vecinas vestidas con colores violentos y que llevan grandes vasos de refrescos. Giran, corren, entran y salen alrededor de la ZAPATERA, que está sentada, gritando, con la prontitud y ritmo de baile. Las grandes faldas se abren a las vueltas que dan. Todos adoptan una actitud cómica de pena.)

VECINA AMARILLA. — Un refresco.

VECINA ROJA.—Un refresquito.

VECINA VERDE.—Para la sangre.

VECINA NEGRA.—De limón.

VECINA MORADA.—De zarzaparrilla.

VECINA ROJA.—La menta es mejor.

VECINA MORADA.—Vecina.

VECINA VERDE.—Vecinita.

VECINA NEGRA.—Zapatera.

VECINA ROJA.—Zapaterita.

(Las vecinas arman gran algazara. La ZAPATERA llora a gritos.)

TELÓN

ACTO SEGUNDO

(La misma decoración. A la izquierda, el banquillo arrumbado. A la derecha, un mostrador con botellas y un lebrillo con agua donde la ZAPA- TERA friega las copas. La ZAPATERA está detrás del mostrador. Viste un traje rojo encendido, con amplias faldas y los brazos al aire. En la escena, dos mesas. En una de ellas está sentado DON MIRLO, que toma un refresco, y en la otra el MOZO DEL SOMBRERO en la cara.

La ZAPATERA friega con gran ardor vasos y copas que va volcando en el mostrador. Aparece en la puerta el MOZO DE LA FAJA y el sombrero plano del primer acto. Está triste. Lleva los brazos caídos y mira de manera tierna a la ZAPATERA. Al actor que exagere lo más mínimo en este tipo, debe el director de escena darle un bastonazo en la cabeza. Nadie debe exagerar. La farsa exige siempre naturalidad. El autor ya se ha encargado de dibujar el tipo y el sastre de vestirlo. Sencillez. El MOZO se detiene en la puerta. DON MIRLO y el otro MOZO vuelven la cabeza y lo miran. Ésta es casi una escena de cine. Las miradas y expresión del conjunto dan su expresión. La ZAPATERA deja de fregar y mira al MOZO fijamente. Silencio.)

ZAPATERA.—Pase usted.

MOZO DE LA FAJA.—Si usted lo quie- re...

ZAPATERA. — *(Asombrada.)* ¿Yo? Me trae absolutamente sin cuida- do, pero como lo veo en la puer- ta...

MOZO DE LA FAJA.—Lo que usted quiera. *(Se apoya en el mostra- dor.)* *(Entre dientes.)* Éste es otro al que voy a tener que...

ZAPATERA.—¿Qué va a tomar?

MOZO DE LA FAJA.—Seguiré sus in- dicaciones.

ZAPATERA.—Pues la puerta.

MOZO DE LA FAJA.—¡Ay, Dios mío, cómo cambian los tiempos!

ZAPATERA.—No crea usted que me voy a echar a llorar. Vamos. Va usted a tomar copa, café, refres- co, ¿diga?...

MOZO DE LA FAJA.—Refresco.

ZAPATERA.—No me mire tanto, que se me va a derramar el jarabe.

MOZO DE LA FAJA.—Es que me es- toy muriendo, ¡ay!

(Por la ventana pasan dos ma- jas con inmensos abanicos. Miran, se santiguan escandalizadas, se ta- pan los ojos con los pericones y, a pasos menuditos, cruzan.)

ZAPATERA.—El refresco.

MOZO DE LA FAJA.—*(Mirándola.)* ¡Ay!

MOZO DEL SOMBRERO.—*(Mirando al suelo.)* ¡Ay!

DON MIRLO.—*(Mirando al techo.)* ¡Ay!

(La ZAPATERA dirige la cabeza ha- cia los tres ayes.)

ZAPATERA.—¡Requeteay! Pero esto ¿es una taberna o un hospital? ¡Abusivos! Si no fuera porque tengo que ganarme la vida con estos vinillos y este trapicheo, por- que estoy sola desde que se fue por culpa de todos vosotros mi po- brecito marido de mi alma, ¿có- mo es posible que yo aguantara esto? ¿Qué me dicen ustedes? Los

97

voy a tener que plantar en lo más ancho de la calle.

DON MIRLO.—Muy bien, muy bien dicho.

MOZO DEL SOMBRERO.—Has puesto taberna y podemos estar aquí dentro todo el tiempo que queramos.

ZAPATERA.—(Fiera.) ¿Cómo? ¿Cómo?

(El MOZO DE LA FAJA inicia el mutis y DON MIRLO se levanta sonriente y haciendo como que está en el secreto y que volverá.)

MOZO DEL SOMBRERO.—Lo que he dicho.

ZAPATERA.—Pues si dices tú, más digo yo y puedes enterarte, y todos los del pueblo, que hace cuatro meses que se fue mi marido y no cederé a nadie jamás, porque una mujer casada debe estarse en su sitio como Dios manda. Y que no me asusto de nadie, ¿lo oyes?, que yo tengo la sangre de mi abuelo, que esté en gloria, que fue desbravador de caballos y lo que se dice un hombre. Decente fui y decente lo seré. Me comprometí con mi marido. Pues hasta la muerte.

(DON MIRLO sale por la puerta rápidamente y haciendo señas que indican una relación entre él y la ZAPATERA.)

MOZO DEL SOMBRERO.—(Levantándose.) Tengo tanto coraje que agarraría un toro de los cuernos, le haría hincar la cerviz en las arenas y después me comería los sesos crudos con estos dientes míos, en la seguridad de no hartarme de morder. (Sale rápidamente y DON MIRLO huye hacia la izquierda.)

ZAPATERA.—(Con las manos en la cabeza.) Jesús, Jesús, Jesús. (Se sienta.)

(Por la puerta entra el NIÑO, se dirige a la ZAPATERA y le tapa los ojos.)

NIÑO.—¿Quién soy yo?

ZAPATERA.—Mi niño, pastorcillo de Belén.

NIÑO.—Ya estoy aquí. (Se besan.)

ZAPATERA.—¿Vienes por la meriendita?

NIÑO.—Si tú me la quieres dar...

ZAPATERA.—Hoy tengo una onza de chocolate.

NIÑO.—¿Si? A mí me gusta mucho estar en tu casa.

ZAPATERA. — (Dándole la onza.) ¿Por qué eres tan interesadillo?

NIÑO. — ¿Interesadillo? ¿Ves este cardenal que tengo en la rodilla?

ZAPATERA.—¿A ver? (Se sienta en una silla baja y toma al NIÑO en brazos.)

NIÑO.—Pues me lo ha hecho el Cunillo porque estaba cantando... las coplas que te han sacado y yo le pegué en la cara y entonces él me tiró una piedra que, ¡plaf!, mira.

ZAPATERA.—¿Te duele mucho?

NIÑO.—Ahora no, pero he llorado.

ZAPATERA.—No hagas caso ninguno de lo que dicen.

NIÑO.—Es que eran cosas muy indecentes. Cosas indecentes que yo sé decir, ¿sabes?, pero que no quiero decir.

ZAPATERA.—(Riéndose.) Porque si lo dices cojo un pimiento picante y te pongo la lengua como un ascua. (Ríen.)

NIÑO.—Pero ¿por qué te echarán a ti la culpa de que tu marido se haya marchado?

ZAPATERA.—Ellos, ellos son los que la tienen y los que me hacen desgraciada.

NIÑO.—(Triste.) No digas, Zapaterita.

ZAPATERA.—Yo me miraba en sus ojos. Cuando le veía venir montado en su jaca blanca...

NIÑO.—(Interrumpiéndola.) ¡Ja, ja, ja! Me estás engañando. El señor zapatero no tenía jaca.

ZAPATERA.—Niño, sé más respetuoso. Tenía jaca, claro que la tuvo, pero es... es que tú no habías nacido.

NIÑO.—(Pasándole la mano por la cara.) ¡Ah! ¡Eso sería!

ZAPATERA.—Ya ves tú... Cuando lo conocí estaba yo lavando en el arroyo del pueblo. Medio metro de agua y las chinas del fondo se veían reír, reír con el temblorcillo. Él venía con un traje negro entallado, corbata roja de seda buenísima y cuatro anillos de oro que relumbraban como cuatro soles.

NIÑO.—¡Qué bonito!

ZAPATERA.—Me miró y lo miré. Yo me recosté en la hierba. Todavía me parece sentir en la cara aquel aire tan fresquito que venía por los árboles. Él paró su caballo y la cola del caballo era blanca y tan larga que llegaba al agua del arroyo. (La ZAPATERA está casi llorando. Empieza a oirse un canto lejano.) Me puse tan azorada que se me fueron dos pañuelos preciosos, así de pequeñitos, en la corriente.

NIÑO.—¡Qué risa!

ZAPATERA.—Él, entonces, me dijo... (El canto se oye más cerca. Pausa.) ¡Chisst...!

NIÑO.—(Se levanta.) ¡Las coplas!

ZAPATERA. — ¡Las coplas! (Pausa. Los dos escuchan.) ¿Tú sabes lo que dicen?

NIÑO.—(Con la mano.) Medio, medio.

ZAPATERA.—Pues cántalas, que quiero enterarme.

NIÑO.—¿Para qué?

ZAPATERA.—Para que yo sepa de una vez lo que dicen.

NIÑO.—(Cantando y siguiendo el compás.) Verás.

La señora Zapatera,
al marcharse su marido,
ha montado una taberna
donde acude el señorío.

ZAPATERA.—¡Me la pagarán!

NIÑO.—(El NIÑO lleva el compás con la mano en la mesa.)

Quién te compra, Zapatera,
el paño de tus vestidos
y esas chambras de batista
con encaje de bolillos.
Ya la corteja el alcalde,
ya la corteja don Mirlo.
¡Zapatera, Zapatera,
Zapatera, te has lucido!

(Las voces se van distinguiendo cerca y claras con su acompañamiento de panderos. La ZAPATERA coge un mantoncillo de Manila y se lo echa sobre los hombros.)

¿Dónde vas? (Asustado.)

ZAPATERA.—¡Van a dar lugar a que compre un revólver! (El canto se aleja. La ZAPATERA corre a la puerta. Pero tropieza con el ALCALDE que viene majestuoso, dando golpes con la vara en el suelo.)

ALCALDE.—¿Quién despacha?

ZAPATERA.—¡El demonio!

ALCALDE.—Pero ¿qué ocurre?

ZAPATERA.—Lo que usted debía saber hace muchos días, lo que usted como alcalde no debía permitir. La gente me canta coplas, los vecinos se ríen en sus puertas y como no tengo marido que vele por mí, salgo yo a defenderme, ya que en este pueblo las autoridades son calabacines, ceros a la izquierda, estafermos.

NIÑO.—Muy bien dicho.

ALCALDE.—(Enérgico.) Niño, niño, basta de voces... ¿Sabes tú lo que he hecho ahora? Pues meter en la cárcel a dos o tres de los que venían cantando.

ZAPATERA.—¡Quisiera yo ver eso!

VOZ.—(Fuera.) ¡Niñoooo!

NIÑO.—¡Mi madre me llama! (Corre a la ventana.) ¡Quéeee! Adiós. Si quieres te puedo traer el espadón grande de mi abuelo, el que se fue a la guerra. Yo no puedo con él, ¿sabes?, pero tú, sí.

ZAPATERA. — *(Sonriendo.)* ¡Lo que quieras!

VOZ.—*(Fuera.)* ¡Niñoooo!

NIÑO.—*(En lá calle.)* ¿Quéeee?

ALCALDE.—Por lo que veo, este niño sabio y retorcido es la única persona a quien tratas bien en el pueblo.

ZAPATERA.—No pueden ustedes hablar una sola palabra sin ofender... ¿De qué se ríe su ilustrísima?

ALCALDE.—¡De verte tan hermosa y desperdiciada!

ZAPATERA.—¡Antes un perro! *(Le sirve un vaso de vino.)*

ALCALDE.—¡Qué desengaño de mundo! Muchas mujeres he conocido como amapolas, como rosas de olor..., mujeres morenas con los ojos como tinta de fuego, mujeres que les huele el pelo a nardos y siempre tienen las manos con calentura, mujeres cuyo talle se puede abarcar con estos dos dedos, pero como tú, como tú no hay nadie. Anteayer estuve enfermo toda la mañana porque vi tendidas en el prado dos camisas tuyas, con lazos celestes, que era como verte a ti, zapatera de mi alma. .

ZAPATERA. — *(Estallando furiosa.)* Calle usted, viejísimo, calle usted; con hijas mozuelas y lleno de familia no se debe cortejar de esta manera tan indecente y tan descarada.

ALCALDE.—Soy viudo.

ZAPATERA.—Y yo casada.

ALCALDE.—Pero tu marido te ha dejado y no volverá, estoy seguro.

ZAPATERA.—Yo viviré como si lo tuviera.

ALCALDE.—Pues a mí me consta, porque me lo dijo, que no te quería ni tanto así.

ZAPATERA.—Pues a mí me consta que sus cuatro señoras, mal rayo las parta, le aborrecían a muerte.

ALCALDE.—*(Dando en el suelo con la vara.)* ¡Ya estamos!

ZAPATERA.—*(Tirando un vaso.)* ¡Ya estamos! *(Pausa.)*

ALCALDE.—*(Entre dientes.)* Si yo te cogiera por mi cuenta, ¡vaya si te domaba!

ZAPATERA.—*(Guasona.)* ¿Qué está usted diciendo?

ALCALDE.—Nada, pensaba... que si tú fueras como debías ser, te hubieras enterado que tengo voluntad y valentía para hacer escritura, delante del notario, de una casa muy hermosa.

ZAPATERA.—¿Y qué?

ALCALDE.—Con un estrado que costó cinco mil reales, con centros de mesa, con cortinas de brocatel, con espejos de cuerpo entero...

ZAPATERA.—¿Y qué más?

ALCALDE.—*(Tenoriesco.)* Que la casa tiene una cama con coronación de pájaros y azucenas de cobre, un jardín con seis palmeras y una fuente saltadora, pero aguarda, para estar alegre, que una persona que sé yo se quiera aposentar en sus salas donde estaría... *(Dirigiéndose a la* ZAPATERA.*)* Mira, ¡estarías como una reina!

ZAPATERA.—*(Guasona.)* Yo no estoy acostumbrada a esos lujos. Siéntese usted en el estrado, métase usted en la cama, mírese usted en los espejos y póngase con la boca abierta debajo de las palmeras esperando que le caigan los dátiles, que yo de zapatera no me muevo.

ALCALDE.—Ni yo de alcalde. Pero que te vayas enterando que no por mucho despreciar amanece más temprano. *(Con retintín.)*

ZAPATERA.—Y que no me gusta usted ni me gusta nadie del pueblo. ¡Que está usted muy viejo!

ALCALDE. — *(Indignado.)* Acabaré metiéndote en la cárcel.

ZAPATERA.—¡Atrévase usted! *(Fuera se oye un toque de trompeta floreado y comiquísimo.)*

ALCALDE.—¿Qué será eso?

ZAPATERA. — *(Alegre y ojiabierta.)*
¡Títeres! *(Se golpea las rodillas.*
Por la ventana cruzan dos mu-
jeres.)

VECINA ROJA.—¡Títeres!

VECINA MORADA.—¡Títeres!

NIÑO.—*(En la ventana.)* ¿Traerán
monos? ¡Vamos!

ZAPATERA.—*(Al* ALCALDE.*)* ¡Yo voy
a cerrar la puerta!

NIÑO.—¡Vienen a tu casa!

ZAPATERA.—¿Sí? *(Se acerca a la*
puerta.)

NIÑO.—¡Míralos!

(Por la puerta aparece el ZAPA-
TERO *disfrazado. Trae una trompe-*
ta y un cartelón enrollado a la es-
palda; lo rodea la gente. La ZAPA-
TERA *queda en actitud expectante y*
el NIÑO *salta por la ventana y se*
coge a sus faldones.)

ZAPATERO.—Buenas tardes.

ZAPATERA.—Buenas tardes tenga usted, señor titiritero.

ZAPATERO.—¿Aquí se puede descansar?

ZAPATERA.—Y beber, si usted gusta.

ALCALDE.—Pase usted, buen hombre y tome lo que quiera, que
yo pago. *(A los vecinos.)* Y vosotros, ¿qué hacéis ahí?

VECINA ROJA.—Como estamos en
lo ancho de la calle no creo que
le estorbemos. *(El* ZAPATERO, *mi-*
rándolo todo con disimulo, deja
el rollo sobre la mesa.)

ZAPATERO. — Déjelos, señor alcalde..., supongo que es usted, que
con ellos me gano la vida.

NIÑO.—¿Dónde he oído yo hablar
a este hombre? *(En toda la esce-*
na el NIÑO *mirará con gran extra-*
ñeza al ZAPATERO.*)* ¡Haz ya los
títeres! *(Los vecinos ríen.)*

ZAPATERO.—En cuanto tome un vaso de vino.

ZAPATERA.—*(Alegre.)* ¿Pero los va
usted a hacer en mi casa?

ZAPATERO.—Si tú me lo permites.

VECINA ROJA.—Entonces, ¿podemos
pasar?

ZAPATERA.—*(Seria.)* Podéis pasar.
(Da un vaso al ZAPATERO.*)*

VECINA ROJA.—*(Sentándose.)* Dis-
frutaremos un poquito. *(El* AL-
CALDE *se sienta.)*

ALCALDE. — ¿Viene usted de muy
lejos?

ZAPATERO.—De muy lejísimos.

ALCALDE.—¿De Sevilla?

ZAPATERO.—Échele usted leguas.

ALCALDE.—¿De Francia?

ZAPATERO.—Échele usted leguas.

ALCALDE.—¿De Inglaterra?

ZAPATERO.—De las Islas Filipinas.

(Las vecinas hacen rumores de
admiración. La ZAPATERA *está ex-*
tasiada.)

ALCALDE.—¿Habrá usted visto a los
insurrectos?

ZAPATERO.—Lo mismo que les estoy
viendo a ustedes ahora.

NIÑO.—¿Y cómo son?

ZAPATERO. — Intratables. Figúrense
ustedes que casi todos ellos son
zapateros. *(Los vecinos miran a*
la ZAPATERA.*)*

ZAPATERA.—*(Quemada.)* ¿Y no los
hay de otros oficios?

ZAPATERO.—Absolutamente. En las
Islas Filipinas, zapateros.

ZAPATERA.—Pues puede que en las
Filipinas esos zapateros sean ton-
tos, que aquí en estas tierras los
hay listos y muy listos.

VECINA ROJA. — *(Adulona.)* Muy
bien hablado.

ZAPATERA.—*(Brusca.)* Nadie le ha
preguntado su parecer.

VECINA ROJA.—¡Hija mía!

ZAPATERO. — *(Enérgico, interrum-*
piendo.) ¡Qué rico vino! *(Más*
fuerte.) ¡Qué requeterrico vino!
(Silencio.) Vino de uvas negras
como el alma de algunas mujeres
que yo conozco.

ZAPATERA.—¡De las que la tengan!

ALCALDE.—¡Chist! ¿Y en qué consiste el trabajo de usted?

ZAPATERO.—*(Apura el vaso, chasca la lengua y mira a la* ZAPATERA.*)* ¡Ah! Es un trabajo de poca apariencia y de mucha ciencia. Enseño la vida por dentro. Aleluyas con los hechos del zapatero mansurrón y la Fierabrás de Alejandría, vida de don Diego Corrientes, aventuras del guapo Francisco Esteban y, sobre todo, arte de colocar el bocado a las mujeres parlanchinas y respondonas.

ZAPATERA.—¡Todas esas cosas las sabía mi pobrecito marido!

ZAPATERO.—¡Dios lo haya perdonado!

ZAPATERA.—Oiga usted... *(Las vecinas ríen.)*

NIÑO.—¡Cállate!

ALCALDE.—*(Autoritario.)* ¡A callar! Enseñanzas son ésas que convienen a todas las criaturas. Cuando usted guste.

(El ZAPATERO *desenrolla el cartelón en el que hay pintada una historia de ciego, dividida en pequeños cuadros, pintados con almazarrón y colores violentos. Los vecinos inician un movimiento de aproximación y la* ZAPATERA *se sienta al* NIÑO *sobre sus rodillas.)*

ZAPATERO.—Atención.

NIÑO.—¡Ay, qué precioso! *(Abraza a la* ZAPATERA.*)*

ZAPATERA.—Que te fijes bien por si acaso no me entero del todo.

NIÑO.—Más difícil que la historia sagrada no será.

ZAPATERO.—Respetable público: Oigan ustedes el romance verdadero y substancioso de la mujer rubicunda y el hombrecito de la paciencia, para que sirva de escarmiento y ejemplaridad a todas las gentes de este mundo. *(En tono lúgubre.)* Aguzad vuestros oídos y entendimiento. *(Los vecinos alargan la cabeza y algunas mujeres se agarran de las manos.)*

NIÑO.—¿No se parece el titiritero, hablando, a tu marido?

ZAPATERA.—Él tenía la voz más dulce.

ZAPATERO.—¿Estamos?

ZAPATERA.—Me sube así un repeluzno.

NIÑO.—¡Y a mí también!

ZAPATERO.—*(Señalando con la varilla.)*

En un cortijo de Córdoba
entre jarales y adelfas,
vivía un talabartero
con una talabartera. *(Expectación.)*
Ella era mujer arisca,
él hombre de gran paciencia,
ella giraba en los veinte
y él pasaba de cincuenta.
¡Santo Dios, cómo reñían!
Miren ustedes la fiera,
burlando al débil marido
con los ojos y la lengua.

(Está pintada en el cartel una mujer que mira de manera infantil y cansina.)

ZAPATERA. — ¡Qué mala mujer! *(Murmullos.)*

ZAPATERO.—
Cabellos de emperadora
tiene la talabartera,
y una carne como el agua
cristalina de Lucena.
Cuando movía las faldas
en tiempo de primavera
olía toda su ropa
a limón y a yerbabuena.
¡Ay, qué limón, limón
de la limonera!
¡Qué apetitosa
talabartera! *(Los vecinos ríen.)*
Ved cómo la cortejaban
mocitos de gran presencia
en caballos relucientes
llenos de borlas de seda.
Gente cabal y garbosa
que pasaba por la puerta
haciendo brillar, adrede,
las onzas de sus cadenas.
La conversación a todos
daba la talabartera,
y ellos caracoleaban
sus jacas sobre las piedras.
Miradla hablando con uno

bien peinada y bien compuesta,
mientras el pobre marido
clava en el cuero la lezna.

(Muy dramático y cruzando las manos.)

Esposo viejo y decente
casado con joven tierna,
qué tunante caballista
roba tu amor en la puerta.

(La ZAPATERA, *que ha estado dando suspiros, rompe a llorar.)*

ZAPATERO. — *(Volviéndose.)* ¿Qué os pasa?

ALCALDE.—¡Pero, niña! *(Da con la vara.)*

VECINA ROJA. — ¡Siempre llora quien tiene por qué callar!

VECINA MORADA.—¡Siga usted! *(Los vecinos murmuran y sisean.)*

ZAPATERA.—Es que me da mucha lástima y no puedo contenerme, ¿lo ve usted?, no puedo contenerme. *(Llora queriéndose contener, hipando de manera comiquísima.)*

ALCALDE.—¡Chitón!

NIÑO.—¿Lo ves?

ZAPATERO.—¡Hagan el favor de no interrumpirme! ¡Cómo se conoce que no tienen que decirlo de memoria!

NIÑO.— *(Suspirando.)* ¡Es verdad!

ZAPATERO.— *(Malhumorado.)*

Un lunes por la mañana
a eso de las once y media,
cuando el sol deja sin sombra
los juncos y madreselvas,
cuando alegremente bailan
brisa y tomillo en la sierra
y van cayendo las verdes
hojas de las madroñeras,
regaba sus alhelíes
la arisca talabartera.
Llegó su amigo trotando
una jaca cordobesa
y le dijo entre suspiros:
Niña, si tú lo quisieras,
cenaríamos mañana
los dos solos, en tu mesa.

¿Y qué harás con mi marido?
Tu marido no se entera.
¿Qué piensas hacer? Matarlo.
Es ágil. Quizá no puedas.
¿Tienes revólver? ¡Mejor!
¡Tengo navaja barbera!
¿Corta mucho? Más que el frío.

(La ZAPATERA *se tapa los ojos y aprieta al* NIÑO. *Todos los vecinos tienen una expectación máxima que se notará en sus expresiones.)*

Y no tiene ni una mella.
¿No has mentido? Le daré
diez puñaladas certeras
en esta disposición,
que me parece estupenda:
cuatro en la región lumbar,
una en la tetilla izquierda,
otra en semejante sitio
y dos en cada cadera.
¿Lo matarás en seguida?
Esta noche cuando vuelva
con el cuero y con las crines
por la curva de la acequia.

(En este último verso y con toda rapidez se oye fuera del escenario un grito angustiado y fortísimo; los vecinos se levantan. Otro grito más cerca. Al ZAPATERO *se le cae de las manos el telón y la varilla. Tiemblan todos cómicamente.)*

VECINA NEGRA.— *(En la ventana.)* ¡Ya han sacado las navajas!

ZAPATERA.—¡Ay, Dios mío!

VECINA ROJA.—¡Virgen Santísima!

ZAPATERO.—¡Qué escándalo!

VECINA NEGRA.—¡Se están matando! ¡Se están cosiendo a puñaladas por culpa de esa mujer! *(Señala a la* ZAPATERA.)*

ALCALDE.— *(Nervioso.)* ¡Vamos a ver!

NIÑO.—¡Que me da mucho miedo!

VECINA VERDE. — ¡Acudir, acudir! *(Van saliendo.)*

VOZ.— *(Fuera.)* ¡Por esa mala mujer!

ZAPATERO.—Yo no puedo tolerar esto; ¡no lo puedo tolerar! *(Con las manos en la cabeza corre la escena. Van saliendo rapidísimamente todos entre ayes y miradas de odio a la* ZAPATERA. *Ésta cierra rápidamente la ventana y la puerta.)*

ZAPATERA.—¿Ha visto usted qué infamia? Yo le juro por la preciosísima sangre de nuestro padre Jesús, que soy inocente. ¡Ay! ¿Qué habrá pasado...? Mire, mire usted cómo tiemblo. *(Le enseña las manos.)* Parece que las manos se me quieren escapar ellas solas.

ZAPATERO.—Calma, muchacha. ¿Es que su marido está en la calle?

ZAPATERA.— *(Rompiendo a llorar.)* ¿Mi marido? ¡Ay, señor mío!

ZAPATERO.—¿Qué le pasa?

ZAPATERA.—Mi marido me dejó por culpa de las gentes y ahora me encuentro sola sin calor de nadie.

ZAPATERO.—¡Pobrecilla!

ZAPATERA.—¡Con lo que yo lo quería! ¡Lo adoraba!

ZAPATERO. — *(Con un arranque.)* ¡Eso no es verdad!

ZAPATERA. — *(Dejando rápidamente de llorar.)* ¿Qué está usted diciendo?

ZAPATERO.—Digo que es una cosa tan... incomprensible que... parece que no es verdad *(Turbado.)*

ZAPATERA.—Tiene usted mucha razón, pero yo desde entonces no como, ni duermo, ni vivo; porque él era mi alegría, mi defensa.

ZAPATERO.—Y queriéndolo tanto como lo quería, ¿la abandonó? Por lo que veo su marido de usted era un hombre de pocas luces.

ZAPATERA.—Haga el favor de guardar la lengua en el bolsillo. Nadie le ha dado permiso para que dé su opinión.

ZAPATERO.—Usted perdone, no he querido...

ZAPATERA.—Digo... ¡Cuando era más listo...!

ZAPATERO.— *(Con guasa.)* ¿Síííí?

ZAPATERA.— *(Enérgica.)* Sí. ¿Ve usted todos esos romances y chupaletrinas que canta y cuenta por los pueblos? Pues todo eso es un ochavo comparado con lo que él sabía... Él sabía... ¡el triple!

ZAPATERO.— *(Serio.)* No puede ser.

ZAPATERA—. *(Enérgica.)* Y el cuádruple... Me los decía todos a mí cuando nos acostábamos. Historietas antiguas que usted no habrá oído mentar siquiera... *(Gachona.)* y a mí me daba un susto... pero él me decía: "¡Preciosa de mi alma, si esto ocurre de mentirijillas!"

ZAPATERO.— *(Indignado.)* ¡Mentira!

ZAPATERA.— *(Extrañadísima.)* ¿Eh? ¿Se le ha vuelto el juicio?

ZAPATERO.—¡Mentira!

ZAPATERA. — *(Indignada.)* Pero, ¿qué es lo que está usted diciendo, titiritero del demonio?

ZAPATERO.— *(Fuerte y de pie.)* Que tenía mucha razón su marido de usted. Esas historietas son pura mentira, fantasía nada más. *(Agrio.)*

ZAPATERA.— *(Agria.)* Naturalmente, señor mío. Parece que me toma por tonta de capirote... pero no me negará usted que dichas historietas impresionan.

ZAPATERO.—¡Ah, eso ya es harina de otro costal! Impresionan a las almas impresionables.

ZAPATERA.—Todo el mundo tiene sentimientos.

ZAPATERO.—Según se mire. He conocido mucha gente sin sentimiento. Y en mi pueblo vivía una mujer... en cierta época, que tenía el suficiente mal corazón para hablar con sus amigos por la ventana mientras el marido hacía botas y zapatos de la mañana a la noche.

ZAPATERA. — *(Levantándose y cogiendo una silla.)* ¿Eso lo dice por mí?

ZAPATERO.—¿Cómo?

ZAPATERA.—¡Que si va con segunda, dígalo! ¡Sea valiente!

ZAPATERO. — (*Humilde.*) Señora, ¿qué está usted diciendo? ¿Qué sé yo quién es usted? Yo no la he ofendido en nada; ¿por qué me falta de esa manera? ¡Pero es mi sino! (*Casi lloroso.*)

ZAPATERA.—(*Enérgica, pero conmovida.*) Mire usted, buen hombre. Yo he hablado así porque estoy sobre ascuas; todo el mundo me asedia, todo el mundo me critica; ¿cómo quiere que no esté acechando la ocasión más pequeña para defenderme? Si estoy sola, si soy joven y vivo ya sólo de mis recuerdos... (*Llora.*)

ZAPATERO.—(*Lloroso.*) Yo comprendo, preciosa joven. Yo comprendo mucho más de lo que pueda imaginarse, porque... ha de saber usted, con toda clase de reservas, que su situación es... sí, no cabe duda, idéntica a la mía.

ZAPATERA.—(*Intrigada.*) ¿Es posible?

ZAPATERO.—(*Se deja caer sobre la mesa.*) A mí... ¡me abandonó mi esposa!

ZAPATERA.—¡No pagaba con la muerte!

ZAPATERO. — Ella soñaba con un mundo que no era el mío, era fantasiosa y dominante, gustaba demasiado de la conversación y las golosinas que yo no podía costearle, y un día tormentoso de viento huracanado me abandonó para siempre.

ZAPATERA.—¿Y qué hace usted ahora corriendo mundo?

ZAPATERO.—Voy en su busca para perdonarla y vivir con ella lo poco que me queda de vida. A mi edad ya se está malamente por esas posadas de Dios.

ZAPATERA.—(*Rápida.*) Tome un poquito de café caliente, que después de toda esta tracamandana le servirá de salud. (*Va al mostrador a echar café y vuelve la espalda al* ZAPATERO.)

ZAPATERO.—(*Persignándose exageradamente y abriendo los ojos.*) Dios te lo premie, clavellinita encarnada.

ZAPATERA.—(*Le ofrece la taza. Se queda con el plato en las manos y él bebe a sorbos.*) ¿Está bueno?

ZAPATERO. — (*Meloso.*) ¡Como hecho por sus manos!

ZAPATERA. — (*Sonriente.*) ¡Muchas gracias!

ZAPATERO.—(*En el último trago.*) ¡Ay, qué envidia me da su marido!

ZAPATERA.—¿Por qué?

ZAPATERO.—(*Galante.*) ¡Porque se pudo casar con la mujer más preciosa de la tierra!

ZAPATERA.—(*Derretida.*) ¡Qué cosas tiene!

ZAPATERO.—Y ahora casi me alegro de tenerme que marchar, porque usted sola, yo solo, usted tan guapa y yo con mi lengua en su sitio, me parece que se me escaparía cierta insinuación...

ZAPATERA. — (*Reaccionando.*) Por Dios, ¡quite de ahí! ¿Qué se figura? ¡Yo guardo mi corazón entero /para el que está por esos mundos, para quien debo, para mi marido!

ZAPATERO.—(*Contentísimo y tirando el sombrero al suelo.*) ¡Eso está pero que muy bien! Así son las mujeres verdaderas, ¡así!

ZAPATERA.—(*Un poco guasona y sorprendida.*) Me parece a mí que usted está un poco... (*Se lleva el dedo a la sien.*)

ZAPATERO.—Lo que usted quiera. ¡Pero sepa y entienda que yo no estoy enamorado de nadie más que de mi mujer, mi esposa de legítimo matrimonio!

ZAPATERA.—Y yo de mi marido y de nadie más que de mi marido. Cuántas veces lo he dicho para que lo oyeran hasta los sordos. (*Con las manos cruzadas.*) ¡Ay, qué zapaterillo de mi alma!

ZAPATERO.—(Aparte.) ¡Ay, qué zapaterilla de mi corazón!

(Golpes en la puerta.)

ZAPATERA.—¡Jesús! Está una en un continuo sobresalto. ¿Quién es?

NIÑO.—¡Abre!

ZAPATERA.—¿Pero es posible? ¿Cómo has venido?

NIÑO.—¡Ay, vengo corriendo para decírtelo!

ZAPATERA.—¿Qué ha pasado?

NIÑO.—Se han hecho heridas con las navajas dos o tres mozos y te echan a ti la culpa. Heridas que echan mucha sangre. Todas las mujeres han ido a ver al juez para que te vayas del pueblo, ¡ay! Y los hombres querían que el sacristán tocara las campanas para cantar tus coplas... (El NIÑO está jadeante y sudoroso.)

ZAPATERA.—(Al ZAPATERO.) ¿Lo está usted viendo?

NIÑO.—Toda la plaza está llena de corrillos... Parece la feria... ¡y todos contra ti!

ZAPATERO. — ¡Canallas! Intenciones me dan de salir a defenderla.

ZAPATERA.—¿Para qué? Lo meterán en la cárcel. Yo soy la que va a tener que hacer algo gordo.

NIÑO.—Desde la ventana de tu cuarto puedes ver el jaleo de la plaza.

ZAPATERA.—(Rápida.) Vamos, quiero cerciorarme de la maldad de las gentes. (Mutis rápido.)

ZAPATERO.—Sí, sí, canallas..., pero pronto ajustaré cuentas con todos y me las pagarán... ¡Ah, casilla mía, qué calor más agradable sale por tus puertas y ventanas! ¡Ay, qué terribles paradores, qué malas comidas, qué sábanas de lienzo moreno por esos caminos del mundo! ¡Y qué disparate no sospechar que mi mujer era de oro puro, del mejor oro de la tierra! ¡Casi me dan ganas de llorar!

VECINA ROJA.—(Entrando rápida.) Buen hombre.

VECINA AMARILLA.—(Entrando rápida.) Buen hombre.

VECINA ROJA.—Salga en seguida de esta casa. Usted es persona decente y no debe estar aquí.

VECINA AMARILLA.—Ésta es la casa de una leona, de una hiena.

VECINA ROJA.—De una mal nacida, desengaño de los hombres.

VECINA AMARILLA.—Pero o se va del pueblo o la echamos. Nos trae locas.

VECINA ROJA.—Muerta la quisiera ver.

VECINA AMARILLA. — Amortajada, con su ramo en el pecho.

ZAPATERO.—(Angustiado.) ¡Basta!

VECINA ROJA.—Ha corrido la sangre...

VECINA AMARILLA.—No quedan pañuelos blancos.

VECINA ROJA.—Dos hombres como dos soles.

VECINA AMARILLA.—Con las navajas clavadas.

ZAPATERO.—(Fuerte.) ¡Basta ya!

VECINA ROJA.—Por culpa de ella.

VECINA AMARILLA. — Ella, ella y ella.

VECINA ROJA. — Miramos por usted.

VECINA AMARILLA. — ¡Le avisamos con tiempo!

ZAPATERO. — Grandísimas embusteras, mentirosas mal nacidas. Os voy a arrastrar del pelo.

VECINA ROJA.—(A la otra.) ¡También lo ha conquistado!

VECINA AMARILLA.—¡A fuerza de besos habrá sido!

ZAPATERO.—¡Así os lleve el demonio! ¡Basiliscos, perjuras!

VECINA NEGRA.—(En la ventana.) ¡Comadre, corra usted! (Sale corriendo. Las dos vecinas hacen lo mismo.)

VECINA ROJA.—Otro en el garlito.

VECINA AMARILLA.—¡Otro!

ZAPATERO.—¡Sayonas, judías! ¡Os pondré navajillas barberas en los zapatos! Me vais a soñar.

NIÑO.—*(Entra rápido.)* Ahora entraba un grupo de hombres en casa del alcalde. Voy a ver lo que dicen. *(Sale corriendo.)*

ZAPATERA. — *(Valiente.)* Pues aquí estoy, si se atreven a venir. Y con serenidad de familia de caballistas que han cruzado muchas veces la sierra, sin jamugas, a pelo sobre los caballos.

ZAPATERO.—¿Y no flaqueará algún día su fortaleza?

ZAPATERA.—Nunca se rinde la que, como yo, está sostenida por el amor y la honradez. Soy capaz de seguir así hasta que se vuelva cana toda mi mata de pelo.

ZAPATERO.—*(Conmovido, avanzando hacia ella.)* ¡Ay...!

ZAPATERA.—¿Qué le pasa?

ZAPATERO.—Me emociono.

ZAPATERA.—Mire usted, tengo todo el pueblo encima, quieren venir a matarme, y sin embargo no tengo ningún miedo. La navaja se contesta con la navaja y el palo con el palo, pero cuando de noche cierro esa puerta y me voy sola a mi cama... me da una pena... ¡qué pena! ¡Y paso unas sofocaciones!... Que cruje la cómoda: ¡un susto! Que suenan con el aguacero los cristales del ventanillo, ¡otro susto! Que yo sola meneo sin querer las perinolas de la cama, ¡susto doble! Y todo esto no es más que el miedo a la soledad donde están los fantasmas, que yo no he visto porque no los he querido ver, pero que vieron mi madre y mi abuela y todas las mujeres de mi familia que han tenido ojos en la cara.

ZAPATERO.—¿Y por qué no cambia de vida?

ZAPATERA.—¿Pero usted está en su juicio? ¿Qué voy a hacer? ¿Adónde voy así? Aquí estoy y Dios dirá.

(Fuera y muy lejanos se oyen murmullos y aplausos.)

ZAPATERO.—Yo lo siento mucho, pero tengo que emprender mi camino antes que la noche se me eche encima. ¿Cuánto debo? *(Coge el cartelón.)*

ZAPATERA.—Nada.

ZAPATERO.—No transijo.

ZAPATERA.—Lo comido por lo servido.

ZAPATERO.—Muchas gracias. *(Triste, se carga el cartelón.)* Entonces, adiós... para toda la vida, porque a mi edad... *(Está conmovido.)*

ZAPATERA.—*(Reaccionando.)* Yo no quisiera despedirme así. Yo soy mucho más alegre. *(En voz clara.)* Buen hombre, Dios quiera que encuentre usted a su mujer, para que vuelva a vivir con el cuidado y la decencia a que estaba acostumbrado. *(Está conmovida.)*

ZAPATERO.—Igualmente le digo de su esposo. Pero usted ya sabe que el mundo es reducido. ¿Qué quiere que le diga si por casualidad me lo encuentro en mis caminatas?

ZAPATERA. — Dígale usted que lo adoro.

ZAPATERO.—*(Acercándose.)* ¿Y qué más?

ZAPATERA.—Que a pesar de sus cincuenta y tantos años, benditísimos cincuenta años, me resulta más juncal y torerillo que todos los hombres del mundo.

ZAPATERO.—¡Niña, qué primor! ¡Le quiere usted tanto como yo a mi mujer!

ZAPATERA.—¡Muchísimo más!

ZAPATERO.—No es posible. Yo soy como un perrito y mi mujer manda en el castillo, ¡pero que mande! Tiene más sentimiento que yo. *(Está cerca de ella y como adorándola.)*

ZAPATERA.—Y no se olvide de decirle que lo espero, que el invierno tiene las noches largas.

ZAPATERO.—Entonces, ¿lo recibiría usted bien?

ZAPATERA.—Como si fuera el rey y la reina juntos.

ZAPATERO. — (Temblando.) ¿Y si por casualidad llegara ahora mismo?

ZAPATERA.—¡Me volvería loca de alegría!

ZAPATERO.—¿Le perdonaría su locura?

ZAPATERA. — ¡Cuánto tiempo hace que se la perdoné!

ZAPATERO.—¿Quiere usted que llegué ahora mismo?

ZAPATERA.—¡Ay, si viniera!

ZAPATERO.—(Gritando.) ¡Pues aquí está!

ZAPATERA.—¿Qué está usted diciendo?

ZAPATERO.—(Quitándose las gafas y el disfraz.) ¡Que ya no puedo más! ¡Zapatera de mi corazón! (La ZAPATERA está como loca, con los brazos separados del cuerpo. El ZAPATERO abraza a la ZAPATERA y ésta lo mira fijamente en medio de su crisis. Fuera se oye claramente un runrún de coplas.)

VOZ.—(Dentro.)

La señora Zapatera
al marcharse su marido
ha montado una taberna
donde acude el señorío.

ZAPATERA. — (Reaccionando.) ¡Pillo, granuja, tunante, canalla! ¿Lo oyes? ¡Por tu culpa! (Tira las sillas.)

ZAPATERO.—(Emocionado, dirigiéndose al banquillo.) ¡Mujer de mi corazón!

ZAPATERA.—¡Corremundos! ¡Ay, cómo me alegro de que hayas venido! ¡Qué vida te voy a dar! ¡Ni la inquisición! ¡Ni los templarios de Roma!

ZAPATERO.—(En el banquillo.) ¡Casa de mi felicidad! (Las coplas se oyen cerquísima, los vecinos aparecen en la ventana.)

VOCES.—(Dentro.)

Quién te compra, Zapatera,
el paño de tus vestidos
y esas chambras de batista
con encaje de bolillos.
Ya la corteja el alcalde,
ya la corteja don Mirlo.
Zapatera, Zapatera,
¡Zapatera, te has lucido!

ZAPATERA.—¡Qué desgraciada soy! ¡Con este hombre que Dios me ha dado! (Yendo a la puerta.) ¡Callarse, largos de lengua, judíos colorados! Y venid, venid ahora, si queréis. Ya somos dos a defender mi casa, ¡dos!, ¡dos!, yo y mi marido. (Dirigiéndose al marido.) ¡Con este pillo, con este granuja! (El ruido de las coplas llena la escena. Una campana rompe a tocar lejana y furiosamente.)

TELÓN

FIN DE
«LA ZAPATERA PRODIGIOSA»

ASÍ QUE PASEN CINCO AÑOS

(LEYENDA DEL TIEMPO EN TRES ACTOS
Y CINCO CUADROS)

(1931)

PERSONAJES

EL JOVEN.

EL VIEJO.

LA MECANÓGRAFA.

EL AMIGO.

EL NIÑO.

EL GATO.

EL CRIADO.

AMIGO SEGUNDO.

LA NOVIA.

EL JUGADOR DE RUGBY.

LA CRIADA.

EL MANIQUÍ.

EL PADRE.

ARLEQUÍN.

LA MUCHACHA.

EL PAYASO.

LA MÁSCARA.

LA CRIADA.

JUGADOR 1º

JUGADOR 2º

JUGADOR 3º

EL ECO.

ACTO PRIMERO

(Biblioteca. El Joven *está sentado. Viste un pijama azul. El* Viejo, *de chaqué gris, con barba blanca y enormes lentes de oro, también·sentado.)*

Joven.—No se sorprende.

Viejo.—Perdone...

Joven. — Siempre me ha pasado igual.

Viejo. — *(Inquisitivo y amable.)* ¿Verdad?

Joven.—Sí.

Viejo.—Es que...

Joven.—Recuerdo que...

Viejo.—*(Ríe.)* Siempre recuerdo.

Joven.—Yo...

Viejo.—*(Anhelante.)* Siga...

Joven.—Guardaba los dulces para comerlos después.

Viejo.—Después, ¿verdad? Saben mejor. Yo también...

Joven.—Y recuerdo que un día...

Viejo.—*(Interrumpiendo con vehemencia.)* Me gusta tanto la palabra recuerdo. Es una palabra verde, jugosa. Mana sin cesar hilitos de agua fría. Y es curioso: ¿no la ve usted destacarse sobre un cielo claro de alba?

Joven.—*(Alegre y tratando de convencerse.)* Sí, sí, claro. Tiene usted razón. Es preciso luchar con toda idea de ruina; con esos terribles desconchados de las paredes. Muchas veces yo me he levantado a media noche para arrancar las hierbas del jardín. No quiero hierbas en mi casa ni muebles rotos.

Viejo.—Eso. Ni muebles rotos porque hay que recordar, pero...

Joven.—Pero las cosas vivas, ardiendo en su sangre, con todos sus perfiles intactos.

Viejo.—Muy bien. Es decir *(bajando la voz)*, hay que recordar, pero recordar antes.

Joven.—¿Antes?

Viejo.—*(Con sigilo.)* Sí, hay que recordar hacia mañana.

Joven.—*(Absorto.)* Hacia mañana.

(Un reloj da las seis. La Mecanógrafa *cruza la escena, llorando en silencio.)*

Viejo.—Las seis.

Joven.—Sí, las seis y con demasiado calor. *(Se levanta.)* Hay un cielo de tormenta hermoso. Lleno de nubes grises...

Viejo.—¿De manera que usted...? Yo fui gran amigo de esa familia. Sobre todo del padre. Se ocupa de astronomía. Está bien. ¿eh? De astronomía... ¿Y ella?

Joven.—La he conocido poco. Pero no importa. Yo creo que me quiere.

Viejo.—Seguro.

Joven.—Se fueron a un largo viaje. Casi me alegré... Esas cosas requieren tiempo.

Viejo.—*(Alegre.)* Claro.

Joven.—Sí, pero...

Viejo.—¿Pero qué...?

Joven.--Nada... *(Abanicándose.)* Yo espero.

Viejo.—¿Vino el padre de ella?

Joven.—Nunca. Por ahora no puede ser... Hasta que pasen cinco años.

Viejo.—Muy bien. *(Con alegría.)*

113

JOVEN.— *(Serio.)* ¿Por qué dice muy bien?

VIEJO.—Pues porque... ¿Es bonito esto? *(Señalando a la habitación.)*

JOVEN.—No.

VIEJO.—¿No le angustia la hora de la partida, los acontecimientos, lo que ha de llegar ahora mismo...?

JOVEN.—Sí, sí. No me hable de eso.

VIEJO.—Es tan hermoso esperar.

JOVEN. — Sí, esperar, pero tener. *(Con apasionamiento.)*

VIEJO.—¿Qué pasa en la calle?

JOVEN.—Ruido, ruido siempre, polvo, calor, malos olores. Me molesta que los aires de la calle entren en mi casa. *(Se oye un gemido largo. Pausa.)* Juan: cierra la ventana. *(Un* CRIADO *sutil que anda sobre las puntas de los pies cierra el ventanal.)*

VIEJO.—Ella... ¿es jovencita?

JOVEN. — Muy jovencita. Quince años.

VIEJO.—Quince años que ha vivido ella, que son ella misma. ¿Pero por qué no decir que tiene quince nieves, quince aires, quince crepúsculos? ¿No se atreve usted a huir?, ¿a volar?, ¿a ensanchar su amor por todo el cielo?

JOVEN.—*(Se cubre la cara con las manos.)* La quiero demasiado.

VIEJO.—*(De pie y con energía.)* O bien a decir: tiene quince rosas, quince alas, quince granitos de arena. ¿No se atreve usted a concentrar, a hacer hiriente y pequeñito su amor dentro del pecho?

JOVEN.—Usted quiere apartarme de ella. Pero ya conozco su procedimiento. Basta observar sobre la palma de la mano un insecto vivo, o mirar al mar una tarde poniendo atención en la forma de cada ola para que el rostro o llaga que llevábamos en el pecho se deshaga en burbujas. Pero es que yo estoy enamorado, y quiero estar enamorado, tan enamorado como ella lo está de mí, y por eso puedo esperar cinco años, a la espera de poder liarme de noche, con todo el mundo apagado, sus trenzas de luz alrededor de mi cuello.

VIEJO.—Me permito recordarle que su novia... no tiene trenzas.

JOVEN.—*(Irritado.)* Ya lo sé. Se las cortó sin mi permiso, naturalmente, y esto... *(con angustia)* me cambia su imagen. *(Enérgico.)* Ya sé que no tiene trenzas. *(Casi furioso.)* ¿Por qué me lo ha recordado usted? *(Con tristeza.)* Pero en estos cinco años las volverá a tener.

VIEJO. — *(Entusiasmado.)* Y más hermosas que nunca. Serán unas trenzas...

JOVEN.—Son, son *(con alegría).*

VIEJO.—Son unas trenzas con cuyo perfume se puede vivir sin necesidad de pan ni de agua.

JOVEN.—Piensa tanto.

VIEJO.—Sueña tanto.

JOVEN.—¿Cómo?

VIEJO.—Piensa tanto que...

JOVEN.—Que estoy en carne viva. Todo hacia dentro. Una quemadura.

VIEJO. — *(Alargándole un vaso.)* Beba.

JOVEN.—Gracias. Si me pongo a pensar en la muchachita, en mi niña...

VIEJO.—Diga usted: mi novia. Atrévase.

JOVEN.—No.

VIEJO.—¿Pero por qué?

JOVEN.—Novia... ya lo sabe usted, si digo novia la veo sin querer amortajada en un cielo sujeto por enormes trenzas de nieve. Es muy fácil que se le afile la nariz y que la mano que lleva sobre el pecho se le ponga como cinco tallos verdes por donde van los caracoles. No, no es mi novia *(hace un gesto como si apartara la ima-*

gen que quiere captarle), es mi niña, mi muchachita.

VIEJO.—Siga, siga.

JOVEN.—Pues si me pongo a pensar en ella, la dibujo, la hago moverse blanca y viva, pero de pronto ¿quién le cambio la nariz o le rompe los dientes o le convierte en otra llena de andrajos que va por mi pensamiento como si estuviera mirándose en un espejo de feria?

VIEJO. — ¿Quién? Parece mentira que usted diga quién. Todavía cambian más las cosas que tenemos delante de los ojos, que las que viven sin resistencia bajo la frente. El agua que viene por el río es completamente distinta de la que se va. Y ¿quién recuerda un mapa exacto de las arenas del desierto... o el rostro de un amigo cualquiera?

JOVEN.—Sí, sí. Aún está más vivo lo de adentro aunque también cambie. La última vez que la vi no podía mirarla muy de cerca porque tenía dos arruguitas en la frente, que como me descuidara, ¿entiende usted?, le llenaban todo rostro y la ponían ajada, vieja como si hubiera sufrido mucho. Tenía necesidad de separarme para enfocarla, ésta es la palabra, en mi corazón.

VIEJO.—¿A que en aquel momento que la vio vieja ella estaba completamente entregada a usted?

JOVEN.—Sí.

VIEJO.—*(Exaltado.)* ¿A que si en aquel preciso instante ella le confirma que le ha engañado, que no le quiere, las arruguitas se le hubieran cambiado en la rosa más delicada del mundo?

JOVEN.—*(Exaltado.)* Sí.

VIEJO.—¿Y la hubiera amado más, precisamente por eso?

JOVEN.—Sí, sí.

VIEJO.—¿Entonces? ¡ja, ja!

JOVEN.—Entonces... Es muy difícil vivir.

VIEJO.—Por eso hay que volar de una cosa a otra hasta perderse. Si ella tiene quince años puede tener quince crepúsculos o quince cielos. Están las cosas más vivas dentro que ahí fuera, expuestas al aire o a la muerte. Por eso vamos a... a no ir... o a esperar. Porque lo otro es morirse ahora mismo y es más hermoso pensar que todavía mañana veremos los cien cuernos de oro con que levanta a las nubes el sol.

JOVEN. — *(Tendiéndole la mano.)* Gracias, gracias por todo.

VIEJO.—Volveré por aquí.

(Aparece la MECANÓGRAFA.*)*

JOVEN.—¿Terminaste de escribir las cartas?

MECANÓGRAFA.—*(Llorosa.)* Sí, señor.

VIEJO.—*(Al* JOVEN.*)* ¿Qué le ocurre?

MECANÓGRAFA. — Deseo marcharme de esta casa.

VIEJO.—Pues es bien fácil ¿no?

JOVEN.—*(Turbado.)* Verá usted.

MECANÓGRAFA.—Quiero irme y no puedo.

JOVEN.—*(Dulce.)* No soy yo quien te retiene. Ya sabes que no puedo hacer nada. Te he dicho algunas veces que te esperaras pero tú...

MECANÓGRAFA.—Pero yo no espero; ¿qué es eso de esperar?

VIEJO.—¿Y por qué no? Esperar es creer y vivir.

MECANÓGRAFA.—No espero porque no me da la gana, porque no quiero y, sin embargo, no me puedo mover de aquí.

JOVEN.—Siempre acabas no dando razones.

MECANÓGRAFA.—¿Qué razones voy a dar? No hay más que una razón y ésa es... que te quiero. La de siempre. Cuando pequeñito *(al* VIEJO*)* yo le veía jugar desde mi balcón. Un día se cayó y sangraba por la rodilla ¿te acuerdas?

(Al JOVEN.*)* Todavía tengo aquella sangre viva como una sierpe roja temblando entre mis pechos.

VIEJO.—Eso no está bien. La sangre se seca y lo pasado, pasado.

MECANÓGRAFA.—¿Qué culpa tengo yo, señor? *(Al* JOVEN.*)* Yo te ruego que me des la cuenta. Quiero irme de esta casa.

JOVEN.—Muy bien. Tampoco tengo yo culpa alguna. Además, sabes perfectamente que no me pertenezco. Puedes irte.

MECANÓGRAFA.—*(Al* VIEJO.*)* ¿Lo ha oído usted? Me arroja de su casa. No quiere tenerme aquí. *(Llora. Se va.)*

VIEJO.—*(Con sigilo al* JOVEN.*)* Es peligrosa esta mujer.

JOVEN.—Yo quisiera quererla como quisiera tener sed delante de las fuentes. Quisiera.

VIEJO.—De ninguna manera. ¿Qué haría usted mañana? ¿eh? Piense. Mañana.

AMIGO.—*(Entrando con escándalo.)* Cuánto silencio en esta casa, ¿y para qué? Dame agua con anís y hielo. *(El* VIEJO *se va.)* O un cocktail.

JOVEN.—Supongo que no me romperás los muebles.

AMIGO.—Hombre solo, hombre serio, y con este calor.

JOVEN.—¿No puedes sentarte?

AMIGO.—*(Le coge en brazos y le da vueltas.)*

Tin, tin, tan
La llamita de San Juan

JOVEN.—Déjame. No tengo ganas de bromas.

AMIGO. — ¡Huui! ¿Quién era ese viejo? ¿Un amigo tuyo? ¿Y dónde están en esta casa los retratos de las muchachas con las que tú te acuestas? Mira: *(se acerca)* te voy a coger por las solapas, te voy a pintar de colorete esas mejillas de cera... o así, restregadas.

JOVEN.—*(Irritado.)* Déjame.

AMIGO.—Y con un bastón te voy a echar a la calle.

JOVEN.—¿Y qué voy a hacer en ella? El gusto tuyo ¿verdad? Demasiado trabajo tengo con oírla llena de coches y gentes desorientadas.

AMIGO.—*(Sentándose y estirándose en el sofá.)* ¡Ay, huui! Yo, en cambio... Ayer hice tres conquistas y como anteayer hice dos y hoy una, pues... resulta... que me quedo sin ninguna porque no tengo tiempo. Estuve con una muchacha... Ernestina. ¿La quieres conocer?

JOVEN.—No.

AMIGO. — *(Levantándose.)* ¡Noo y rúbrica! Pero si la vieras, tiene un talle... No, aunque el talle lo tiene mucho mejor Matilde *(con ímpetu).* ¡Ay, Dios mío! *(Da un salto y cae tendido en el sofá.)* Mira, es un talle para la medida de todos los brazos y tan frágil que se desea tener en la mano un hacha de plata muy pequeña para seccionarlo.

JOVEN.—*(Distraído y aparte de la conversación.)* Entonces yo subiré la escalera.

AMIGO.—*(Tendiéndose boca abajo en el sofá.)* No tengo tiempo, no tengo tiempo de nada, todo se me atropella. Porque figúrate. Me cito con Ernestina *(se levanta)* las trenzas aquí, apretadas negrísimas y luego... Ernesti-ti-ti-ti-ti-tina, tantas cosas dulces le digo con su nombre que se le llenan los pechos de tes y, como la hacen daño, se las tengo que ir quitando con los labios, con los dedos, con los ojos... *(El* JOVEN *golpea con impaciencia los dedos sobre la mesa.)*

JOVEN.—No me dejas pensar.

AMIGO.—Pero si no hay que pensar. Y me voy. Por más... que... *(Mira el reloj.)* Ya se ha pasado la hora, es horrible, siempre ocurre igual. No tengo tiempo y lo siento. Iba con una mujer feísima pero admirable. Una morena de esas que se echan de menos al mediodía de verano. Y me gusta *(tira un cojín por el aire)* porque parece un domador.

JOVEN.—Basta.

AMIGO.—Sí, hombre, no te indignes, pero una mujer puede ser feísima y un domador de caballos puede ser hermoso. Y al revés y... ¿qué sabemos? *(Llena una copa de cocktail.)*

JOVEN.—Nada...

AMIGO. — Pero ¿me quieres decir qué te pasa?

JOVEN.—Nada. ¿No conoces mi temperamento?

AMIGO.—Yo no lo entiendo. Pero tampoco puedo estar serio *(ríe)*. Te saludaré como los chinos. *(Frota la nariz con la del* JOVEN.)

JOVEN.—*(Sonriendo.)* Quita.

AMIGO.—Ríete. *(Le hace cosquillas.)*

JOVEN. — *(Riendo.)* Bárbaro. *(Luchan.)*

AMIGO.—Una plancha.

JOVEN.—Puedo contigo.

AMIGO.—Te cogí. *(Le coge la cabeza entre las piernas y le golpea.)*

VIEJO. — *(Entrando gravemente.)* Con permiso... *(Los jóvenes quedan de pie.)* Perdonen... *(Enérgicamente, y mirando al* JOVEN.) Se me olvidará el sombrero.

AMIGO.—¿Cómo?

VIEJO.—*(Furioso.)* Sí, señor. Se me olvidará el sombrero... *(entre dientes)* es decir, se me ha olvidado el sombrero.

AMIGO.—Ahhhhhh...

(Se oye un estrépito de cristales.)

JOVEN.—*(En alta voz.)* Juan. Cierra las ventanas.

AMIGO.—Un poco de tormenta. Ojalá sea fuerte.

JOVEN.—Pues no quiero enterarme. *(En alta voz.)* Todo bien cerrado.

AMIGO.—Son truenos; tendrás que oírlos.

JOVEN.—O no.

AMIGO.—O sí.

JOVEN.—No me importa lo que pase fuera Esta casa es mía y aquí no entra nadie.

VIEJO.—*(Indignado, al* AMIGO.) Es una verdad sin refutación posible.

(Se oye un trueno lejano.)

AMIGO.—Entrará todo el mundo que quiera, no aquí, sino debajo de tu cama.

(Trueno más cercano.)

JOVEN. — *(Gritando.)* Pero ahora, ahora no.

VIEJO.—Bravo.

AMIGO.—Abre la ventana. Tengo calor.

VIEJO.—Ya se abrirá.

JOVEN.—Luego.

AMIGO.—Pero vamos a ver... Me quieren ustedes decir...

(Se oye otro trueno. La luz desciende y una luminosidad azulada de tormenta invade la escena. Los tres personajes se ocultan detrás de un biombo negro bordado con estrellas. Por la puerta de la izquierda aparece el NIÑO *muerto con el* GATO. *El* NIÑO *viene vestido de blanco, de primera comunión, con una corona de rosas blancas en la cabeza. Sobre su rostro pintado de cera resaltan sus ojos y sus labios de lirio seco. Trae un cirio rizado en la mano y el gran lazo con flores de oro. El* GATO *es azul con dos enormes manchas rojas de sangre en el pechito blanco gris y en la cabeza. Avanzan hacia el público. El* NIÑO *trae al* GATO *cogido de una pata.)*

GATO.—Miau.

NIÑO.—Chissss...

GATO.—Miau.

NIÑO.
Toma mi pañuelo blanco.
Toma mi corona blanca.
No llores más.

GATO.
            Me duelen las heridas
que los niños me hicieron en la es-
                        [palda.

NIÑO.
También a mí me duele el corazón,

GATO.
¿Por qué te duele, niño, di?

NIÑO.
            Porque no anda.
Ayer se me paró muy despacito,
ruiseñor de mi cama.
Mucho ruido; si vieras... Me pu-
                        [sieron
con estas rosas frente a la ventana.

GATO.
¿Y qué sentías tú?

NIÑO.
            Pues yo sentía
surtidores y abejas por la sala.
Me ataron las dos manos. Muy mal
                        [hecho.
Los niños por los vidrios me mira-
                        [ban.
Y un hombre con martillo iba cla-
                        [vando
estrellas de papel sobre mi caja.

    (Cruzando las manos.)

No vinieron los ángeles. No. Gato.

GATO.
No me digas más gato.

NIÑO.
                  ¿No?

GATO.
                  Soy gata.
NIÑO.
  ¿Eres gata?

GATO.—(Mimoso.)
    Debiste conocerlo.

NIÑO.
¿Por qué?

GATO.
            Por mi voz de plata.

NIÑO.—(Galante.)
¿No te quieres sentar?

GATO.
                  Sí. Tengo hambre.

NIÑO.
Voy a ver si te encuentro alguna
                        [rata.

    (Se pone a mirar debajo de las
sillas. El GATO, sentado en un ta-
burete, tiembla.)

No te la comas entera. Una patita,
porque estás muy enferma.

GATO.
                  Diez pedradas
me tiraron los niños.

NIÑO.
Pesan como las rosas
que hirieron anoche mi garganta.
¿Quieres una? (Se arranca una rosa
de la cabeza.)

GATO.—(Alegre.)
            Sí, quiero.

NIÑO.
Con tus manchas de cera, rosa blan-
ojo de luna rota, me pareces   [ca,
gacela entre vidrios desmayada.

GATO.
¿Tú, qué hacías?

NIÑO.
                  Jugar, ¿y tú?

GATO.
                        Jugar.
Iba por el tejado, gata chata,
naricillas de hojadelata,
en la mañana
iba a coger los peces por el agua
y al mediodía
bajo el rosal del muro me dormía.

Niño.
¿Y por la noche?

Gata.—*(Enfática.)*
Me iba sola.

Niño.
                Sin nadie.

Gata.
                Por el bosque.

Niño.—*(Con alegría.)*
Yo también iba, ¡ay!, gata chata,
naricillas de hojadelata,   [barata,
a comer zarzamoras y manzanas
y después a la iglesia con los niños
a jugar a la cabra.
Gata.—¿Qué es la cabra?
Niño.—Era mamar los clavos de la
     puerta.
Gata.—¿Y eran buenos?
Niño.—¡No gata! Como chupar mo-
     nedas.

     (Trueno lejano.)

¡Ay, espera! ¿No vienen? Tengo
                         [miedo,
¿sabes? Me escapé de casa.
(Llora.)
Yo no quiero que me entierren.
Agremanes y vidrios adornan mi
                         [caja;
pero es mejor que me duerma
entre los juncos del agua.
Yo no quiero que me entierren. Va-
                         [mos pronto.
(Le toma de la pata.)

Gata.
¿Y nos van a enterrar? ¿Cuándo?

Niño.
                Mañana,
en unos hoyos oscuros,
todos lloran. Todos callan.
Pero se van. Yo lo vi.
Y luego ¿sabes?

Gata.
                ¿Qué pasa?

Niño.
Vienen a comernos.

Gata.
                ¿Quién?

Niño.
El lagarto y la lagarta
con sus hijitos pequeños que son
                         [muchos.

Gata.
¿Y qué nos comen?

Niño.
                La cara
con los dedos *(bajando la voz)* y
                         [la cuca.

Gata.—*(Ofendida.)*
Yo no tengo cuca.

Niño.—*(Enérgico.)*
                Gata,
te comerán las patitas y el bigote.

     (Truenos lejísimos.)

Vámonos; de casa en casa
llegaremos donde pacen
los caballitos del agua.
No es el cielo. Es tierra dura
con muchos grillos que cantan,
con hierbas que se menean,
con nubes que se levantan,
con hondas que lanzan piedras
y el viento como una espada.
Yo quiero ser niño, un niño.

     *(Se dirige a la puerta de la dere-
cha.)*

Gata.
Está la puerta cerrada.
Vámonos por la escalera.

Niño.
Por la escalera nos verán.

Gata.
                Aguarda.

Niño.
Ya vienen para enterrarnos.

Gata.
Vámonos por la ventana.

Niño.
Nunca veremos la luz,
ni las nubes que se levantan
ni los grillos en la hierba,
ni el viento como una espada.

     (Cruzando las manos.)
Ay, girasol.

Ay, girasol de fuego.
Ay, girasol.

GATA.
Ay, clavelina del sol.

NIÑO.
Apagado va por el cielo.
Sólo mares y montes de carbón,
y una paloma muerta en la arena
con las alas tronchadas y en el pico
[una flor.
(Cantan.) Y en la flor una oliva,
y en la oliva un limón...
¿Cómo sigue?... no lo sé, ¿cómo si-
[gue?

GATA.
Ay, girasol.
Ay, girasol de la mañanita.

NIÑO.
Ay, clavelina del sol.

(La luz es tenue. El NIÑO y la
GATA, agarrados, andan a tientas.)

GATA.
No hay luz. ¿Dónde estás?

NIÑO.
Calla.

GATA.
¿Vendrán ya los lagartos, niño?

NIÑO.
No.

GATA.
¿Encontraste salida?

(La GATA se acerca a la puerta
de la derecha; sale una mano que la
empuja hacia adentro.)

GATA.—(Dentro.)

Niño, niño, niño (con angustia). Ni-
[ño, niño.
(El NIÑO avanza con terror, de-
teniéndose a cada paso.)

NIÑO.—(En voz baja.)
Se hundió.
Le ha cogido una mano.
Debe ser la de Dios.
No me entierres. Espera unos minu-
Mientras deshojo esta flor. [tos...

(Se arranca una flor de la cabeza y la deshoja.)

Yo iré solo, muy despacio,
después me dejarás mirar el sol...
Muy poco, con un rayo me contento.
(Deshojando.) Sí, no, sí, no, sí.

VOZ.
No.

NIÑO.—Siempre dije que no.

(Una mano asoma y saca al NI-
ÑO, que se desmaya.
La luz, al desaparecer el niño,
vuelve a su tono primero. Por detrás del biombo vuelven a salir
rápidamente los tres personajes. Dan
muestras de calor y de agitación
viva. El JOVEN lleva un abanico azul,
el VIEJO un abanico negro y el AMI-
GO un abanico rojo agresivo. Se abanican.)

VIEJO.—Pues todavía será más.

JOVEN.—Sí, después.

AMIGO.—Ya ha sido bastante. Creo
que no te puedes escapar de la
tormenta.

VOZ.—(Afuera.) Mi hijo, mi hijo.

JOVEN. — Señor, qué tarde. Juan
¿quién grita así?

CRIADO.—(Entrando y siempre en
tono suave y andando sobre las
puntas de los pies.) El niño de la
portera murió y ahora lo llevan a
enterrar. Su madre llora.

AMIGO.—Como es natural.

VIEJO.—Sí, sí pero lo pasado, pasado.

AMIGO.—Pero si está pasando. (Discuten.)

(El CRIADO cruza la escena y va
a salir por la puerta de la izquierda.)

CRIADO.—Señor. ¿Tendría la bondad de dejarme la llave de su
dormitorio?

JOVEN.—¿Para qué?

CRIADO.—Los niños arrojaron un
gato que habían matado, sobre el

tejadillo del jardín y hay necesidad de quitarlo.

Joven.—*(Con fastidio.)* Toma. *(Al Viejo.)* No podía usted con él.

Viejo.—Ni me interesa.

Amigo.—No es verdad. Sí le interesa. Al que no le interesa es a mí, que sé positivamente que la nieve es fría y que el fuego quema.

Viejo.—*(Irónico.)* Según.

Amigo.—*(Al Joven.)* Te está engañando.

(El Viejo mira enérgicamente al Amigo estrujando su sombrero.)

Joven.—*(Con fuerza.)* No influye lo más mínimo en mi carácter. Soy yo. Pero tú no puedes comprender que se espere a una mujer cinco años, colmado y quemado por el amor que crece cada día.

Amigo.—No hay necesidad de esperar.

Joven.—¿Crees tú que yo puedo vencer las cosas materiales, los obstáculos que surgen y se aumentarán en el camino sin causar dolor a los demás?

Amigo.—Primero eres tú que los demás.

Joven.—Esperando, el nudo se deshace y la fruta madura.

Amigo.—Yo prefiero comerla verde, o, mejor todavía, me gusta cortar su flor para ponerla en mi solapa.

Viejo.—No es verdad.

Amigo.—Usted es demasiado viejo para saberlo.

Viejo.—*(Severamente.)* Yo he luchado toda mi vida por encender una luz en los sitios más oscuros. Y cuando la gente ha ido a retorcer el cuello a la paloma, yo he sujetado la mano y la he ayudado a volar.

Amigo.—Y, naturalmente, el cazador se ha muerto de hambre.

Joven.—Bendita sea el hambre.

(Aparece por la puerta de la izquierda el Amigo segundo. Viene vestido de blanco, con un impecable traje de lana, y lleva guantes y zapatos del mismo color. De no ser posible que este papel lo haga un actor muy joven, lo hará una muchacha. El traje ha de ser de un corte exageradísimo; llevará enormes botones azules y el chaleco y la corbata serán de rizados encajes.)

Amigo 2º—Bendita sea, cuando hay pan tostado, aceite y sueño después. Mucho sueño. Que no se acabe nunca. Te he oído.

Joven.—*(Con asombro.)* ¿Por dónde has entrado?

Amigo 2º—Por cualquier sitio. Por la ventana. Me ayudaron dos niños, muy amigos míos. Los conocí cuando yo era muy pequeño y me han empujado por los pies. Va a caer un aguacero..., pero aguacero bonito el que cayó el año pasado. Había tan poca luz, que se me pusieron las manos amarillas. *(Al Viejo.)* ¿Recuerda usted?

Viejo. — *(Agrio.)* No recuerdo nada.

Amigo 2º—*(Al Amigo.)* ¿Y tú?

Amigo 1º—*(Serio.)* Tampoco.

Amigo 2º—Yo era muy pequeño, pero lo recuerdo con todo detalle.

Amigo 1º—Mira...

Amigo 2º—Por eso no quiero ver éste. La lluvia es hermosa. En el colegio entraba por los patios y estrellaba por las paredes a unas mujeres desnudas, muy pequeñas, que lleva dentro. ¿No las habéis visto? Cuando yo tenía cinco años..., no, cuando yo tenía dos... miento, uno, un año tan sólo. Es hermoso, ¿verdad?; un año cogí una de estas mujercillas de la lluvia y la tuve dos días en una pecera.

Amigo 1º—*(Con sorna.)* ¿Y creció?

AMIGO 2º—No: se hizo cada vez más pequeña, más niña, como debe ser, como es lo justo, hasta que no quedó de ella más que una gota de agua. Y cantaba una canción...

Yo vuelvo por mis alas,
dejadme volver.
Quiero morirme siendo amanecer,
quiero morirme siendo ayer.
Yo vuelvo por mis alas,
dejadme volver.
Quiero morirme siendo manantial.
Quiero morirme
fuera de la mar...
    que es precisamente lo que yo
canto a todas horas.

VIEJO.—*(Irritado, al* JOVEN.*)* Está completamente loco.

AMIGO 2º—*(Que lo ha oído.)* ¿Loco? Porque no quiero estar lleno de arrugas y dolores como usted. Porque quiero vivir lo mío y me lo quitan. Yo no lo conozco a usted. Yo no quiero ver gente como usted.

AMIGO 1º— *(Bebiendo.)* Todo eso no es más que miedo a la muerte.

AMIGO 2º—No. Ahora, antes de entrar aquí vi a un niño que llevaban a enterrar con las primeras gotas de la lluvia. Así quiero que me entierren a mí. En una caja así de pequeña y que ustedes se vayan a luchar con la borrasca. Pero mi rostro es mío y me lo están robando. Yo era tierno y cantaba, y ahora hay un hombre, un señor *(al* VIEJO.*)* como usted, que anda por dentro de mí con dos o tres caretas preparadas. *(Saca un espejo y se mira.)* Pero todavía no, todavía me veo subido en los cerezos... con aquel traje gris... Un traje gris que tenía unas anclas de plata... Dios mío. *(Se cubre la cara con las manos.)*

VIEJO.—Los trajes se rompen, las anclas se oxidan y vamos adelante.

AMIGO 2º—Oh, por favor, no hable así.

VIEJO. — *(Entusiasmado.)* Se hunden las casas.

AMIGO 1º—*(Enérgico y en actitud de defensa.)* Las casas no se hunden.

VIEJO.—*(Impertérrito.)* Se apagan los ojos y una hoz muy afilada siega los juncos de las orillas.

AMIGO 2º — Claro, todo eso pasa más adelante.

VIEJO.—Al contrario. Eso ha pasado ya.

AMIGO 2º — Atrás se queda todo quieto; ¿cómo es posible que no lo sepa usted? No hay más que ir despertando suavemente las cosas. En cambio, dentro de cuatro o cinco años existe un pozo en que caeremos todos.

VIEJO.—*(Furioso.)* Silencio.

JOVEN. — *(Temblando, al* VIEJO.*)* ¿Lo ha oído usted?

VIEJO.—Demasiado. *(Sale rápidamente por la puerta de la derecha.)*

JOVEN.—*(Detrás.)* ¿Dónde va usted? ¿Por qué se marcha así? Espere. *(Sale detrás.)*

AMIGO 2º—*(Encogiéndose de hombros.)* Bueno. Viejo tenía que ser. Usted, en cambio, no ha protestado.

AMIGO 1º—*(Que ha estado bebiendo sin parar.)* No.

AMIGO 2º—Usted con beber tiene bastante.

AMIGO 1º—*(Serio y con honradez.)* Yo hago lo que me gusta, lo que me parece bien. No le he pedido su parecer.

AMIGO 2º—*(Con miedo.)* Sí, sí. Yo no le digo nada... *(Se sienta en un sillón, con las piernas encogidas.)*

(El AMIGO 1º *bebe rápidamente las copas, apurando hasta lo último; y dándose un golpe en la frente como si recordara algo sale rápidamente por la puerta de la izquierda. El* AMIGO 2º *inclina la cabeza en el sillón. Aparece el* CRIADO *por la*

derecha, siempre silencioso, sobre las puntas de los pies. Empieza a llover.)

AMIGO 2º—El aguacero. *(Se mira las manos.)* Pero qué luz más fea. *(Queda dormido.)*

JOVEN.—*(Entrando.)* Mañana volverá. Lo necesito. *(Se sienta.)*

(Aparece la MECANÓGRAFA. *Lleva una maleta. Cruza la escena y, en medio de ella, vuelve rápidamente.)*

MECANÓGRAFA.—¿Me habías llamado?

JOVEN.—*(Cerrando los ojos.)* No. No te había llamado.

(La MECANÓGRAFA *sale mirando con ansia y esperando la llamada.)*

MECANÓGRAFA. — *(En la puerta.)* ¿Me necesitas?

JOVEN.—*(Cerrando los ojos.)* No, no te necesito. *(Sale la* MECANÓGRAFA.*)*

AMIGO 2º—*(Entre sueños.)*

Yo vuelvo por mis alas,
dejadme volver.
Quiero morirme siendo
ayer.
Quiero morirme siendo
amanecer.

(Empieza a llover.)

JOVEN.—Es demasiado tarde. Juan, enciende las luces; ¿qué hora es?

JUAN.—*(Con intención.)* Las seis en punto, señor.

JOVEN.—Está bien.

AMIGO 2º—*(Entre sueños.)*

Yo vuelvo por mis alas,
dejadme tornar.
Quiero morirme siendo
manantial.
Quiero morirme fuera
de la mar.

(El JOVEN *golpea suavemente la mesa con los dedos.)*

TELÓN LENTO

ACTO SEGUNDO

(Alcoba estilo 1900. Muebles extraños. Grandes cortinajes llenos de pliegues y borlas. En las paredes, nubes y ángeles pintados. En el centro una cama llena de colgaduras y plumajes. A la izquierda, un tocador sostenido por ángeles con ramos de luces eléctricas en las manos. Los balcones están abiertos y por ellos entra la luna. Se oye un claxon de automóvil que toca con furia. La Novia salta de la cama llevando una espléndida bata llena de encajes y enormes lazos color de rosa. Tiene una larga cola y todo el cabello lleno de bucles.)

Novia.—*(Asomándose al balcón.)* Sube. *(Se oye el claxon.)* Es preciso. Llegará mi novio, el viejo, el lírico y necesito apoyarme en ti.

(El Jugador de Rugby entra por el balcón; viene vestido con las rodilleras y el casco. Lleva una bolsa llena de cigarros puros que enciende y aplasta sin cesar.)

Novia.—Entra. Hace dos días que no te veo. *(Se abrazan.)*

(El Jugador de Rugby no habla, sólo fuma y aplasta en el piso el cigarro. Da muestras de gran vitalidad y abraza con ímpetu a la Novia.)

Novia.—Hoy me has besado de una manera distinta. Siempre cambias, amor mío. Ayer no te vi, ¿sabes? Pero estuve viendo el caballo. Era hermoso. Blanco y con los cascos dorados entre el heno de los pesebres. *(Se sientan en un sofá que hay al pie de la cama.)* Pero tú eres más hermoso. Porque eres como un dragón. *(Le abraza.)* Creo que me vas a quebrar entre tus brazos porque soy débil, porque soy pequeña, porque soy como la escarcha, porque soy como una diminuta guitarra quemada por el sol y no me quiebras.

(El Jugador de Rugby le echa el humo en la cara.)

Novia.—*(Pasándole las manos por el cuerpo.)* Detrás de toda esta sombra hay como una trabazón de puentes de plata para estrecharme a mí y para defenderme a mí que soy pequeñita como un botón, pequeñita como una abeja que entrara en el salón del trono, ¿verdad?, ¿verdad que sí? Me iré contigo. *(Apoya la cabeza en el pecho del Jugador.)* Dragón, dragón mío. ¿Cuántos corazones tienes? Hay en tu pecho como un torrente donde yo me voy a ahogar. Me voy a ahogar... *(le mira)* y luego tú saldrás corriendo *(llora)* y me dejarás muerta por las orillas.

(El Jugador se lleva otro cigarro puro a la boca y la Novia se lo enciende.)

¡Oh! *(Le besa.)* ¡Qué ascua blanca, qué fuego de marfil derraman tus dientes! Mi novio tenía los dientes helados; me besaba, y sus labios se le cubrían de pequeñas hojas marchitas; eran como labios secos. Yo me corté las trenzas porque le gustaban mucho, como ahora voy descalza porque te gusta a ti. ¿verdad?, ¿verdad que sí? *(El Jugador la besa.)* Es preciso que nos vayamos. Mi novio vendrá.

Voz.—*(En la puerta.)* Señorita.

Novia.—Vete. *(Le besa.)*

Voz.—Señorita.

Novia.—*(Separándose del* Jugador *y adoptando una actitud distraída.)* Ya voy *(En voz baja.)* Adiós.

(El Jugador *vuelve desde el balcón y le da un beso, alzándola en los brazos.)*

Voz.—Abre.

Novia.—*(Fingiendo la voz.)* ¡Qué poca paciencia!

(El Jugador *sale silbando por el balcón.)*

Criada.—*(Entrando.)* ¡Ay, señorita!

Novia.—¿Qué señorita?

Criada.—Señorita.

Novia.—¿Qué? *(Enciende la luz del techo. Una luz más azulada que la que entra por los balcones.)*

Criada.—Su novio ha llegado.

Novia.—Bueno. ¿Por qué te pones así?

Criada.—*(Llorosa.)* Por nada.

Novia.—¿Dónde está?

Criada.—Abajo.

Novia.—¿Con quién?

Criada.—Con su padre.

Novia.—¿Nadie más?

Criada.—Y un señor con lentes de oro. Discuten mucho.

Novia.—Voy a vestirme. *(Se sienta delante del tocador y se arregla ayudada por la criada.)*

Criada.—*(Llorosa.)* ¡Ay, señorita!

Novia.—*(Irritada.)* ¿Qué señorita?

Criada.—Señorita.

Novia.—*(Agria.)* ¿Qué?

Criada.—Es muy guapo su novio.

Novia.—Cásate con él.

Criada.—Viene muy contento.

Novia.—¿Sí?

Criada.—Traía este ramo de flores.

Novia.—Ya sabes que no me gustan las flores. Tíralas por el balcón.

Criada.—Son tan hermosas... Están recién cortadas.

Novia.—*(Autoritaria.)* Tíralas.

(La Criada *arroja por el balcón unas flores que estaban sobre un jarro.)*

Criada.—¡Ay, señorita!

Novia.—*(Furiosa.)* ¿Qué señorita?

Criada.—Señorita.

Novia.—Queeeee...

Criada.—Piense bien en lo que va a hacer. Recapacite. El mundo es grande. Pero las personas somos pequeñas.

Novia.—¿Qué sabes tú?

Criada.—Sí, sí lo sé. Mi padre estuvo en el Brasil dos veces y era tan chico que cabía en una maleta. Las cosas se olvidan y lo malo queda.

Novia.—Te he dicho que te calles.

Criada.—¡Ay, señorita!

Novia.—*(Enérgica.)* Mi ropa.

Criada.—¿Qué va usted a hacer?

Novia.—Lo que puedo.

Criada. — Un hombre tan bueno. Tanto tiempo esperándola. Con tanta ilusión. Cinco años. Cinco años. *(Le da los trajes.)*

Novia.—¿Te dio la mano?

Criada.—*(Con alegría.)* Sí; me dio la mano.

Novia.—¿Y cómo te dio la mano?

Criada.—Muy delicadamente, casi sin apretar.

Novia.—¿Lo ves? No te apretó.

Criada. — Tuve un novio soldado que me clavaba los anillos y me hacía sangre; por eso lo despedí.

Novia.—¿Sí?

Criada.—¡Ay, señorita!

Novia.—¿Qué traje me pongo?

Criada.—Con el rojo está preciosa.

Novia.—No quiero estar guapa.

Criada.—El verde.

Novia.—No.

CRIADA.—¿El naranja?

NOVIA.—No. *(Fuerte.)*

CRIADA.—¿El de tules?

NOVIA.—No. *(Más fuerte.)*

CRIADA.—¿El traje hojas de otoño?

NOVIA.—*(Irritada, fuerte.)* He dicho que no. Quiero un hábito color tierra para ese hombre; un hábito de roca pelada con un cordón de esparto a la cintura. *(Se oye el claxon. La* NOVIA *entorna los ojos y cambiando la expresión sigue hablando.)* Pero con una corona de jazmines en el cuello y toda mi carne apretada por un velo mojado por el mar. *(Se dirige al balcón.)*

CRIADA.—Que no se entere su novio.

NOVIA.—Se ha de enterar. *(Eligiendo un traje de hábito, sencillo.)* Éste. *(Se lo pone.)*

CRIADA.—Está equivocada.

NOVIA.—¿Por qué?

CRIADA.—Su novio buscaba otra cosa. En mi pueblo había un muchacho que subía a la torre de la iglesia para mirar más de cerca la luna y su novia lo despidió.

NOVIA.—Hizo bien.

CRIADA.—Decía que veía en la luna el retrato de su novia.

NOVIA.—*(Enérgica.)* ¿Y a ti te parece bien? *(Se termina de arreglar en el tocador y enciende las luces de los ángeles.)*

CRIADA.—*(Sorprendida.)* Ay, señorita.

NOVIA.—¿Qué?

CRIADA.—Cuando yo me disgusté con el botones...

NOVIA.—¿Ya te has disgustado con el botones? Tan guapo, tan guapo... tan guapo.

CRIADA.—Naturalmente. Le regalé un pañuelo bordado por mí, que decía: "Amor, Amor, Amor" y se le perdió.

NOVIA.—Vete.

CRIADA.—¿Cierro los balcones?

NOVIA.—No.

CRIADA.—El aire le va a quemar el cutis.

NOVIA.—Eso me gusta. Quiero ponerme negra. Más negra que un muchacho. Y si me caigo no hacerme sangre, y si agarro una zarzamora no herirme. Están todos andando por el alambre con los ojos cerrados. Yo quiero tener plomo en los pies. Anoche soñaba que todos los niños pequeños crecen por casualidad... Que basta la fuerza que tiene un beso para poder matarlos a todos. Un puñal, unas tijeras duran siempre y este pecho mío dura sólo un momento.

CRIADA.—*(Escuchando.)* Ahí llega su padre.

NOVIA.—Todos mis trajes de color los metes en una maleta.

CRIADA.—*(Temblando.)* Sí.

NOVIA.—Y tienes preparada la llave del garage.

CRIADA.—*(Con miedo.)* Está bien.

(Entra el PADRE *de la* NOVIA. *Es un viejo distraído. Lleva unos prismáticos colgados al cuello. Peluca blanca. Cara rosa. Lleva guantes blancos y traje negro. Tiene detalles de una delicada miopía.)*

PADRE.—¿Estás ya preparada?

NOVIA.—*(Irritada.)* ¿Pero para qué tengo yo que estar preparada?

PADRE.—Que ha llegado.

NOVIA.—¿Y qué?

PADRE.—Pues que como estás comprometida y se trata de tu vida, de tu felicidad, es natural que estés contenta y decidida.

NOVIA.—Pues no estoy.

PADRE.—¿Cómo?

NOVIA.—Que no estoy contenta. ¿Y tú?

PADRE.—Pero hija... ¿Qué va a decir ese hombre?

NOVIA.—Que diga lo que quiera.

PADRE.—Viene a casarse contigo. Tú le has escrito durante los cin-

co años que ha durado nuestro
viaje. Tú no has bailado con nadie en los trasatlánticos... no
te has interesado por nadie. ¿Qué
cambio es éste?

NOVIA.—No quiero verlo. Es preciso que yo viva. Habla demasiado.

PADRE.—¡Ay! ¿Por qué no lo dijis-
te antes?

NOVIA.—Antes no existía yo tampoco. Existían la tierra y el mar.
Pero yo dormía dulcemente en
los almohadones del tren.

PADRE.—Ese hombre me insultará
con razón. ¡Ay, Dios mío! Y estaba todo arreglado. Te había regalado el hermoso traje de novia.
Ahí dentro está, en el maniquí.

NOVIA.—No me hables de esto. No
quiero.

PADRE.—¿Y yo? ¿Y yo? ¿Es que yo
no tengo derecho a descansar? Esta noche hay un eclipse de luna.
Ya no podré mirarlo desde la te-
rraza. En cuanto paso una irritación se me sube la sangre a los
ojos y no veo. ¿Qué hacemos con
este hombre?

NOVIA.—Lo que tú quieras. Yo no
quiero verlo.

PADRE.—(Enérgico, sacando fuerzas
de voluntad.) Tienes que cumplir
tu compromiso.

NOVIA.—No lo cumplo.

PADRE.—Es preciso.

NOVIA.—No.

PADRE.—Sí. (Hace intención de pe-
garla.)

NOVIA.—(Fuerte.) No.

PADRE.—Todos contra mí (mira el
cielo por el balcón abierto). Ahora empezará el eclipse. (Se dirige
al balcón.) Ya han apagado las
lámparas. (Con angustia.) Será
hermoso. Lo he estado esperando
mucho tiempo. Y ahora ya no lo
veo. ¿Por qué le has engañado?

NOVIA.—Yo no le he engañado.

PADRE.—Cinco años día por día.
¡Ay, Dios mío!

(La CRIADA entra precipitadamen-
te y corre hacia el balcón; fuera se
oyen voces.)

CRIADA.—Están discutiendo.

PADRE.—¿Quién?

CRIADA.—Ya ha entrado. (Sale rápidamente.)

PADRE.—¿Qué pasa?

NOVIA. — ¿Dónde vas? Cierra la
puerta. (Con angustia.)

PADRE.—¿Pero por qué?

NOVIA.—¡Ah!

(Aparece el JOVEN. Viene vestido
de calle. Se arregla el cabello. En
el momento de entrar se encienden
todas las luces de la escena, y los
ramos de bombillas que llevan los
ángeles en la mano. Quedan los tres
personajes mirándose quietos y en
silencio.)

JOVEN.—Perdonen. (Pausa.)

PADRE.—(Con embarazo.) Siéntese.

(Entra la CRIADA muy nerviosa
con las manos sobre el pecho.)

JOVEN.—(Dando la mano a la No-
VIA.) Ha sido un viaje tan largo...

NOVIA.—(Mirándole muy fija y sin
soltarle la mano.) Sí. Un viaje
frío. Ha nevado mucho estos últimos años. (Le suelta la mano.)

JOVEN.—Ustedes me perdonen, pero
de correr, de subir la escalera, estoy agitado. Y luego... en la calle he golpeado a unos niños que
estaban matando un gato a pedra-
das. (El PADRE le ofrece una silla.)

NOVIA.—(A la CRIADA.) Una mano
fría. Una mano de cera cortada.

CRIADA.—Le va a oír.

NOVIA.—Y una mirada antigua. Una
mirada que se parte como el ala
de una mariposa seca.

JOVEN.—No, no puedo estar sentado. Prefiero charlar. De pronto,
mientras subía la escalera, vinieron a mi memoria todas las canciones que había olvidado y las
quería cantar todas a la vez. (Se
acerca a la NOVIA.) Las trenzas...

Novia.—Nunca tuve trenzas.

Joven.—Sería la luz de la luna. Sería el aire cuajado en bocas para besar tu cabeza.

(La Criada *se retira a un rincón. El* Padre *se asoma a los balcones y mira con los prismáticos.)*

Novia.—¿Y tú no eras más alto?

Joven.—No, no.

Novia.—¿No tenías una sonrisa violenta que era como una garza sobre tu rostro?

Joven.—No.

Novia.—¿Y no jugabas tú al rugby?

Joven.—Nunca.

Novia.—*(Con pasión.)* ¿Y no llevabas un caballo de las crines y matabas en un día tres mil faisanes?

Joven.—Jamás.

Novia.—Entonces... ¿A qué vienes a buscarme? Tenía las manos llenas de anillos. ¿Dónde hay una gota de sangre?

Joven.—Yo la derramaré si te gusta.

Novia.—*(Con energía.)* No es tu sangre. Es la mía.

Joven.—Ahora nadie podría separar mis brazos de tu cuello.

Novia.—No son tus brazos, son los míos. Soy yo la que se quiere quemar en otro fuego.

Joven.—No hay más fuego que el mío. *(Le abraza.)* Porque te he esperado y ahora gano mi sueño. Y no son sueño tus trenzas porque las haré yo mismo de tu cabello, ni es sueño tu cintura donde canta la sangre mía porque es mía esta sangre, ganada lentamente a través de una lluvia y mío este sueño.

Novia. — *(Desasiéndose.)* Déjame. Todo lo podías haber dicho menos la palabra sueño. Aquí no se sueña. Yo no quiero soñar...

Joven.—Pero se ama.

Novia.—Tampoco se ama. Vete.

Joven.—¿Qué dices? *(Aterrado.)*

Novia.—Que busques otra mujer a quien puedas hacerle trenzas.

Joven.— *(Como despertando.)* No.

Novia.—¿Cómo voy a dejar que entres en mi alcoba cuando ya ha entrado otro?

Joven.—¡Ay! *(Se cubre la cara con las manos.)*

Novia.—Dos días tan sólo han bastado para sentirme cargada de cadenas. En los espejos y entre los encajes de la cama oigo ya el gemido de un niño que me persigue.

Joven.—Pero mi casa está ya levantada. Con muros que yo mismo he tocado. ¿Voy a dejar que la viva el aire?

Novia.—¿Y qué culpa tengo yo? ¿Quieres que me vaya contigo?

Joven.— *(Sentándose en una silla, abatido.)* Sí, sí, vente.

Novia.—Un espejo, una mesa estarían más cerca de ti que yo.

Joven.—¿Qué voy a hacer ahora?

Novia.—Amar.

Joven.—¿A quién?

Novia.—Busca. Por las calles, por el campo.

Joven.— *(Enérgico.)* No busco. Te tengo a ti. Estás aquí, entre mis manos, en este mismo instante, y no me puedes cerrar la puerta porque vengo mojado por una lluvia de cinco años. Y porque después no hay nada, porque después no puedo amar, porque después se ha acabado todo.

Novia.—Suelta.

Joven.—No es tu engaño lo que me duele. Tú no eres mala. Tú no significas nada. Es mi tesoro perdido. Es mi amor sin objeto. Pero vendrás.

Novia.—No iré.

Joven.—Para que no tenga que volver a empezar. Siento que se me olvidan hasta las letras.

Novia.—No iré.

Joven.—Para que no muera. ¿Lo oyes? Para que no muera.

Novia.—Déjame.

Criada. — (Entrando.) ¡Señorita! ¡Señor!

(El Joven suelta a la Novia.)

Padre.—(Entrando.) ¿Quién grita?

Novia.—Nadie.

Padre.—.(Mirando al Joven.) Caballero...

Joven.—(Abatido.) Hablábamos.

Novia. — (Al Padre.) Es preciso que le devuelva los regalos... (El Joven hace un movimiento.) Todos. Sería injusto... todos menos los abanicos... porque se han roto.

Joven. — (Recordando.) Dos abanicos.

Novia.—Uno azul...

Joven.—Con tres góndolas hundidas...

Novia.—Y otro blanco.

Joven.—Que tenía en el centro la cabeza de un tigre. Y... ¿están rotos?

Criada.—Las últimas varillas se las llevó el chico del carbonero.

Padre.—Eran unos abanicos buenos, pero vamos...

Joven. — (Sonriendo.) No importa que se hayan perdido. Me hacen ahora mismo un aire que me quema la piel.

Criada.—(A la Novia.) ¿También el traje de novia?

Novia.—Está claro.

Criada. — (Llorosa.) Ahí dentro está, en el maniquí.

Padre.—(Al Joven.) Yo quisiera que...

Joven.—No importa.

Padre.—De todos modos está usted en su casa.

Joven.—Gracias.

Padre.—(Que mira siempre al balcón.) Debe de estar ya en el comienzo. Usted perdone. (A la Novia.) ¿Vienes?

Novia.—Sí. (Al Joven.) Adiós.

Joven.—Adiós. (Salen.)

Voz.—(Fuera.) Adiós.

Joven. — Adiós... ¿y qué? ¿Qué hago con esta hora que viene y que no conozco? ¿Dónde voy?

(La luz de la escena se oscurece. Las bombillas de los ángeles toman una luz azul. Por los balcones vuelve a entrar una luz de luna que va en aumento hasta el final. Se oye un gemido.)

Joven. — (Mirando a la puerta.) ¿Quién?

(Entra en escena el Maniquí con vestido de novia. Este personaje tiene la cara gris y las cejas y los labios dorados como un maniquí de escaparate de lujo. Trae puesto con cierto embarazo un espléndido traje blanco de novia, con larga cola y velo.)

Maniquí.—(Canta y llora.)

¿Quién usará la plata buena
de la novia chiquita y morena?
Mi cola se pierde por el mar
y la luna lleva puesta mi corona de
[azahar.
Mi anillo, señor, mi anillo de oro
[viejo,
se hundió por las arenas del espejo.
¿Quién se pondrá mi traje? ¿Quién
[se lo pondrá?
Se lo pondrá la ría grande para ca-
[sarse con el mar.

Joven.
¿Qué cantas, dime?

Maniquí.
                    Yo canto
muerte que no tuve nunca,
dolor de velo sin uso,
con llanto de seda y pluma.
Ropa interior que se queda
helada de nieve oscura,
sin que los encajes puedan

competir con las espumas.
Telas que cubren la carne
serán para el agua turbia.
Y en vez de rumor caliente,
quebrado torso de lluvia.
¿Quién usará la ropa buena
de la novia chiquita y morena?

JOVEN.
Se la pondrá el aire oscuro
jugando al alba en su gruta,
ligas de raso los juncos,
medias de seda la luna.
Dale el velo a las arañas
para que coman y cubran
las palomas, enredadas
en sus hilos de hermosura.
Nadie se pondrá tu traje.
forma blanca y luz confusa,
que seda y escarcha fueron
livianas arquitecturas.

MANIQUÍ.
Mi cola se pierde por el mar.

JOVEN.
Y la luna llevará en vilo tu corona
[de azahar.

MANIQUÍ.—(Irritado.)
No quiero. Mis sedas tienen
hilo a hilo y una a una
ansia de calor de boca.
Y mi camisa pregunta
dónde están las manos tibias
que oprimen en la cintura.

JOVEN.
Yo también pregunto. Calla.

MANIQUÍ.
Mientes. Tú tienes la culpa.
Pudiste ser para mí
potro de plomo y espuma,
el aire roto en el freno
y el mar atado en la grupa.
Pudiste ser un relincho
y eres dormida laguna,
con hojas secas y musgo
donde este traje se pudra.
Mi anillo, señor, mi anillo de oro
[viejo...

JOVEN.
Se hundió por las arenas del espejo.

MANIQUÍ.
¿Por qué no viniste antes?
Ella esperaba desnuda
como una sierpe de viento
desmayada por las puntas.

JOVEN.—(Levantándose.)
¡Silencio! Déjame. Vete,
o te romperé con furia
las iniciales de nardo
que la blanca seda oculta.
Vete a la calle a buscar
hombros de virgen nocturna
o guitarras que te lloren
seis largos gritos de música.
Nadie se pondrá tu traje.

MANIQUÍ.
Te seguiré siempre.

JOVEN.

         Nunca.

MANIQUÍ.
Déjame hablarte.

JOVEN.
     Es inútil. No quiero saber.

MANIQUÍ.
Escucha. Mira.

JOVEN.
        ¿Qué?

MANIQUÍ.
         Un trajecito
que robé de la costura.

    (Enseña un traje rosa de niño.)

Las fuentes de leche blanca
mojan mis sedas de angustia
y un dolor blanco de abeja
cubre de rayos mi nuca.
Mi hijo. Quiero a mi hijo.
Por mi falda lo dibujan
estas cintas que me estallan
de alegría en la cintura.
Y es tu hijo.

JOVEN.
       Sí, mi hijo:
donde llegan y se juntan
pájaros de sueño loco
y jazmines de cordura.

(Angustiado.)
¿Y si mi niño no llega?
Pájaro que el aire cruza
no puede cantar.

MANIQUÍ.
No puede.

JOVEN.
¿Y si mi niño no llega?
Velero que el agua surca
no puede nadar.

MANIQUÍ.
No puede.

JOVEN.
Quieta el arpa de la lluvia
un mar hecho piedra ríe
últimas olas oscuras.

MANIQUÍ.
¿Quién se pondrá mi traje?
¿Quién se lo pondrá?

JOVEN.—*(Entusiasmado y rotundo.)*
Se lo pondrá la mujer
que espera por las orillas del mar.

MANIQUÍ.
Te espera siempre, ¿recuerdas?
Estaba en tu casa oculta.
Ella te amaba y se fue.
Tu niño canta en su cuna
y como es niño de nieve
espera la sangre tuya.
Corre a buscarla de prisa
y entrégamela desnuda
para que mis sedas puedan,
hilo a hilo y una a una,
abrir la rosa que cubre
su vientre de carne rubia.

JOVEN.
¡He de vivir!

MANIQUÍ.
Sin espera.

JOVEN.
Mi niño canta en su cuna
y como es niño de nieve
aguarda calor y ayuda.

MANIQUÍ.
Dame el traje.

JOVEN.—*(Dulce.)*
No.

MANIQUÍ.—*(Arrebatándoselo.)*
Lo quiero.
Mientras tú vences y buscas
yo cantaré una canción
sobre tus tiernas arrugas. *(Lo besa.)*

JOVEN.
Pronto. ¿Dónde está?

MANIQUÍ.
En la calle.

JOVEN.
Antes que la roja luna
limpie con sangre de eclipse
la perfección de su curva,
traeré temblando de amor
mi propia mujer desnuda.

(La luz es de un azul intenso. Entra la CRIADA *por la izquierda con un candelabro y la escena toma suavemente su luz natural, sin descuidar la luz azul de los balcones abiertos de par en par que hay en el fondo.*
En el momento en que entra la CRIADA, *el* MANIQUÍ *queda rígido con una postura de escaparate. La cabeza inclinada y las manos levantadas en actitud delicadísima.*
La CRIADA *deja el candelabro sobre la mesa del tocador. Siempre en actitud compungida y mirando al* JOVEN.
En este momento aparece el VIEJO *por una puerta de la derecha. La luz crece.)*

JOVEN.—*(Asombrado.)* Usted.

VIEJO.—*(Da muestras de una gran agitación y se lleva las manos al pecho. Tiene un pañuelo de seda en la mano.)* Sí, yo.

(La CRIADA *sale rápidamente.)*

JOVEN.—*(Agrio.)* No me hace ninguna falta.

VIEJO.—Más que nunca. ¡Ay, me

has herido! ¿Por qué subiste? Yo sabía lo que iba a pasar. ¡Ay...!

JOVEN.— *(Dulce.)* ¿Qué le pasa?

VIEJO.— *(Enérgico.)* Nada. No me pasa nada. Una herida pero... la sangre se seca, y lo pasado, pasado. *(El* JOVEN *inicia el mutis.)* ¿Dónde vas?

JOVEN.— *(Con alegría.)* A buscar.

VIEJO.—¿A quién?

JOVEN.—A la mujer que me quiere. Usted la vio en mi casa ¿no recuerda?

VIEJO.—No recuerdo. Pero espera.

JOVEN.—No. Ahora mismo.

(El VIEJO *le coge del brazo.)*

PADRE.— *(Entrando.)* Hija. ¿Dónde estás? Hija. *(Se oye el claxon del automóvil.)*

CRIADA.— *(En el balcón.)* Señorita. Señorita.

PADRE.— *(Yéndose al balcón.)* Hija. Espera, espera *(sale.)*

JOVEN.—Yo también me voy. Yo busco como ella la nueva flor de mi sangre *(sale corriendo.)*

VIEJO.—Espera. Espera. No me dejes herido. Espera. Espera. *(Sale, sus voces se pierden.)*

CRIADA.— *(Entra rápidamente, coge el candelabro y sale por el balcón.)* ¡Ay, la señorita, Dios mío, la señorita! *(Se oye lejano el claxon.)*

MANIQUÍ.
Mi anillo, señor, mi anillo de oro
[viejo *(pausa)*
se hundió por las arenas del espejo.
¿Quién se pondrá mi traje? ¿Quién
[se lo pondrá?

(Pausa. Llorando.)

Se lo pondrá la ría grande para
[casarse con el mar.

(Se desmaya y queda tendido en el sofá.)

VOZ.— *(Fuera.)* ¡Esperaaaaa...!

TELÓN RÁPIDO

ACTO TERCERO

CUADRO PRIMERO

(Bosque. Grandes troncos. En el centro, un teatro rodeado de cortinas barrocas con el telón echado. Una escalerilla une el tabladillo con el escenario. Al levantarse el telón cruzan entre los troncos dos figuras vestidas de negro, con las caras blancas de yeso y las manos también blancas. Suena una música lejana. Sale el ARLEQUÍN. *Viste de negro y verde. Lleva dos caretas, una en cada mano y ocultas tras la espalda. Acciona de modo plástico, como un bailarín.)*

ARLEQUÍN.
El sueño va sobre el tiempo
flotando como un velero.
Nadie puede abrir semillas
en el corazón del sueño.

(Se pone una careta de alegrísima expresión.)

¡Ay, cómo canta el alba, cómo can-
[ta!
¡Qué témpanos de hielo azul levan-
[ta!

(Se quita la careta.)

El tiempo va sobre el sueño
hundido hasta los cabellos.
Ayer y mañana comen
oscuras flores de duelo.

(Se pone una careta de expresión dormida.)

¡Ay, cómo canta la noche, cómo
[canta!
¡Qué espesura de anémonas levanta!

(Se la quita.)

Sobre la misma columna,
abrazados sueño y tiempo,
cruza el gemido del niño,
la lengua rota del viejo.

(Con una careta.)

¡Ay, cómo canta el alba, cómo can-
[ta!

(Con la otra.)

¡Qué espesura de anémonas levanta!
Y si el fuego finge muros
en la llanura del tiempo,
el tiempo le hace creer
que nace en aquel momento.
¡Ay, cómo canta la noche, cómo
[canta!
¡Qué témpanos de hielo azul levan-
[ta!

(Desde este momento se oyen en el fondo durante todo el acto y con medidos intervalos más lejanos, trompas graves de caza.)

(Aparece una MUCHACHA *vestida de negro, con túnica griega. Viene saltando con una guirnalda.)*

MUCHACHA.
¿Quién lo dice,
quién lo diría?
Mi amante me aguarda
en el fondo del mar.

ARLEQUÍN.—*(Gracioso.)*
Mentira.

MUCHACHA.
Verdad.
Perdí mi deseo,
perdí mi dedal
y en los troncos grandes
los volví a encontrar.

133

ARLEQUÍN.—(Irónico.)
Una cuerda muy larga,
larga para bajar.

MUCHACHA.
Tiburones y peces
y ramos de coral.

ARLEQUÍN.
Abajo está.

MUCHACHA.
Muy bajo.

ARLEQUÍN.
Dormido.

MUCHACHA.
Abajo está.
Banderas de agua verde
lo nombran capitán.

ARLEQUÍN.—(En alta voz y gracioso.)
Mentira.

MUCHACHA.—(En alta voz.)
Verdad.
Perdí mi corona,
perdí mi dedal,
y a la media vuelta
los volví a encontrar.

ARLEQUÍN.
Ahora mismo.

MUCHACHA.
¿Ahora?

ARLEQUÍN.
Tu amante verás
a la media vuelta
del viento y del mar.

MUCHACHA.—(Asustada.)
Mentira.

ARLEQUÍN.
Verdad.
Yo te lo daré.

MUCHACHA.—(Inquieta.)
No, me lo darás.
No se llega nunca
al fondo del mar.

ARLEQUÍN.
(A voces y como si estuviera en
el circo.)
Señor hombre, acuda.

(Aparece un espléndido PAYASO,
lleno de lentejuelas. Su cabeza empolvada da una sensación de calavera. Ríe a grandes carcajadas.)

ARLEQUÍN.
Usted le dará
a esta muchachita
su novio del mar.

PAYASO.—(Se remanga.)
Venga una escalera.

MUCHACHA.—(Asustada.)
¿Sí?

PAYASO.—(A la MUCHACHA.)
Para bajar. (Al público.)
Buenas noches.

ARLEQUÍN.
Bravo.

PAYASO.—(A ARLEQUÍN.)
Tú, mira hacia allá.

(ARLEQUÍN riendo se vuelve.)

Vamos, toca. (Palmotea.)

ARLEQUÍN.
Toco
novio, ¿dónde estás?

(El ARLEQUÍN toca un violín
blanco con dos cuerdas de oro. Debe ser grande y plano. Lleva el compás con la cabeza.)

¿No ves dónde está?

(Fingiendo la voz.)
Por las frescas algas
yo voy a cazar
grandes caracolas
y lirios de sal.

MUCHACHA.—(Asustada de la realidad.)
No quiero

PAYASO.
Silencio. (ARLEQUÍN *ríe.*)

MUCHACHA.—*(al* PAYASO *con mie-do.)*
Me voy a saltar
por las hierbas altas.

ARLEQUÍN.—*(Jocoso.)*
Mentira.

MUCHACHA.
            (Al PAYASO.*)* Verdad.

Luego nos iremos
al agua del mar.

(Inicia el mutis llorando.)

¿Quién lo diría?
¿Quién lo dirá?
Perdí mi corona,
Perdí mi dedal.

ARLEQUÍN.—*(Melancólico.)*
A la media vuelta
del viento y el mar.

(Sale la MUCHACHA.*)*

PAYASO.—*(Señalando.)*
Allí.

ARLEQUÍN.
            ¿Dónde? ¿A qué?

PAYASO.
A representar.
Un niño pequeño
que quiere cambiar
en flores de acero
su trozo de pan.

ARLEQUÍN.
Mentira.

PAYASO.—*(Severo.)*
            Verdad.
Perdí rosa y curva,
perdí mi collar,
y en marfil reciente
los volví a encontrar.

ARLEQUÍN.
    *(Adoptando una actitud de circo
y como si los oyese el niño.)*
Señor hombre, venga.

(Inicia el mutis.)

PAYASO.—*(A voces y mirando al
bosque y adelantándose el* AR-
LEQUÍN.*)*

No tanto gritar.
Buenos días.

(En voz baja.)

Vamos.
Toca.

ARLEQUÍN.
¿Toco?

PAYASO.
            Un vals.
    (El ARLEQUÍN *empieza a tocar.)*
(En voz baja.)

De prisa.

(En voz alta.)

            Señores:
Voy a demostrar...

ARLEQUÍN.
Que en marfil de nubes
los volvió a encontrar.

PAYASO.
Voy a demostrar...   *(Sale.)*

ARLEQUÍN.—*(Saliendo.)*
La rueda que gira
del viento y el mar.

    *(Se oyen las trompas. Sale la
MECANÓGRAFA. Viste un traje de
tenis, con boina de color intenso.
Encima del vestido, una capa larga. Viene con la MÁSCARA primera.
Ésta viste un traje 1900 con larga
cola amarillo rabioso, pelo de seda
amarillo, cayendo como un manto, y
máscara blanca de yeso; guantes
hasta el codo del mismo color. Lleva sombrero amarillo y todo el pecho sembrado con lentejuelas de
oro. El efecto de este personaje debe
ser el de una llamarada sobre el
fondo de azules lunares y troncos
nocturnos. Habla con un leve acento italiano.)*

MÁSCARA.—*(Riendo.)* Un verdadero encanto.

MECANÓGRAFA.—Yo me fui de su casa. Recuerdo que la tarde de mi partida había una gran tormenta de verano. Había muerto el niño de la portera y él me dijo: ¿me habías llamado?, a lo que yo contesté cerrando los ojos: no. Y luego, ya en la puerta, me dijo: ¿me necesitas?, y yo le dije: no, no te necesito.

MÁSCARA.—Precioso.

MECANÓGRAFA. — Esperaba siempre de pie toda la noche hasta que yo me asomaba a la ventana.

MÁSCARA.—¿Y usted, señorita mecanógrafa?

MECANÓGRAFA. — No me asomaba. Pero... lo veía por las rendijas...; quieto *(saca un pañuelo.)*, con unos ojos... Entraba el aire como un cuchillo, pero yo no le podía hablar.

MÁSCARA.—¿Por qué, señorita?

MECANÓGRAFA.—Porque me amaba demasiado.

MÁSCARA.—¡Oh, mio Dio! Era igual que el conde Arturo de Italia. ¡Oh, amor!

MECANÓGRAFA.—¿Sí?

MÁSCARA.—En el "foyer" de la Ópera de París hay unas enormes balaustradas que dan al mar. El conde Arturo, con una camelia entre los labios, venía en una pequeña barca con su niño, los dos abandonados por mí. Pero yo corría las cortinas y les arrojaba un diamante. ¡Oh, qué dulcísimo tormento, amiga mía! *(Llora.)* El conde y su niño pasaban hambre y dormían entre las ramas con un lebrel que me había regalado un señor de Rusia. *(Enérgica y suplicante.)* ¿No tienes un pedacito de pan para mí? ¿No tienes un pedacito de pan para mi hijo? ¿Para el niño que el conde Arturo dejó morir en la escarcha?... *(Agitada.)* Y después fui al hospital y allí supe que el conde se había casado con una gran dama romana...; y después he pedido limosna y he compartido mi cama con los hombres que descargan el carbón en los muelles.

MECANÓGRAFA.—¿Qué dices? ¿Por qué hablas?

MÁSCARA. — *(Serenándose.)* Digo que el conde Arturo me amaba tanto que lloraba detrás de las cortinas con su niño, mientras que yo era como una media luna de plata, entre los gemelos y las luces de gas que brillaban bajo la cúpula de la gran Ópera de París.

MECANÓGRAFA. — Delicioso. ¿Y cuándo llega el conde?

MÁSCARA.—¿Y cuándo llega tu amigo?

MECANÓGRAFA.—Tardará.

MÁSCARA.—También Arturo tardará. Tiene en la mano derecha una cicatriz que le hicieron con un puñal...; por mí, desde luego. *(Mostrando su mano.)* ¿No la ves? *(Señalando al cuello.)* Y aquí otra, ¿la ves?

MECANÓGRAFA.—Sí, ¿pero por qué?

MÁSCARA.—¿Por qué? ¿Por qué? ¿Qué hago yo sin heridas? ¿De quién son las heridas de mi conde?

MECANÓGRAFA.—Tuyas. Es verdad. Hace cinco años que me está esperando, pero... Qué hermoso es esperar con seguridad el momento de ser amada.

MÁSCARA.—Y es seguro.

MECANÓGRAFA.—Seguro. Por eso vamos a reír. De pequeña, yo guardaba los dulces para comerlos después.

MÁSCARA.—Ja, ja, ja. Sí ¿verdad? Saben mejor. *(Se oyen las trompas.)*

MECANÓGRAFA. — *(Iniciando el mutis.)* Si viniera mi amigo —tan alto, con todo el cabello rizado, pero rizado de un modo especial— tú haces como si no lo conocieras.

MÁSCARA.—Claro, amiga mía. *(Se recoge la cola.)*

(Aparece el JOVEN. *Viste un traje niker gris con medias a cuadros azules.)*

ARLEQUÍN.—*(Saliendo.)* ¿Eh?

JOVEN.—¿Qué?

ARLEQUÍN.—¿Dónde va?

JOVEN.—A mi casa.

ARLEQUÍN.—*(Irónico.)* ¿Sí?

JOVEN.—Claro. *(Empieza a andar.)*

ARLEQUÍN.—¡Eh! Por ahí no puede pasar.

JOVEN.—¿Han cerrado el paseo?

ARLEQUÍN.—Por ahí está el circo.

JOVEN.—Bueno. *(Se vuelve.)*

ARLEQUÍN.—Lleno de espectadores definitivamente quietos.
(Suave.) ¿No quiere entrar el señor?

JOVEN.—No.

ARLEQUÍN. — *(Enfático.)* El poeta Virgilio construyó una mosca de oro y murieron todas las moscas que envenenaban el aire de Nápoles. Ahí dentro, en el circo, hay oro blando, suficiente para hacer una estatua del mismo tamaño... que usted.

JOVEN.—¿Está interceptada también la calle de los chopos?

ARLEQUÍN.—Allí están los carros y las jaulas con las serpientes.

JOVEN. — Entonces volveré atrás. *(Iniciando el mutis.)*

PAYASO. — *(Saliendo por el lado opuesto.)* ¿Pero dónde va? ¡Ja, ja, ja!

ARLEQUÍN.—Dice que va a su casa.

PAYASO.—*(Dando una bofetada de circo al* ARLEQUÍN.*)* Toma casa.

ARLEQUÍN.—*(Cae al suelo, gritando.)* ¡Ay, que me duele, que me duele!

PAYASO.—*(Al* JOVEN.*)* Venga.

JOVEN.—*(Irritado.)* ¿Pero me quiere usted decir qué broma es ésta? Yo iba a mi casa, es decir, a mi casa no; a otra casa, a...

PAYASO. — *(Interrumpiéndole.)* A buscar.

JOVEN.—Sí; porque lo necesito. A buscar.

PAYASO. — *(Alegre.)* Busca. Da la media vuelta y lo encontrarás.

LA VOZ DE LA MECANÓGRAFA.—*(Cantando.)*

> ¿Dónde vas, amor mío,
> amor mío,
> con el aire en un vaso
> y el mar en un vidrio?

(El ARLEQUÍN *ya se ha levantado. El* JOVEN *está vuelto de espaldas y ellos salen también sin dar la espalda, sobre las puntas de los pies, marcando un paso de baile y con el dedo sobre los labios.)*

JOVEN.—*(Asombrado.)*

> ¿Dónde vas, amor mío,
> vida mía, amor mío,
> con el aire en un vaso
> y el mar en un vidrio?

MECANÓGRAFA.—*(Apareciendo.)*
¿Dónde? Donde me llaman.

JOVEN
¡Vida mía!

MECANÓGRAFA.
Contigo.

JOVEN.
Te he de llevar desnuda,
flor ajada y cuerpo limpio,
al sitio donde las sedas
están temblando de frío.
Sábanas blancas te aguardan.
Vámonos pronto. Ahora mismo.
Antes que en las ramas giman
ruiseñores amarillos.

MECANÓGRAFA.
Sí; que el sol es un milano.
Mejor: un halcón de vidrio.
No: que el sol es un gran tronco,
y tú la sombra de un río.
¿Cómo, si me abrazas, di,
no nacen juncos y lirios,

y no destiñen tus brazos
el color de mi vestido?
Amor, déjame en el monte
harta de nube y rocío,
para verte grande y triste,
cubrir un cielo dormido.

JOVEN.
No hables así, niña. Vamos.
No quiero tiempo perdido.
Sangre pura y calor hondo
me están llevando a otro sitio.
Quiero vivir.

MECANÓGRAFA.
               ¿Con quién?

JOVEN.
                    Contigo.

MECANÓGRAFA.
¿Qué es eso que suena muy lejos?

JOVEN.
Amor,
el día que vuelve.
Amor mío.

MECANÓGRAFA.—*(Alegre y como en sueños.)*

Un ruiseñor que canta,
ruiseñor gris de la tarde
en la rama del aire,
en la lira del cable.
Ruiseñor. Te he sentido.
Quiero vivir.

JOVEN.
               ¿Con quién?

MECANÓGRAFA.
Con la sombra de un río.

(Angustiada y refugiándose en el pecho del JOVEN.)

¿Qué es eso que suena muy lejos?

JOVEN.
Amor,
la sangre en mi garganta,
amor mío.

MECANÓGRAFA.
Siempre así, siempre,
despiertos o dormidos.

JOVEN.
Nunca así, nunca, nunca.
Vámonos de este sitio.

MECANÓGRAFA.
Espera.

JOVEN.
               Amor no espera.

MECANÓGRAFA. — *(Se deshace del* JOVEN.)

¿Dónde vas, amor mío,
con el aire en un vaso
y el mar en un vidrio?

(Se dirige a la escalera.)

(Las cortinas del teatro se descorren y aparece la biblioteca del primer acto, reducida y con los tomos pálidos. Aparece en la escenita la MÁSCARA *amarilla, tiene un pañuelo de encaje en la mano y aspira sin cesar un frasco de sales.)*

MÁSCARA. — *(A la* MECANÓGRAFA.)
Ahora mismo acabo de abandonar para siempre al conde. Se ha quedado ahí detrás con su niño. *(Baja la escalera.)* Estoy segura de que se morirá. Pero me quiso tanto, tanto *(llora)*. *(A la* MECANÓGRAFA.) ¿Tú no lo sabías? Su niño morirá bajo la escarcha. Lo he abandonado. ¿No ves qué contenta estoy? ¿No ves cómo río? *(Llora.)* Ahora me buscará por todos lados. *(En el suelo.)* Voy a esconderme dentro de las zarzamoras *(en voz baja)*, dentro de las zarzamoras. Hablo así porque no quiero que Arturo me sienta. *(En voz alta.)* No quiero. Ya te he dicho que no te quiero. *(Se va llorando.)* Tú a mí, sí; pero yo, a ti, no te quiero.

(Aparecen dos criados vestidos con libreas azules y caras palidísi-

mas que dejan en la izquierda del escenario dos taburetes blancos. Por la escenita cruza el CRIADO *del primer acto andando siempre sobre las puntas de los pies.)*

MECANÓGRAFA.—*(Al* CRIADO *y subiendo las escaleras de la escenita.)* Si viene el señor, que pase *(en la escenita.)* Aunque no vendrá hasta que deba venir.

(El JOVEN *empieza a subir lentamente la escalera.)*

JOVEN.—*(En la escenita; apasionado.)* ¿Estás contenta aquí?

MECANÓGRAFA. — ¿Has escrito las cartas?

JOVEN.—Arriba se está mejor. Ven.

MECANÓGRAFA. — Te he querido tanto.

JOVEN.—Te quiero tanto.

MECANÓGRAFA.—Te querré tanto.

JOVEN.—Me parece que agonizo sin ti. ¿Dónde voy si tú me dejas? No recuerdo nada. La otra no existe, pero tú sí, porque me quieres.

MECANÓGRAFA. — Te he querido, amor. Te querré siempre.

JOVEN.—Ahora...

MECANÓGRAFA.—¿Por qué dices ahora?

(Aparece por el escenario el VIEJO. *Viene vestido de azul y trae un gran pañuelo en la mano, manchado de sangre, que lleva a su pecho y y a su cara. Da muestras de agitación y observa lentamente lo que pasa en la escenita.)*

JOVEN.—Yo esperaba y moría.

MECANÓGRAFA.—Yo moría por esperar.

JOVEN.—Pero la sangre golpea en mis sienes con sus nudillos de fuego, y ahora te tengo ya aquí.

VOZ.—*(Fuera.)* Mi hijo, mi hijo.

(Cruza la escenita el niño muerto. Viene solo y entra por una puerta de la izquierda.)

JOVEN.—Sí, mi hijo. Corre por dentro de mí, como una hormiga sola dentro de una caja cerrada. *(A la* MECANÓGRAFA.*)* Un poco de luz para mi hijo. Por favor. Es tan pequeño. Aplasta las naricillas en el cristal de mi corazón y, sin embargo, no tiene aire.

MÁSCARA AMARILLA.—*(Apareciendo en el escenario grande.)* Mi hijo.

(Salen dos máscaras más que presencian la escena.)

MECANÓGRAFA.—*(Autoritaria y seca.)* ¿Has escrito las cartas? No es tu hijo, soy yo. Tú esperabas y me dejaste marchar, pero siempre te creías amado. ¿Es mentira lo que digo?

JOVEN.—*(Impaciente.)* No, pero...

MECANÓGRAFA.—Yo, en cambio, sabía que tú no me querrías nunca. Y, sin embargo, yo he levantado mi amor y te he cambiado y te he visto por los rincones de mi casa. *(Apasionada.)* Te quiero, pero más lejos de ti. He huido tanto que necesito contemplar el mar para poder notar el temblor de tu boca.

VIEJO.—Porque si él tiene veinte años puede tener veinte lunas.

MECANÓGRAFA. — *(Lírica.)* Veinte rosas, veinte nortes de nieve.

JOVEN.—*(Irritado.)* Calla. Tú vendrás conmigo. Porque me quieres y porque es necesario que yo viva.

MECANÓGRAFA.—Sí, te quiero, pero mucho más. No tienes tú ojos para verme desnuda, ni boca para besar mi cuerpo que nunca se acaba. Déjame. Te quiero demasiado para poder contemplarte.

JOVEN.—Ni un minuto más. Vamos. *(La coge de las muñecas.)*

MECANÓGRAFA. — Me haces daño, amor.

JOVEN.—Así me sientes.

MECANÓGRAFA.—(Dulce.) Espera... Yo iré... Siempre (Le abraza.)

VIEJO. — Ella irá. Siéntate, amigo mío. Espera.

JOVEN.—(Angustiado.) No.

MECANÓGRAFA. — Estoy muy alta. ¿Por qué me dejaste? Iba a morir de frío y tuve que buscar tu amor por donde no hay gente. Pero estaré contigo. Déjame bajar poco a poco hasta ti.

(Aparecen el PAYASO y el ARLEQUÍN. El PAYASO trae una cortina y el ARLEQUÍN un violín blanco. Se sientan en los taburetes.)

PAYASO.
Una música.

ARLEQUÍN.
De años.

PAYASO.
Lunas y mares sin abrir.

ARLEQUÍN.
¿Queda atrás?

PAYASO.
La mortaja del aire.
Y la música de tu violín.

JOVEN. — (Saliendo de un sueño.) Vamos.

MECANÓGRAFA.—Sí... ¿Será posible que seas tú? ¿Así, de pronto, sin haber probado lentamente esta hermosa idea; mañana será? ¿No te da lástima de mí?

JOVEN.—Arriba hay como un nido. Se oye cantar el ruiseñor... y aunque no se oiga, aunque el murciélago golpee los cristales...

MECANÓGRAFA.—Sí, sí, pero...

JOVEN.—(Enérgico.) Tu boca. (La besa.)

MECANÓGRAFA.—Más tarde...

JOVEN.—(Apasionado.) Es mejor de noche.

MECANÓGRAFA.—Yo me iré.

JOVEN.—Sin tardar.

MECANÓGRAFA.—Yo quiero... Escucha.

JOVEN.—Vamos.

MECANÓGRAFA.—Pero...

JOVEN.—Dime.

MECANÓGRAFA.—Me iré contigo.

JOVEN.—¡Amor, me iré contigo!

MECANÓGRAFA.—(Tímida.) Así que pasen cinco años.

JOVEN.—¡Ah! (Se lleva la mano a la frente.)

VIEJO.—(En voz baja.) Bravo.

(El JOVEN empieza a bajar lentamente la escalera. La MECANÓGRAFA queda en actitud estática en el escenario. Sale el CRIADO de puntillas y la cubre con una gran capa blanca.)

PAYASO.
Una música.

ARLEQUÍN.
De años.

PAYASO.
Lunas y mares sin abrir.
Quedan atrás.

ARLEQUÍN.
La mortaja del aire.

PAYASO.
Y la música de tu violín. (Tocan.)

MÁSCARA.
El conde besa mi retrato de amazo-
[na.

VIEJO.
Vamos a no llegar pero vamos a ir.

JOVEN.—(Desesperado al PAYASO.) La salida ¿por dónde?

MECANÓGRAFA. — *(En el escenario chico y como en sueños.)*
Amor, amor.

JOVEN.—*(Estremecido.)*
Enséñame la puerta.

PAYASO.—*(Irónico señalando a la izquierda.)*
Por allí.

ARLEQUÍN.—*(Señalando a la derecha.)*
Por allí.

MECANÓGRAFA.
Te espero amor, te espero, vuelve
[pronto.

ARLEQUÍN.—*(Irónico.)*
Por allí.

JOVEN.—*(Al* PAYASO.*)*
Te romperé las jaulas y las telas.
Yo sé saltar el muro.

VIEJO.—*(Con angustia.)*
Por aquí.

JOVEN.
Quiero volver. Déjame.

ARLEQUÍN.
Queda el viento.

PAYASO.
Y la música de tu violín.

TELÓN

CUADRO SEGUNDO

(La misma biblioteca que en el primer acto. A la izquierda, el traje de novia puesto en un maniquí sin cabeza y sin manos. Varias maletas abiertas. A la derecha, una mesa.)

(Salen el CRIADO *y la* CRIADA.*)*

CRIADA.—*(Asombrada.)* ¿Sí?

CRIADO. — Ahora está de portera pero antes fue una gran señora. Vivió mucho tiempo con un conde italiano riquísimo, padre del niño que acaban de enterrar.

CRIADA.—¡Pobrecito mío! ¡Qué precioso iba!

CRIADO.—De esta época le viene su manía de grandezas. Por eso ha gastado todo lo que tenía en la ropa del niño y en la caja.

CRIADA.—Y en las flores. Yo le he regalado un ramito de rosas, pero eran tan pequeñas que no las han entrado siquiera en la habitación.

JOVEN.—*(Entrando.)* Juan.

CRIADO.—Señor. *(La* CRIADA *sale.)*

JOVEN.—Dame un vaso de agua fría. *(El* JOVEN *da muestras de desesperanza y desfallecimiento físico.)*

(El CRIADO *le sirve.)*

JOVEN.—¿No era ese ventanal mucho más grande?

CRIADO.—No.

JOVEN.—Es asombroso que sea tan estrecho. Mi casa tenía un patio enorme donde jugaba con mis caballitos. Cuando lo vi, a los veinte años, era tan pequeño que me parecía increíble que hubiera podido volar tanto por él.

CRIADO.—¿Se encuentra bien el señor?

JOVEN. — ¿Se encuentra bien una fuente echando agua? Contesta.

CRIADO.—No sé.

JOVEN.—¿Se encuentra bien una veleta girando como el viento quiere?.

CRIADO.—El señor pone unos ejemplos... Pero yo le preguntaría si el señor. lo permite..: ¿se encuentra bien el viento?

JOVEN.—*(Seco.)* Me encuentro bien.

CRIADO. — ¿Descansó lo suficiente después del viaje?

JOVEN.—Sí.

CRIADO.—Lo celebro infinito. *(Inicia el mutis.)*

JOVEN.—Juan. ¿Está mi ropa preparada?

CRIADO.—Sí, señor: está en su dormitorio.

JOVEN.—¿Qué traje?

CRIADO.—El frac. Lo he extendido en la cama.

JOVEN.—*(Excitado.)* Pues quítalo. No quiero subir y encontrármelo tendido en la cama tan grande, tan vacía. No sé a quién se le ocurrió comprarla. Yo tenía antes otra pequeña, ¿recuerdas?

CRIADO.—Sí, señor. La de nogal tallado.

JOVEN.—Eso. La de nogal tallado. Qué bien se dormía en ella. Recuerdo que, siendo niño, vi nacer una luna enorme, detrás de la barandilla de sus pies... ¿O fue por los hierros del balcón? No sé. ¿Dónde está?

142

CRIADO.—La regaló el señor.

JOVEN.—(Pensando.) ¿A quién?

CRIADO.—(Serio.) A su antigua mecanógrafa. (El JOVEN queda pensativo. Pausa.)

JOVEN.—(Indicando al CRIADO que se marche.) Está bien. (Sale el CRIADO.)

JOVEN.—(Con angustia.) Juan.

CRIADO.—(Severo.) Señor.

JOVEN.—Me habrás puesto los zapatos de charol.

CRIADO.—Los que tienen cinta de seda negra.

JOVEN.—Seda negra... No... Busca otros. (Levantándose.) ¿Y será posible que en esta casa esté siempre el aire enrarecido? Voy a cortar todas las flores del jardín, sobre todo esas malditas adelfas que saltan por los muros, y esa hierba que brota sola a medianoche...

CRIADO.—Dicen que con las anémonas y adormideras duele la cabeza a ciertas horas del día.

JOVEN.—Eso será. También te llevas eso (señalando el abrigo). Lo pones en la bohardilla.

CRIADO.—Muy bien. (Va a salir.)

JOVEN.—(Tímido.) Y me dejas los zapatos de charol. Pero les cambias las cintas. (Suena la campanilla.)

CRIADO.—(Entrando.) Son los señoritos que vienen a jugar.

JOVEN.—(Con fastidio.) ¡Ah!

CRIADO.—(En la puerta.) El señor tendrá necesidad de vestirse.

JOVEN.—(Saliendo.) Sí.

(Sale casi como una sombra.)

(Entran los jugadores. Son tres. Vienen de frac. Traen capas largas de raso blanco que les llegan a los pies.)

JUGADOR 1º—Fue en Venecia. Un mal año de juego. Pero aquel muchacho jugaba de verdad. Estaba pálido, tan pálido que en la última jugada ya no tenía más remedio que echar el "as de cœur". Un corazón suyo lleno de sangre. Lo echó y al ir a cogerlo (bajando la voz) para... (mira a los lados) tenía un as de copas rebosando por los bordes y huyó bebiendo en él, con dos chicas, por el Gran Canal.

JUGADOR 2º—No hay que fiarse de la gente pálida, o de la gente que tiene hastío; juegan pero se reservan.

JUGADOR 3º—Yo jugué en la India con un viejo que cuando ya no tenía una gota de sangre sobre las cartas, y yo esperaba el momento de lanzarme sobre él, tiñó de rojo con una anilina especial todas las copas y pudo escapar entre los árboles.

JUGADOR 1º—Jugamos y ganamos; pero ¡qué trabajo nos cuesta! Las cartas beben rica sangre en las manos y es difícil cortar el hilo que las une.

JUGADOR 2º—Pero creo que con éste... no nos equivocamos.

JUGADOR 3º—No sé.

JUGADOR 1º—(Al 2º) No aprenderás nunca a conocer a tus clientes. ¿A éste? La vida se le escapa por sus pupilas que mojan la comisura de sus labios y le tiñen de azul la pechera del frac.

JUGADOR 2º—Sí. Pero acuérdate del niño que en Suecia jugó con nosotros casi agonizante, y por poco si nos deja ciegos a los tres con el chorro de sangre que nos echó.

JUGADOR 3º—La baraja. (Saca una baraja.)

JUGADOR 2º—Hay que estar muy suaves con él para que no reaccione.

JUGADOR 3º—Y aunque ni a la otra ni a la señorita mecanógrafa se les ocurrirá venir por aquí hasta que pasen cinco años, si es que vienen.

JUGADOR 2º. *(Riendo.)* Si es que vienen; ¡ja, ja, ja!

JUGADOR 1º.—No estará mal ser rápidos en la jugada.

JUGADOR 2º.—Él guarda un as.

JUGADOR 3º — •Un corazón joven, donde es probable que resbalen las flechas.

JUGADOR 1º.—*(Alegre y profundo.)* Yo guardo unas flechas en un tiro al blanco.

JUGADOR 2º. — *(Con curiosidad:)* ¿Dónde?

JUGADOR 1º.—*(En broma.)* En un tiro al blanco, que no solamente se clavan sobre el acero más duro, sino sobre la gasa más fina. Y esto sí que es difícil. *(Ríen.)*

JUGADOR 2º.—En fin, ya veremos. *(Aparece el* JOVEN *vestido de frac.)*

JOVEN.—Señores *(les da la mano).* Han venido muy temprano. Hace demasiado calor.

JUGADOR 1º.—No tanto.

JUGADOR 2º.—*(Al* JOVEN.*)* Elegante como siempre.

JUGADOR 1º.—Tan elegante que ya no debía desnudarse más nunca.

JUGADOR 3º.—Hay veces en que la ropa nos cae tan bien que ya no quisiéramos. .

JUGADOR 2º. — *(Interrumpiendo.)* Que ya no podemos arrancarla del cuerpo.

JOVEN.—*(Con fastidio.)* Demasiado amables.

(Aparece el CRIADO *con una bandeja y copas que deja en la mesa.)*

JOVEN.—¿Comenzamos? *(Se sientan los tres.)*

JUGADOR 1º.—Dispuestos.

JUGADOR 2º.—*(En voz baja.)* Buen ojo.

JUGADOR 3º.—¿No se sienta?

JOVEN.—No. . . Prefiero jugar de pie.

JUGADOR 3º.—¿De pie?

JUGADOR 2º.—*(Bajo.)* Tendrás necesidad de ahondar mucho.

JUGADOR 1º.—*(Repartiendo cartas.)* ¿Cuántas?

JOVEN.—Cuatro. *(Se las da a los demás.)*

JUGADOR 3º.—*(Bajo.)* Jugada nula.

JOVEN.—Qué cartas más frías. Nada. *(Las deja sobre la mesa.)* ¿Y ustedes?

JUGADOR 1º. *(En voz baja.)* Nada. *(Le da cartas otra vez.)*

JUGADOR 2º.—*(Mirando sus cartas.)* Nada. Magnífico.

JUGADOR 3º. — *(Mirando sus cartas con inquietud.)* Nada. Vamos a ver.

JUGADOR 1º. — *(Al* JOVEN.*)* Usted juega.

JOVEN.—*(Alegre.)* Yo juego. *(Echa una carta sobre la mesa.)*

JUGADOR 1º.—*(Enérgico.)* Y yo.

JUGADOR 2º.—Y yo.

JUGADOR 3º.—Y yo.

JOVEN.—*(Excitado con una carta.)* ¿Y ahora?

(Los tres jugadores enseñan sus cartas. El JOVEN *se detiene y se las oculta en la mano.)*

JOVEN.—Juan, sirve licor a estos señores.

JUGADOR 1º.—*(Suave.)* ¿Tiene usted la bondad de la carta?

JOVEN. — *(Angustiado.)* ¿Qué licor desean?

JUGADOR 2º.—*(Dulce.)* ¿La carta?

JOVEN.—*(Al* JUGADOR 3º*)* A usted seguramente le gustará el anís. Es una bebida. . .

JUGADOR 3º.—Por favor. . . la carta. . .

JOVEN. — *(Al* CRIADO *que entra.)* ¿Cómo, no hay whisky? *(En el momento en que el* CRIADO *entra, los jugadores quedan silenciosos con las cartas en la mano.) ¿Ni coñac?*

JUGADOR 1º—*(En voz baja y ocultándose del* CRIADO.*)* La carta.

JOVEN.—*(Angustiado.)* El coñac es una bebida para hombres que saben resistir.

JUGADOR 2º—*(Enérgico pero en voz baja.)* La carta.

JOVEN. — ¿O prefieren chartreuse? *(Sale el* CRIADO.*)*

JUGADOR 1º—*(Levantado y enérgico.)* Tenga la bondad de jugar.

JOVEN.—Ahora mismo. Pero beberemos.

JUGADOR 3º—*(Fuerte.)* Hay que jugar.

JOVEN.—*(Agonizante.)* Sí, sí. Un poco de chartreuse. El chartreuse es como una gran noche de luna verde dentro de un castillo donde hay un joven con unas algas de oro.

JUGADOR 1º—*(Fuerte.)* Es necesario que usted nos dé su as.

JOVEN.—*(Aparte.)* Mi corazón.

JUGADOR 2º—*(Enérgico.)* Porque hay que ganar o perder... Vamos. Su carta.

JUGADOR 3º—Venga.

JUGADOR 1º—Haga juego.

JOVEN.—*(Con dolor.)* Mi carta.

JUGADOR 1º—La última.

JOVEN.—Juego. *(Pone la carta sobre la mesa. En este momento en los anaqueles de la biblioteca aparece un "as de coeur" iluminado.*

El JUGADOR 1º *saca una pistola y dispara sin ruido con una flecha. El "as de coeur" desaparece y el* JOVEN *se lleva las manos al corazón.)*

JUGADOR 1º—Hay que huir.

JUGADOR 2º—No hay que esperar.

JUGADOR 3º—Corta, corta bien.

(El JUGADOR 1º, *con unas tijeras, da unos cortes en el aire.)*

JUGADOR 1º—*(En voz baja.)* Vamos.

JUGADOR 2º—De prisa. *(Salen.)*

JUGADOR 3º — No hay que esperar nunca...

JOVEN.—Juan, Juan.

ECO.—Juan, Juan.

JOVEN.—*(Agonizante.)* Lo he perdido todo.

ECO.—Lo he perdido todo.

JOVEN.—Mi amor...

ECO.—Amor.

JOVEN.—*(En el sofá.)* Juan.

ECO.—Juan.

JOVEN.—¿No hay...?

ECO.—¿No hay...?

SEGUNDO ECO.—*(Más lejano.)* ¿No hay...?

JOVEN.—¿Ningún hombre aquí?

ECO.—Aquí...

SEGUNDO ECO.—Aquí...

(El JOVEN *muere.)*

(Aparece el CRIADO *con un candelabro encendido. El reloj da las doce.)*

TELÓN

FIN DE
«ASÍ QUE PASEN CINCO AÑOS»

DOÑA ROSITA LA SOLTERA

O EL LENGUAJE DE LAS FLORES

POEMA GRANADINO DEL NOVECIENTOS,
DIVIDIDO EN VARIOS JARDINES,
CON ESCENAS DE CANTO Y BAILE

(1935)

PERSONAJES

Doña Rosita.
El ama.
La tía.
Manola 1ª
Manola 2ª
Manola 3ª
Soltera 1ª
Soltera 2ª
Soltera 3ª
Madre de las solteras.
Ayola 1ª
Ayola 2ª
El tío.
El sobrino.
El catedrático de Economía.
Don Martín.
El muchacho.
Dos obreros.
Una voz.

ACTO PRIMERO

(Habitación con salida a un invernadero.)

Tío.—¿Y mis semillas?

Ama.—Ahí estaban.

Tío.—Pues no están.

Tía.—Eléboro, fucsias y los crisantemos, Luis· Passy violáceo y altair blanco plata con puntas heliotropo.

Tío.—Es necesario que cuidéis las flores.

Ama.—Si lo dice por mí...

Tía.—Calla. No repliques.

Tío.—Lo digo por todos. Ayer me encontré las semillas de dalias pisoteadas por el suelo. *(Entra en el invernadero.)* No os dais cuenta de mi invernadero; desde el ochocientos siete, en que la condesa de Wandes obtuvo la rosa muscosa, no la ha conseguido nadie en Granada más que yo, ni el botánico de la Universidad. Es preciso que tengáis más respeto por mis plantas.

Ama.—¿Pero no las respeto?

Tía.—¡Chist! Sois a cuál peor.

Ama.—Sí, señora. Pero yo no digo que de tanto regar las flores y tanta agua por todas partes, van a salir sapos en el sofá.

Tía.—Luego bien te gusta olerlas.

Ama.—No, señora. A mí las flores me huelen a niño muerto, o a profesión de monja, o a altar de iglesia. A cosas tristes. Donde esté una naranja o un buen membrillo, que se quiten las rosas del mundo. Pero aquí... rosas por la derecha albahaca por la izquierda, anémonas, salvias, petunias y esas flores de ahora, de moda, los crisantemos, despeinados como unas cabezas de gitanillas. ¡Qué ganas tengo de ver plantados en este jardín, un peral, un cerezo, un kaki!

Tía.—¡Para comértelos!

Ama.—Come quien tiene boca... Como decían en mi pueblo:

La boca sirve para comer,
las piernas sirven para la danza
y hay una cosa de la mujer...

(Se detiene y se acerca a la Tía y le dice bajo.)

Tía.—¡Jesús! *(Signando.)*

Ama.—Son indecencias de los pueblos. *(Signando.)*

Rosita.—*(Entra rápida. Viene vestida de rosa con un traje del novecientos, mangas de jamón y adornos de cintas.)* ¿Y mi sombrero? ¿Dónde está mi sombrero? ¡Ya han dado las treinta campanadas en San Luis!

Ama.—Yo lo dejé en la mesa.

Rosita.—Pues no está. *(Buscan. El Ama sale.)*

Tía.—¿Has mirado en el armario? *(Sale la Tía.)*

Ama.—*(Entra.)* No lo encuentro.

Rosita.—¿Será posible que no se sepa dónde está mi sombrero?

Ama.—Ponte el azul con margaritas.

Rosita.—Estás loca.

151

AMA.—Más loca estás tú.

TÍA.—*(Vuelve a entrar.)* ¡Vamos, aquí está! *(*ROSITA *lo coge y sale corriendo.)*

AMA.—Es que todo lo quiere volando. Hoy ya quisiera que fuese pasado mañana. Se echa a volar y se nos pierde de las manos. Cuando chiquita tenía que contarle todos los días el cuento de cuando ella fuera vieja: "Mi Rosita ya tiene ochenta años"... y siempre así. ¿Cuándo la ha visto usted sentada a hacer encaje de lanzadera o frivolité, o puntas de festón o sacar hilos para adornarse una chapona?

TÍA.—Nunca.

AMA.—Siempre del coro al caño y del caño al coro; del coro al caño y del caño al coro.

TÍA.—¡A ver si te equivocas!

AMA.—Si me equivocara no oiría usted ninguna palabra nueva.

TÍA. — Claro es que nunca me ha gustado contradecirla, porque ¿quién apena a una criatura que no tiene padres?

AMA.—Ni padre, ni madre, ni perrito que le ladre, pero tiene un tío y una tía que valen un tesoro. *(La abraza.)*

TÍO.—*(Dentro.)* ¡Esto ya es demasiado!

TÍA.—¡María Santísima!

TÍO.—Bien está que se pisen las semillas, pero no es tolerable que esté con las hojitas tronchadas la planta del rosal que más quiero. Mucho más que la muscosa y la híspida y la pomponiana y la damascena y que la eglantina de la reina Isabel. *(A la* TÍA.*)* Entra, entra y la verás.

TÍA.—¿Se ha roto?

TÍO.—No, no le ha pasado gran cosa, pero pudo haberle pasado.

AMA.—¡Acabáramos!

TÍO.—Yo me pregunto: ¿quién volcó la maceta?

AMA.—A mí no me mire usted.

TÍO.—¿He sido yo?

AMA.—¿Y no hay gatos y no hay perros, y no hay un golpe de aire que entra por la ventana?

TÍA.—Anda, barre el invernadero.

AMA.—Está visto que en esta casa no la dejan hablar a una.

TÍO. — *(Entra.)* Es una rosa que nunca has visto; una sorpresa que te tengo preparada. Porque es increíble la "rosa declinata" de capullos caídos y la inermis que no tiene espinas, qué maravilla, ¿eh?, ¡ni una espina!, y la mirtifolia que viene de Bélgica y la súlfurata que brilla en la oscuridad. Pero ésta las aventaja a todas en rareza. Los botánicos la llaman Rosa Mutabile, que quiere decir: mudable; que cambia... En este libro está su descripción y su pintura, ¡mira! *(Abre el libro.)* Es roja por la mañana, a la tarde se pone blanca, y se deshoja por la noche.

Cuando se abre en la mañana,
roja como sangre está;
el rocío no la toca
porque se teme quemar.
Abierta en el mediodía
es dura como el coral.
El sol se asoma a los vidrios
para verla relumbrar.
Cuando en las ramas empiezan
los pájaros a cantar
y se desmaya la tarde
en las violetas del mar,
se pone blanca, con blanco
de una mejilla de sal.
Y cuando toca la noche
blanco cuerno de metal
y las estrellas avanzan
mientras los aires se van,
en la raya de lo oscuro
se comienza a deshojar.

TÍA.—¿Y tiene ya flor?

TÍO.—Una que se está abriendo.

Tía.—¿Dura un día tan sólo?

Tío.—Uno. Pero yo ese día lo pienso pasar al lado para ver cómo se pone blanca.

Rosita.—*(Entrando.)* Mi sombrilla.

Tío.—Su sombrilla.

Tía.—*(A voces.)* ¡La sombrilla!

Ama.—*(Apareciendo.)* ¡Aquí está la sombrilla! *(Rosita coge la sombrilla y besa a sus tíos.)*

Rosita.—¿Qué tal?

Tío.—Un primor.

Tía.—No hay otra.

Rosita.—*(Abriendo la sombrilla.)* ¿Y ahora?

Ama.—¡Por Dios, cierra la sombrilla, no se puede abrir bajo techado! ¡Llega la mala suerte!

Por la rueda de San Bartolomé
y la varita de San José
y la santa rama de laurel,
enemigo, retírate
por las cuatro esquinas de Jeru-
[salén.

(Ríen todos. El Tío sale.)

Rosita.—*(Cerrando.)* ¡Ya está!

Ama.—No lo hagas más... ¡ca... ramba!

Rosita.—¡Huy!

Tía.—¿Qué ibas a decir?

Ama.—¡Pero no lo he dicho!

Rosita. — *(Saliendo con risas.)* ¡Hasta luego!

Tía.—¿Quién te acompaña?

Rosita. — *(Asomando la cabeza.)* Voy con las manolas.

Ama.—Y con el novio.

Tía.—El novio creo que tenía que hacer.

Ama.—No sé quién me gusta más: si el novio o ella. *(La Tía se sienta a hacer encaje de bolillos.)* Un par de primos para ponerlos en un vasar de azúcar, y si se murieran, ¡Dios los libre!, embalsa-

marlos y meterlos en un nicho de cristales y de nieve. ¿A cuál quiere usted más? *(Se pone a limpiar.)*

Tía.—A los dos los quiero como sobrinos.

Ama.—Uno por la manta de arriba y otro por la manta de abajo, pero...

Tía.—Rosita se crió conmigo...

Ama.—Claro. Como que yo no creo en la sangre. Para mí esto es ley. La sangre corre por debajo de las venas, pero no se ve. Más se quiere a un primo segundo que se ve todos los días, que a un hermano que está lejos. Por qué, vamos a ver.

Tía.—Mujer, sigue limpiando.

Ama.—Ya voy. Aquí no la dejan a una ni abrir los labios. Críe usted una niña hermosa para esto. Déjese usted a sus propios hijos en una chocita temblando de hambre.

Tía.—Será de frío.

Ama.—Temblando de todo, para que le digan a una, ¡cállate! y como soy criada no puedo hacer más que callarme, que es lo que hago y no puedo replicar y decir...

Tía.—Y decir ¿qué...?

Ama.—Que deje usted esos bolillos con ese tiquití, que me va a estallar la cabeza de tiquitís.

Tía.—*(Riendo.)* Mira a ver quién entra. *(Hay un silencio en la escena, donde se oye el golpear de los bolillos.)*

Voz.—¡¡Manzanillaaaaa finaaa de la sierraaa!!

Tía.—*(Hablando sola.)* Es preciso comprar otra vez manzanilla. En algunas ocasiones hace falta... Otro día que pase... Treinta y siete, treinta y ocho.

(Voz del pregonero muy lejos.)

¡Manzanillaa finaa de la sierraa!

Tía.—*(Poniendo un alfiler.)* Y cuarenta.

Sobrino.—*(Entrando.)* Tía.

Tía.—*(Sin mirarlo.)* Hola, siéntate, si quieres. Rosita ya se ha marchado.

Sobrino.—¿Con quién salió?

Tía.—Con las manolas. *(Pausa. Mirando al* Sobrino.*)* Algo te pasa.

Sobrino.—Sí.

Tía.—*(Inquieta.)* Casi me lo figuro. Ojalá me equivoque.

Sobrino.—No. Lea usted.

Tía. — *(Lee.)* Claro, si es natural. Por eso me opuse a tus relaciones con Rosita. Yo sabía que más tarde o más temprano te tendrías que marchar con tus padres. ¡Y que es ahí al lado! Cuarenta días de viaje hacen falta para llegar a Tucumán. Si fuera hombre y joven, te cruzaría la cara.

Sobrino.—Yo no tengo culpa de querer a mi prima. ¿Se imagina usted que me voy con gusto? Precisamente quiero quedarme aquí y a eso vengo.

Tía.—¡Quedarte! ¡Quedarte! Tu deber es irte. Son muchas leguas de hacienda y tu padre está viejo. Soy yo la que te tiene que obligar a que tomes el vapor. Pero a mí me dejas la vida amargada. De tu prima no quiero acordarme. Vas a clavar una flecha con cintas moradas sobre su corazón. Ahora se enterará de que las telas no sólo sirven para hacer flores, sino para empapar lágrimas.

Sobrino.—¿Qué me aconseja usted?

Tía.—Que te vayas. Piensa que tu padre es hermano mío. Aquí no eres más que un paseante de los jardinillos y allí serás un labrador.

Sobrino.—Pero es que yo quisiera...

Tía.—¿Casarte? ¿Estás loco? Cuando tengas tu porvenir hecho. Y llevarte a Rosita, ¿no? Tendrías que saltar por encima de mí y de tu tío.

Sobrino.—Todo es hablar. Demasiado sé que no puedo. Pero yo quiero que Rosita me espere. Porque volveré pronto.

Tía.—Si antes no pegas la hebra con una tucumana. La lengua se me debió pegar en el cielo de la boca antes de consentir tu noviazgo; porque mi niña se queda sola en estas cuatro paredes, y tú te vas libre por el mar, por aquellos ríos, por aquellos bosques de toronjas, y mi niña, aquí, un día igual a otro, y tú, allí: el caballo y la escopeta para tirarle al faisán.

Sobrino.—No hay motivo para que me hable usted de esa manera. Yo di mi palabra y la cumpliré. Por cumplir su palabra está mi padre en América y usted sabe...

Tía.—*(Suave.)* Calla.

Sobrino.—Callo. Pero no confunda usted el respeto con la falta de vergüenza.

Tía.—*(Con ironía andaluza.)* ¡Perdona, perdona! Se me había olvidado que ya eres un hombre.

Ama.—*(Entra llorando.)* Si fuera un hombre no se iría.

Tía. — *(Enérgica.)* ¡Silencio! *(El* Ama *llora con grandes sollozos.)*

Sobrino.—Volveré dentro de unos instantes. Dígaselo usted.

Tía.—Descuida. Los viejos son los que tienen que llevar los malos ratos. *(Sale el* Sobrino.*)*

Ama.—¡Ay, qué lástima de mi niña! ¡Ay, qué lástima! ¡Ay, qué lástima! ¡Éstos son los hombres de ahora! Pidiendo ochavitos por las calles me quedo yo al lado de esta prenda. Otra vez vienen los llantos a esta casa. ¡Ay, seño-

ra! *(Reaccionando.)* ¡Ojalá se lo
coma la serpiente del mar!

TÍA.—¡Dios dirá!

AMA.
Por el ajonjolí,
por las tres santas preguntas
y la flor de la canela,
tenga malas noches
y malas sementeras.
Por el pozo de San Nicolás
se le vuelva veneno la sal.

*(Coge un jarro de agua y hace
una cruz en el suelo.)*

TÍA.—No maldigas. Vete a tu hacienda. *(Sale el AMA.) (Se oyen
risas. La TÍA se va.)*

MANOLA 1ª—*(Entrando y cerrando la sombrilla.)*
¡Ay!

MANOLA 2ª—*(Igual.)*
¡Ay, qué fresquito!

MANOLA 3ª—*(Igual.)*
¡Ay!

ROSITA.—*(Igual.)*
¿Para quién son los suspiros
de mis tres lindas manolas?

MANOLA 1ª
Para nadie.

MANOLA 2ª
                Para el viento.

MANOLA 3ª
Para un galán que me ronda.

ROSITA.
¿Qué manos recogerán
los ayes de vuestra boca?

MANOLA 1ª
La pared.

MANOLA 2ª
                Cierto retrato.

MANOLA 3ª
Los encajes de mi colcha.

ROSITA.
También quiero suspirar.
¡Ay, amigas! ¡Ay, manolas!

MANOLA 1ª
¿Quién los recoge?

ROSITA.
                Dos ojos
que ponen blanca la sombra,
cuyas pestañas son parras
donde se duerme la aurora.
Y, a pesar de negros, son
dos tardes con amapolas.

MANOLA 1ª
¡Ponle una cinta al suspiro!

MANOLA 2ª
¡Ay!

MANOLA 3ª
                Dichosa tú.

MANOLA 1ª
                ¡Dichosa!

ROSITA.
No me engañéis que yo sé
cierto rumor de vosotras.

MANOLA 1ª
Rumores son jaramagos.

MANOLA 2ª
Y estribillos de las olas.

ROSITA.
Lo voy a decir...

MANOLA 1ª
                Empieza.

MANOLA 3ª
Los rumores son coronas.

ROSITA.
Granada, calle de Elvira,
donde viven las manolas,
las que se van a la Alhambra,
las tres y las cuatro solas.
Una vestida de verde,
otra de malva, y la otra,

un corselete escocés
con cintas hasta la cola.
Las que van delante, garzas,
la que va detrás, paloma,
abren por las alamedas
muselinas misteriosas.
¡Ay, qué oscura está la Alhambra!
¿Adónde irán las manolas
mientras sufren en la umbría
el surtidor y la rosa?
¿Qué galanes las esperan?
¿Bajo qué mirto reposan?
¿Qué manos roban perfumes
a sus dos flores redondas?
Nadie va con ellas, nadie;
dos garzas y una paloma.
Pero en el mundo hay galanes
que se tapan con las hojas.
La catedral ha dejado
bronces que la brisa toma;
el Genil duerme a sus bueyes
y el Darro a sus mariposas.
La noche viene cargada
con sus colinas de sombra;
una enseña los zapatos
entre volantes de blonda;
la mayor abre sus ojos
y la menor los entorna.
¿Quién serán aquellas tres
de alto pecho y larga cola?
¿Por qué agitan los pañuelos?
¿Adónde irán a estas horas?
Granada, calle de Elvira,
donde viven las manolas,
las que se van a la Alhambra,
las tres y las cuatro solas.

MANOLA 1ª
    Deja que el rumor extienda
    sobre Granada sus olas.

MANOLA 2ª
    ¿Tenemos novio?

ROSITA.
                            Ninguna.

MANOLA 2ª
    ¿Digo la verdad?

ROSITA.
                            Sí, toda.

MANOLA 3ª
    Encajes de escarcha tienen
    nuestras camisas de novia.

ROSITA.
    Pero...

MANOLA 1ª
            La noche nos gusta.

ROSITA.
    Pero...

MANOLA 2ª
            Por calles en sombra.

MANOLA 1ª
    Nos subimos a la Alhambra
    las tres y las cuatro solas.

MANOLA 3ª
    ¡Ay!

MANOLA 2ª
    Calla.

MANOLA 3ª
            ¿Por qué?

MANOLA 2ª
                    ¡Ay!

MANOLA 1ª
    ¡Ay, sin que nadie lo oiga!

ROSITA.
    Alhambra, jazmín de pena
    donde la luna reposa.

AMA.—Niña, tu tía te llama. (Muy triste.)
ROSITA.—¿Has llorado?
AMA.—(Conteniéndose.) No... Es que tengo así, una cosa que...
ROSITA.—No me asustes. ¿Qué pasa? (Entra rápida, mirando hacia el AMA. Cuando entra ROSITA, el AMA rompe a llorar en silencio.)
MANOLA 1ª—(En voz alta.) ¿Qué ocurre?
MANOLA 2ª—Dinos.

AMA.—Callad.

MANOLA 3ª—*(En voz baja.)* ¿Malas noticias?

(El AMA *las lleva a la puerta y mira por donde salió* ROSITA.*)*

AMA.—¡Ahora se lo está diciendo!

(Pausa, en que todas oyen.)

MANOLA 1ª—Rosita está llorando, vamos a entrar.

AMA.—Venid y os contaré. ¡Dejadla ahora! Podéis salir por el postigo.

(Salen. Queda la escena sola. Un piano lejísimos toca un estudio de Cerny. Pausa. Entra el PRIMO *y al llegar al centro de la habitación se detiene porque entra* ROSITA. *Quedan los dos mirándose frente a frente. El* PRIMO *avanza. La enlaza por el talle. Ella inclina la cabeza sobre su hombro.)*

ROSITA.

¿Por qué tus ojos traidores
con los míos se fundieron?
¿Por qué tus manos tejieron,
sobre mi cabeza, flores?
¡Qué luto de ruiseñores
dejas a mi juventud,
pues, siendo norte y salud
tu figura y tu presencia
rompes con tu cruel ausencia
las cuerdas de mi laúd!

PRIMO.—*(La lleva a un "bis a bis" y se sientan.)*

¡Ay, prima, tesoro mío!,
ruiseñor en la nevada,
deja tu boca cerrada
al imaginario frío;
no es de hielo mi desvío,
que, aunque atraviese la mar,
el agua me ha de prestar
nardos de espuma y sosiego
para contener mi fuego
cuando me vaya a quemar.

ROSITA.

Una noche, adormilada
en mi balcón de jazmines,
vi bajar dos querubines
a una rosa enamorada;
ella se puso encarnada,
siendo blanco su color;
pero, como tierna flor,
sus pétalos encendidos
se fueron cayendo heridos
por el beso del amor.
Así yo, primo, inocente,
en mi jardín de arrayanes
daba al aire mis afanes
y mi blancura a la fuente.
Tierna gacela imprudente
alcé los ojos, te vi
y en mi corazón sentí
agujas estremecidas
que me están abriendo heridas
rojas como el alhelí.

PRIMO.

He de volver, prima mía,
para llevarte a mi lado
en barco de oro cuajado
con las velas de alegría;
luz y sombra, noche y día,
sólo pensaré en quererte.

ROSITA.

Pero el veneno que vierte
amor, sobre el alma sola,
tejerá con tierra y ola
el vestido de mi muerte.

PRIMO.

Cuando mi caballo lento
coma tallos con rocío,
cuando la niebla del río
empañe el muro del viento,
cuando el verano violento
ponga el llano carmesí
y la escarcha deje en mí
alfileres de lucero,
te digo, porque te quiero,
que me moriré por ti.

ROSITA.

Yo ansío verte llegar
una tarde por Granada
con toda la luz salada
por la nostalgia del mar;

amarillo limonar,
jazminero desangrado,
por las piedras enredado
impedirán tu camino,
y nardos en remolino
pondrán loco mi tejado.
¿Volverás?

PRIMO.

        Sí. ¡Volveré!

ROSITA.
¿Qué paloma iluminada
me anunciará tu llegada?

PRIMO.
El palomo de mi fe.

ROSITA.
Mira que yo bordaré
sábanas para los dos.

PRIMO.
Por los diamantes de Dios
y el clavel de su costado,
juro que vendré a tu lado.

ROSITA.
¡Adiós, primo!

PRIMO.

        ¡Prima, adiós!

*(Se abrazan en el "bis a bis". Le-
jos se oye el piano. El* PRIMO *sale.*
ROSITA *queda llorando. Aparece el*
Tío *que cruza la escena hacia el
invernadero. Al ver a su* Tío, ROSI-
TA *coge el libro de las rosas que está al alcance de su mano.)*

Tío.—¿Qué hacías?
ROSITA.—Nada.
Tío.—¿Estabas leyendo?
ROSITA.—Sí. *(Sale el* Tío *leyendo.)*

Cuando se abre en la mañana
roja como sangre está;
el rocío no la toca
poque se teme quemar.
Abierta en el mediodía
es dura como el coral.
El sol se asoma a los vidrios
para verla relumbrar.
Cuando en las ramas empiezan
los pájaros a cantar
y se desmaya la tarde
en las violetas del mar,
se pone blanca, con blanco
de una mejilla de sal.
Y cuando toca la noche
blando cuerno de metal
y las estrellas avanzan
mientras los aires se van,
en la raya de lo oscuro
se comienza a deshojar.

TELÓN

ACTO SEGUNDO

(Salón de la casa de DOÑA ROSITA. *Al fondo, el jardín.)*

EL SEÑOR X.—Pues yo siempre seré de este siglo.

TÍO.—El siglo que acabamos de empezar será un siglo materialista.

EL SEÑOR X.—Pero de mucho más adelanto que el que se fue. Mi amigo, el señor Longoria, de Madrid, acaba de comprar un automóvil con el que se lanza a la fantástica velocidad de treinta kilómetros por hora; y el Sha de Persia, que por cierto es un hombre muy agradable, ha comprado también un Panhard Levassor de 24 caballos.

TÍO.—Y digo yo: ¿adónde van con tanta prisa? Ya ve usted lo que ha pasado en la carrera París-Madrid, que ha habido que suspenderla, porque antes de llegar a Burdeos se mataron todos los corredores.

EL SEÑOR X.—El conde Zboronsky, muerto en el accidente, y Marcel Renault, o Renol, que de ambas maneras suele y puede decirse, muerto también en el accidente, son mártires de la ciencia, que serán puestos en los altares el día en que venga la religión de lo positivo. A Renol lo conocí bastante. ¡Pobre Marcelo!

TÍO.—No me convencerá usted. *(Se sienta.)*

EL SEÑOR X.—*(Con el pie puesto en la silla y jugando con el bastón.)* Superlativamente; aunque un catedrático de Economía Política no puede discutir con un cultivador de rosas. Pero hoy día, créame usted, no privan los quietismos ni las ideas *oscurantistas.* Hoy día se abren camino un Juan Bautista Sai o Sé, que de ambas maneras suele y puede decirse, o un conde León Tolstuá, vulgo Tolstoi, tan galán en la forma como profundo en el concepto. Yo me siento en la Polis viviente; no soy partidario de la Natura Naturata.

TÍO.—Cada uno vive como puede o como sabe en esta vida diaria.

EL SEÑOR X.—Está entendido, la tierra es un planeta mediocre, pero hay que ayudar a la civilización. Si Santos Dumont, en vez de estudiar meteorología comparada, se hubiera dedicado a cuidar rosas, el aeróstato dirigible estaría en el seno de Brahma.

TÍO. — *(Disgustado.)* La botánica también es una ciencia.

EL SEÑOR X.—*(Despectivo.)* Sí, pero aplicada: para estudiar jugos de la Anthemis olorosa, o el ruibarbo, o la enorme pulsátila, o el narcótico de la Datura Stramonium.

TÍO.—*(Ingenuo.)* ¿Le interesan a usted esas plantas?

EL SEÑOR X.—No tengo el suficiente volumen de experiencia sobre ellas. Me interesa la cultura, que es distinto. ¡Voilá! *(Pausa.)* ¿Y... Rosita?

TÍO. — ¿Rosita? *(Pausa. En alta voz.)* ¡Rosita...!

VOZ.—*(Dentro.)* No está.

TÍO.—No está.

EL SEÑOR X.—Lo siento.

Tío.—Yo también. Como es su santo, habrá salido a rezar los cuarenta credos.

El señor X.—Le entrega usted de mi parte este pendantif. Es una torre Eiffel de nácar sobre dos palomas que llevan en sus picos la rueda de la industria.

Tío.—Lo agradecerá mucho.

El señor X.—Estuve por haberla traído un cañoncito de plata por cuyo agujero se veía la Virgen de Lurdes, o Lourdes, o una hebilla para el cinturón hecha con una serpiente y cuatro libélulas, pero preferí lo primero por ser de más gusto.

Tío.—Gracias.

El señor X.—Encantado de su favorable acogida.

Tío.—Gracias.

El señor X.—Póngame a los pies de su señora esposa.

Tío.—Muchas gracias.

El señor X.—Póngame a los pies de su encantadora sobrinita, a la que deseo venturas en su celebrado onomástico.

Tío.—Mil gracias.

El señor X.—Considéreme seguro servidor suyo.

Tío.—Un millón de gracias.

El señor X.—Vuelvo a repetir...

Tío.—Gracias, gracias, gracias.

El señor X.—Hasta siempre. (Se va.)

Tío.—(A voces.) Gracias, gracias, gracias.

Ama.—(Sale riendo.) No sé cómo tiene usted paciencia. Con este señor y con el otro, don Confucio Montes de Oca, bautizado en la logia número cuarenta y tres, va a arder la casa un día.

Tío.—Te he dicho que no me gusta que escuches las conversaciones.

Ama.—Eso se llama ser desagradecido. Estaba detrás de la puerta, sí señor, pero no era para oír, sino para poner una escoba boca arriba y que el señor se fuera.

Tía.—¿Se fue ya?

Tío.—Ya. (Entra.)

Ama.—¿También éste pretende a Rosita?

Tía.—Pero ¿por qué hablas de pretendientes? ¡No conoces a Rosita!

Ama.—Pero conozco a los pretendientes.

Tía.—Mi sobrina está comprometida.

Ama.—No me haga usted hablar, no me haga usted hablar, no me haga usted hablar, no me haga usted hablar.

Tía.—Pues cállate.

Ama.—¿A usted le parece bien que un hombre se vaya y deje quince años plantada a una mujer que es la flor de la manteca? Ella debe casarse. Ya me duelen las manos de guardar mantelerías de encaje de Marsella y juegos de cama adornados de guipure y caminos de mesa y cubrecamas de gasa con flores de realce. Es que ya debe usarlos y romperlos, pero ella no se da cuenta de cómo pasa el tiempo. Tendrá el pelo de plata y todavía estará cosiendo cintas de raso liberti en los volantes de su camisa de novia.

Tía.—¿Pero por qué te metes en lo que no te importa?

Ama.—(Con asombro.) Pero si no me meto, es que estoy metida.

Tía.—Yo estoy segura de que ella es feliz.

Ama.—Se lo figura. Ayer me tuvo todo el día acompañándola en la puerta del circo, porque se empeñó en que uno de los titiriteros se parecía a su primo.

Tía.—¿Y se parecía realmente?

Ama.—Era hermoso como un novicio cuando sale a cantar la primera misa, pero ya quisiera su sobrino tener aquel talle, aquel

cuello de nácar y aquel bigote.
No se parecía nada. En la familia de ustedes no hay hombres
guapos.

Tía.—¡Gracias, mujer!

Ama.—Son todos bajos y un poquito caídos de hombros.

Tía.—¡Vaya!

Ama.—Es la pura verdad, señora.
Lo que pasó es que a Rosita le
gustó el saltimbanqui, como me
gustó a mí y como le gustaría a
usted. Pero ella lo achaca todo
al otro. A veces me gustaría tirarle un zapato a la cabeza. Porque de tanto mirar al cielo se le
van a poner los ojos de vaca.

Tía.—Bueno y punto final. Bien
está que la zafia hable, pero que
no ladre.

Ama.—No me echará usted en cara
que no la quiero.

Tía.—A veces me parece que no.

Ama.—El pan me quitaría de la
boca y la sangre de mis venas,
si ella me los deseara.

Tía.—(Fuerte.) ¡Pico de falsa miel!
¡Palabras!

Ama.—(Fuerte.) ¡Y hechos! Lo tengo demostrado, ¡y hechos! La
quiero más que usted.

Tía.—Eso es mentira.

Ama.—(Fuerte.) ¡Eso es verdad!

Tía.—¡No me levantes la voz!

Ama.—(Alto.) Para eso tengo la
campanilla de la lengua.

Tía.—¡Cállese, mal educada!

Ama.—Cuarenta años llevo al lado
de usted.

Tía.—(Casi llorando.) ¡Queda usted despedida!

Ama.—(Fortísimo.) ¡Gracias a Dios
que la voy a perder de vista!

Tía.—(Llorando.) ¡A la calle inmediatamente!

Ama.—(Rompiendo a llorar.) ¡A
la calle!

(Se dirige llorando a la puerta
y al entrar se le cae un objeto. Las
dos están llorando. Pausa.)

Tía.—(Limpiándose las lágrimas y
dulcemente.) ¿Qué se te ha caído?

Ama.—(Llorando.) Un porta-termómetro, estilo Luis XV.

Tía.—¿Sí?

Ama.—Sí, señora. (Lloran.)

Tía.—¿A ver?

Ama.—Para el santo de Rosita. (Se
acerca.)

Tía.—(Sorbiendo.) Es una preciosidad.

Ama.—(Con voz de llanto.) En medio del terciopelo hay una fuente hecha con caracoles de verdad;
sobre la fuente una glorieta de
alambre con rosas verdes; el agua
de la taza es un grupo de lentejuelas azules y el surtidor es el
propio termómetro. Los charcos
que hay alrededor están pintados
al aceite y encima de ellos bebe
un ruiseñor todo bordado con
hilo de oro. Yo quise que tuviera
cuerda y cantara, pero no pudo
ser.

Tía.—No pudo ser.

Ama.—Pero no hace falta que cante. En el jardín los tenemos vivos.

Tía.—Es verdad. (Pausa.) ¿Para
qué te has metido en esto?

Ama.—(Llorando.) Yo doy todo lo
que tengo por Rosita.

Tía.—¡Es que tú la quieres como
nadie!

Ama.—Pero después que usted.

Tía.—No. Tú le has dado tu sangre.

Ama.—Usted le ha sacrificado su
vida.

Tía.—Pero yo lo he hecho por deber y tú por generosidad.

Ama.—(Más fuerte.) ¡No diga usted eso!

Tía.—Tú has demostrado quererla más que nadie.

Ama.—Yo he hecho lo que haría cualquiera en mi caso. Una criada. Ustedes me pagan y yo sirvo.

Tía.—Siempre te hemos considerado como de la familia.

Ama.—Una humilde criada que da lo que tiene y nada más.

Tía.—¿Pero me vas a decir que nada más?

Ama.—¿Y soy otra cosa?

Tía.—(Irritada.) Eso no lo puedes decir aquí. Me voy por no oírte.

Ama.—(Irritada.) Y yo también.

(Salen rápidas una por cada puerta. Al salir la Tía se tropieza con el Tío.)

Tío.—De tanto vivir juntas, los encajes se os hacen espinas.

Tía.—Es que quiere salirse siempre con la suya.

Tío.—No me expliques, ya me lo sé todo de memoria... sin embargo no puedes estar sin ella. Ayer oí cómo le explicabas con todo detalle nuestra cuenta corriente en el Banco. No te sabes quedar en tu sitio. No me parece conversación lo más a propósito para una criada.

Tía.—Ella no es una criada.

Tío.—(Con dulzura.) Basta, basta, no quiero llevarte la contraria.

Tía.—¿Pero es que conmigo no se puede hablar?

Tío.—Se puede, pero prefiero callarme.

Tía.—Aunque te quedes con tus palabras de reproche.

Tío.—¿Para qué voy a decir nada a estas alturas? Por no discutir soy capaz de hacerme la cama, de limpiar mis trajes con jabón de palo y cambiar las alfombras de mi habitación.

Tía.—No es justo que te des ese aire de hombre superior y mal servido, cuando todo en esta casa está supeditado a tu comodidad y a tus gustos.

Tío.—(Dulce.) Al contrario, hija.

Tía.—(Seria.) Completamente. En vez de hacer encajes, podo las plantas. ¿Qué haces tú por mí?

Tío.—Perdona. Llega un momento en que las personas que viven juntas muchos años hacen motivo de disgusto y de inquietud las cosas más pequeñas, para poner intensidad y afanes en lo que está definitivamente muerto. Con veinte años no teníamos estas conversaciones.

Tía.—No. Con veinte años se rompían los cristales...

Tío.—Y el frío era un juguete en nuestras manos.

(Aparece Rosita. Viene vestida de rosa. Ya la moda ha cambiado de mangas de jamón a 1900. Falda en forma de campanela. Atraviesa la escena, rápida, con unas tijeras en la mano. En el centro, se para.)

Rosita.—¿Ha llegado el cartero?

Tío.—¿Ha llegado?

Tía.—No sé. (A voces.) ¿Ha llegado el cartero? (Pausa.) No, todavía no.

Rosita.—Siempre pasa a estas horas.

Tío.—Hace rato debió llegar.

Tía.—Es que muchas veces se entretiene.

Rosita.—El otro día me lo encontré jugando al uni-uni-doli-doli con tres chicos y todo el montón de cartas en el suelo.

Tía.—Ya vendrá.

Rosita.—Avisadme. (Sale rápido.)

Tío.—¿Pero dónde vas con esas tijeras?

Rosita.—Voy a cortar unas rosas.

Tío. — (Asombrado.) ¿Cómo? Y quién te ha dado permiso?

Tía.—Yo. Es el día de su santo.

Rosita.—Quiero poner en las jardineras y en el florero de la entrada.

Tío.—Cada vez que cortáis una rosa es como si me cortaseis un dedo. Ya sé que es igual. *(Mirando a su mujer.)* No quiero discutir. Sé que duran poco. *(Entra el Ama.)* Así lo dice el vals de las rosas, que es una de las composiciones más bonitas de estos tiempos, pero no puedo reprimir el disgusto que me produce verlas en los búcaros. *(Sale de escena.)*

Rosita.—*(Al Ama.)* ¿Vino el correo?

Ama.—Pues para lo único que sirven las rosas es para adornar las habitaciones.

Rosita.—*(Irritada.)* Te he preguntado si ha venido el correo.

Ama. — *(Irritada.)* ¿Es que me guardo yo las cartas cuando vienen?

Tía.—Anda, corta las flores.

Rosita.—Para todo hay en esta casa una gotita de acíbar.

Ama.—Nos encontramos el rejalgar por los rincones. *(Sale de escena.)*

Tía.—¿Estás contenta?

Rosita.—No sé.

Tía.—¿Y eso?

Rosita.—Cuando no veo la gente estoy contenta, pero como la tengo que ver...

Tía.—¡Claro! No me gusta la vida que llevas. Tu novio no te exige que seas hurona. Siempre me dice en las cartas que salgas.

Rosita.—Pero es que en la calle noto cómo pasa el tiempo y no quiero perder las ilusiones. Ya han hecho otra casa nueva en la placeta. No quiero enterarme de cómo pasa el tiempo.

Tía.—¡Claro! Muchas veces te he aconsejado que escribas a tu primo y te cases aquí con otro. Tú

eres alegre. Yo sé que hay muchachos y hombres maduros enamorados de ti.

Rosita.—¡Pero, tía! Tengo las raíces muy hondas, muy bien hincadas en mi sentimiento. Si no viera a la gente, me creería que hace una semana que se marchó. Yo espero como el primer día. Además, ¿qué es un año, ni dos, ni cinco? *(Suena una campanilla.)* El correo.

Tía.—¿Qué te habrá mandado?

Ama.—*(Entrando en escena.)* Ahí están las solteronas cursilonas.

Tía.—¡María Santísima!

Rosita.—Que pasen.

Ama.—La madre y las tres niñas. Lujo por fuera y para la boca unas malas migas de maíz. ¡Qué azotazo en el... les daba...! *(Sale de escena. Entran las tres cursilonas y su mamá. Las tres solteronas vienen con inmensos sombreros de plumas malas, trajes exageradísimos, guantes hasta el codo con pulseras encima y abanicos pendientes de largas cadenas. La madre viste de negro pardo con un sombrero de viejas cintas moradas.)*

Madre.—Felicidades. *(Se besan.)*

Rosita.—Gracias. *(Besa a las solteronas.)* ¡Amor! ¡Caridad! ¡Clemencia!

Solterona 1ª—Felicidades.

Solterona 2ª—Felicidades.

Solterona 3ª—Felicidades.

Tía.—*(A la Madre.)* ¿Cómo van esos pies?

Madre.—Cada vez peor. Si no fuera por éstas, estaría siempre en casa. *(Se sientan.)*

Tía.—¿No se da usted las friegas con alhucemas?

Solterona 1ª—Todas las noches.

Solterona 2ª—Y el cocimiento de malvas.

Tía.—No hay reúma que resista. *(Pausa.)*

MADRE.—¿Y su esposo?

TÍA.—Está bien, gracias. *(Pausa.)*

MADRE.—Con sus rosas.

TÍA.—Con sus rosas.

SOLTERONA 3ª—¡Qué bonitas son las flores!

SOLTERONA 2ª — Nosotras tenemos en una maceta un rosal de San Francisco.

ROSITA. — Pero las rosas de San Francisco no huelen.

SOLTERONA 1ª—Muy poco.

MADRE.—A mí lo que más me gusta son las celindas.

SOLTERONA 3ª — Las violetas son también preciosas. *(Pausa.)*

MADRE.—Niñas, ¿habéis traído la tarjeta?

SOLTERONA 3ª—Sí. Es una niña vestida de rosa, que al mismo tiempo es barómetro. El fraile con la capucha está ya muy visto. Según la humedad, las faldas de la niña, que son de papel finísimo, se abren o se cierran.

ROSITA.—*(Leyendo.)*

Una mañana en el campo
cantaban los ruiseñores
y en su cántico decían:
"Rosita, de las mejores."

¿Para qué se han molestado ustedes?

TÍA.—Es de mucho gusto.

MADRE.—¡Gusto no me falta, lo que me falta es dinero!

SOLTERONA 1ª—¡Mamá...!

SOLTERONA 2ª—¡Mamá...!

SOLTERONA 3ª—¡Mamá...!

MADRE.—Hijas, aquí tengo confianza. No nos oye nadie. Pero usted lo sabe muy bien: desde que faltó mi pobre marido hago verdaderos milagros para administrar la pensión que nos queda. Todavía me parece oír al padre de estas hijas, cuando, generoso y caballero como era, me decía: "Enriqueta, gasta, gasta, que ya gano setenta duros"; ¡pero aquellos tiempos pasaron! A pesar de todo, nosotras no hemos descendido de clase. ¡Y qué angustias he pasado, señora, para que estas hijas puedan seguir usando sombrero! ¡Cuántas lágrimas, cuántas tristezas, por una cinta o un grupo de bucles! Esas plumas y esos alambres me tienen costado muchas noches en vela.

SOLTERONA 3ª—¡Mamá...!

MADRE.—Es la verdad, hija mía. No nos podemos extralimitar lo más mínimo. Muchas veces les pregunto: ¿qué queréis, hijas de mi alma: huevo en el almuerzo o silla en el paseo? Y ellas me responden las tres a la vez: "sillas".

SOLTERONA 3ª—Mamá, no comentes más esto. Todo Granada lo sabe.

MADRE.—Claro, ¿qué van a contestar? Y allá nos vamos con unas patatas y un racimo de uvas, pero con capa de mongolia o sombrilla pintada o blusa de popelinette, con todos los detalles. Porque no hay más remedio. ¡Pero a mí me cuesta la vida! Y se me llenan los ojos de lágrimas cuando las veo alternar con las que pueden.

SOLTERONA 2ª—¿No vas ahora a la Alameda, Rosita?

ROSITA.—No.

SOLTERONA 3ª—Allí nos reunimos siempre con las de Ponce de León, con las de Herrasti y con las de la Baronesa de Santa Matilde de la Bendición Papal. Lo mejor de Granada.

MADRE.—¡Claro! Estuvieron juntas en el Colegio de la Puerta del Cielo. *(Pausa.)*

TÍA. — *(Levantándose.)* Tomarán ustedes algo. *(Se levantan todas.)*

MADRE.—No hay manos como las de usted para el piñonate y el pastel de gloria.

SOLTERONA 1ª—*(A ROSITA.)* ¿Tienes noticias?

ROSITA.—El último correo me prometía novedades. Veremos a ver éste.

SOLTERONA 3ª—¿Has terminado el juego de encajes valenciennes?

ROSITA.—¡Toma! Ya he hecho otro de nansú con mariposas a la aguada.

SOLTERONA 2ª—El día que te cases vas a llevar el mejor ajuar del mundo.

ROSITA.—¡Ay, yo pienso que todo es poco! Dicen que los hombres se cansan de una si la ven siempre con el mismo vestido.

AMA.—(Entrando.) Ahí están las de Ayola, el fotógrafo.

TÍA.—Las señoritas de Ayola, querrás decir.

AMA.—Ahí están las señoronas por todo lo alto de Ayola, fotógrafo de Su Majestad y medalla de oro en la exposición de Madrid. (Sale.)

TÍA.—Hay que aguantarla; pero a veces me crispa los nervios. (Las solteronas están con ROSITA viendo unos paños.) Están imposibles.

MADRE.—Envalentonadas. Yo tengo una muchacha que nos arregla el piso por las tardes; ganaba lo que han ganado siempre: una peseta al mes y las sobras, que ya está bien en estos tiempos; pues el otro día se nos descolgó diciendo que quería un duro, ¡y yo no puedo!

TÍA.—No sé dónde vamos a parar. (Entran las niñas de AYOLA, que saludan a ROSITA con alegría. Vienen con la moda exageradísima de la época y ricamente vestidas.)

ROSITA.—¿No se conocen ustedes?

AYOLA 1ª—De vista.

ROSITA.—Las señoritas de Ayola, la señora y señoritas de Escarpini.

AYOLA 2ª—Ya las vemos sentadas en sus sillas del paseo. (Disimulan la risa.)

ROSITA.—Tomen asiento. (Se sientan las solteronas.)

TÍA.—(A las de AYOLA.) ¿Queréis un dulcecito?

AYOLA 2ª—No; hemos comido hace poco. Por cierto que yo tomé cuatro huevos con picadillo de tomate, y casi no me podía levantar de la silla.

AYOLA 1ª—¡Qué graciosa! (Ríen. Pausa. Las AYOLA inician una risa incontenible que se comunica a ROSITA, que hace esfuerzos por contenerla. Las CURSILONAS y su MADRE están serias. Pausa.)

TÍA.—¡Qué criaturas!

MADRE.—¡La juventud!

TÍA.—Es la edad dichosa.

ROSITA.—(Andando por la escena como arreglando cosas.) Por favor, callarse. (Se callan.)

TÍA. — (A SOLTERONA 3ª) ¿Y ese piano?

SOLTERONA 3ª—Ahora estudio poco. Tengo muchas labores que hacer.

ROSITA.—Hace mucho tiempo que no te he oído.

MADRE.—Si no fuera por mí, ya se le habrían engarabitado los dedos. Pero siempre estoy con el tole tole.

SOLTERONA 2ª—Desde que murió el pobre papá no tiene ganas. ¡Como a él le gustaba tanto!

SOLTERONA 3ª—Me acuerdo que algunas veces se le caían las lágrimas.

SOLTERONA 1ª—Cuando tocaba la tarantela de Popper.

SOLTERONA 2ª—Y la plegaria de la Virgen.

MADRE. — ¡Tenía mucho corazón! (Las AYOLA, que han estado conteniendo la risa, rompen a reír en grandes carcajadas. ROSITA, vuelta de espaldas a las solteronas, ríe también, pero se domina.)

TÍA.—¡Qué chiquillas!

AYOLA 1ª—Nos reímos porque antes de entrar aquí...

AYOLA 2ª—Tropezó ésta y estuvo a punto de dar la vuelta de campana...

AYOLA 1ª—Y yo... (*Ríen. Las solteronas inician una leve risa fingida con un matiz cansado y triste.*)

MADRE.—¡Ya nos vamos!

TÍA.—De ninguna manera.

ROSITA.—(*A todas.*) ¡Pues celebremos que no te hayas caído! Ama, trae los huesos de Santa Catalina.

SOLTERONA 3ª—¡Qué ricos son!

MADRE.—El año pasado nos regalaron a nosotras medio kilo. (*Entra el* AMA *con los huesos.*)

AMA.—Bocados para gente fina. (*A* ROSITA.*) Ya viene el correo por los alamillos.

ROSITA.—¡Espéralo en la puerta!

AYOLA 1ª — Yo no quiero comer. Prefiero una palomilla de anís.

AYOLA 2ª—Y yo de agraz.

ROSITA.—¡Tú siempre tan borrachilla!

AYOLA 1ª — Cuando yo tenía seis años venía aquí y el novio de Rosita me acostumbró a beberlas. ¿No recuerdas, Rosita?

ROSITA.—(*Seria.*) ¡No!

AYOLA 2ª—A mí, Rosita y su novio me enseñaban las letras A-B-C... ¿Cuánto tiempo hace de esto?

TÍA.—¡Quince años!

AYOLA 1ª—A mí, casi, casi, se me ha olvidado la cara de tu novio.

AYOLA 2ª—¿No tenía una cicatriz en el labio?

ROSITA.—¿Una cicatriz? Tía, ¿tenía una cicatriz?

TÍA.—¿Pero no te acuerdas, hija? Era lo único que le afeaba un poco.

ROSITA.—Pero no era una cicatriz, era una quemadura, un poquito rosada. Las cicatrices son hondas.

AYOLA 1ª—¡Tengo una gana de que Rosita se case!

ROSITA—¡Por Dios!

AYOLA 2ª—Nada de tonterías. ¡Yo también!

ROSITA.—¿Por qué?

AYOLA 1ª—Para ir a una boda. En cuanto yo pueda me caso.

TÍA.—¡Niña!

AYOLA 1ª—Con quien sea, pero no me quiero quedar soltera.

AYOLA 2ª—Yo pienso igual.

TÍA.—(*A la* MADRE.*) ¿Qué le parece a usted?

AYOLA 1ª—¡Ay! ¡Y si soy amiga de Rosita es porque sé que tiene novio! Las mujeres sin novio están pochas, recocidas y todas ellas... (*Al ver a las solteronas.*) Bueno, todas no, algunas de ellas... En fin, ¡todas están rabiadas!

TÍA—¡Ea! Ya está bien.

MADRE.—Déjela.

SOLTERONA 1ª—Hay muchas que no se casan porque no quieren.

AYOLA 2ª—Eso no lo creo yo.

SOLTERONA 1ª—(*Con intención.*) Lo sé muy cierto.

AYOLA 2ª—La que no se quiere casar, deja de echarse polvos y ponerse postizos debajo de la pechera, y no se está día y noche en las barandillas del balcón atisbando la gente.

SOLTERONA 2ª—¡Le puede gustar tomar el aire!

ROSITA.—Pero ¡qué discusión más tonta! (*Ríen forzadamente.*)

TÍA.—Bueno. ¿Por qué no tocamos un poquito?

MADRE.—¡Anda, niña!

SOLTERONA 3ª — (*Levantándose.*) Pero ¿qué toco?

AYOLA 2ª—Toca "¡Viva Frascuelo!"

SOLTERONA 2ª—La barcarola de "La Fragata Numancia".

ROSITA.—¿Y por qué no "Lo que dicen las flores"?

MADRE.—¡Ah, sí, "Lo que dicen las flores"! (*A la* TÍA.*) ¿No la ha oído usted? Habla y toca al mismo tiempo. ¡Es una preciosidad!

SOLTERONA 3ª—También puedo decir: "Volverán las oscuras golondrinas, de tu balcón los nidos a colgar."

AYOLA 1ª—Eso es muy triste.

SOLTERONA 1ª—Lo triste es bonito también.

TÍA.—¡Vamos! ¡Vamos!

SOLTERONA 3ª—(En el piano.)

Madre, llévame a los campos
con la luz de la mañana
a ver abrirse las flores
cuando se mecen las ramas.
Mil flores dicen mil cosas
para mil enamoradas,
y la fuente está contando
lo que el ruiseñor se calla.

ROSITA.
Abierta estaba la rosa
con la luz de la mañana;
tan roja de sangre tierna,
que el rocío se alejaba;
tan caliente sobre el tallo,
que la brisa se quemaba;
¡tan alta!, ¡cómo reluce!
¡Abierta estaba!

SOLTERONA 3ª
"Sólo en ti pongo mis ojos"
—el heliotropo expresaba—.
"Yo te querré mientras viva",
dice la flor de la albahaca.
"Soy tímida", la violeta.
"Soy fría", la rosa blanca.
Dice el jazmín: "Seré fiel",
y el clavel: "¡Apasionada!"

SOLTERONA 2ª
El jacinto es la amargura;
el dolor, la pasionaria.

SOLTERONA 1ª
El jaramago, el desprecio;
y los lirios, la esperanza.

TÍA.
Dice el nardo: "Soy tu amigo",
"Creo en ti", la pasionaria.
La madreselva te mece,
la siempreviva te mata.

MADRE.
Siempreviva de la muerte,
flor de las manos cruzadas;
¡qué bien estás cuando el aire
llora sobre tu guirnalda!

ROSITA.
Abierta estaba la rosa,
pero la tarde llegaba,
y un rumor de nieve triste
le fue pesando las ramas;
cuando la sombra volvía,
cuando el ruiseñor cantaba,
como una muerta de pena
se puso transida y blanca;
y cuando la noche, grande
cuerno de metal sonaba
y los vientos enlazados
dormían en la montaña,
se deshojó suspirando
por los cristales del alba.

SOLTERONA 3ª
Sobre tu largo cabello
gimen las flores cortadas.
Unas llevan puñalitos,
otras fuego y otras agua.

SOLTERONA 1ª
Las flores tienen su lengua
para las enamoradas.

ROSITA.
Son celos el carambuco;
desdén esquivo la dalia;
suspiros de amor el nardo,
risa la gala de Francia.
Las amarillas son odio;
el furor, las encarnadas;
las blancas son casamiento
y las azules, mortaja.

SOLTERONA 3ª
Madre, llévame a los campos
con la luz de la mañana
a ver abrirse las flores
cuando se mecen las ramas.

(El piano hace la última escala
y se para.)

TÍA.—¡Ay, qué preciosidad!

MADRE.—Saben también el lenguaje del abanico, el lenguaje de los guantes, el lenguaje de los sellos y el lenguaje de las horas. A mí se me pone la carne de gallina cuando dicen aquello:

Las doce dan sobre el mundo
con horrísono rigor;
de la hora de tu muerte
acuérdate, pecador.

AYOLA 1ª—(Con la boca llena de dulce.) ¡Qué cosa más fea!

MADRE.—Y cuando dicen:

A la una nacemos,
la, ra, la, la,
y este nacer,
la, la, ran,
es como abrir los ojos,
lan,
en un vergel,
vergel, vergel.

AYOLA 2ª—(A su hermana.) Me parece que la vieja ha empinado el codo. (A la MADRE.) ¿Quiere otra copita?

MADRE.—Con sumo gusto y fina voluntad, como se decía en mi época.

(ROSITA ha estado espiando la llegada del correo.)

AMA.—¡El correo! (Algazara general.)

TÍA.—Y ha llegado justo.

SOLTERONA 3ª—Ha tenido que contar los días para que llegue hoy.

MADRE.—¡Es una fineza!

AYOLA 2ª—¡Abre la carta!

AYOLA 1ª—Más discreto es que la leas tú sola, porque a lo mejor te dice algo verde.

MADRE.—¡Jesús!

(Sale ROSITA con la carta.)

AYOLA 1ª—Una carta de un novio no es un devocionario.

SOLTERONA 3ª—Es un devocionario de amor.

AYOLA 2ª—¡Ay, qué finoda! (Ríen las AYOLA.)

AYOLA 1ª—Se conoce que no ha recibido ninguna.

MADRE. — (Fuerte.) ¡Afortunadamente para ella!

AYOLA 1ª—Con su pan se lo coma.

TÍA.—(Al AMA que se va a entrar con ROSITA.) ¿Dónde vas tú?

AMA.—¿Es que no puedo dar un paso?

TÍA.—¡Déjala a ella!

ROSITA.—(Saliendo.) ¡Tía! ¡Tía!

TÍA.—Hija, ¿qué pasa?

ROSITA.—(Con agitación.) ¡Ay, tía!

AYOLA 1ª—¿Qué?

SOLTERONA 3ª—¡Dínos!

AYOLA 2ª—¿Qué?

AMA.—¡Habla!

TÍA.—¡Rompe!

MADRE.—¡Un vaso de agua!

AYOLA 2ª—¡Venga!

AYOLA 1ª—Pronto. (Algazara.)

ROSITA.—(Con voz ahogada.) Que se casa... (Espanto en todos.) Que se casa conmigo, porque ya no puede más, pero que...

AYOLA 2ª — (Abrazándola.) ¡Olé! ¡Qué alegría!

AYOLA 1ª—¡Un abrazo!

TÍA.—Dejadla hablar.

ROSITA.—(Más calmada.) Pero como le es imposible venir por ahora, la boda será por poderes y luego vendrá él.

SOLTERONA 1ª—¡Enhorabuena!

MADRE.—(Casi llorando.) ¡Dios te haga lo feliz que mereces! (La abraza.)

AMA.—Bueno, y "poderes", ¿qué es?

ROSITA.—Nada. Una persona representa al novio en la ceremonia.

AMA.—¿Y qué más?

ROSITA.—¡Qué está una casada!

AMA.—Y por la noche, ¿qué?

ROSITA.—¡Por Dios!

ÁYOLA 1ª—Muy bien dicho. Y por la noche, ¿qué?

TÍA.—¡Niñas!

AMA.—¡Que venga en persona y se case! ¡"Poderes"! No lo he oído decir nunca. La cama y sus pinturas, temblando de frío, y la camisa de novia en lo más oscuro del baúl. Señora, no deje usted que los "Poderes" entren en esta casa. (*Ríen todos.*) ¡Señora, que yo no quiero "Poderes"!

ROSITA. — Pero él vendrá pronto. ¡Esto es una prueba más de lo que me quiere!

AMA.—¡Eso! ¡Que venga! Y que te coja del brazo y que menee el azúcar de tu café y lo pruebe antes a ver si quema. (*Risas. Aparece el* Tío *con una rosa.*)

ROSITA.—¡Tío!

Tío.—Lo he oído todo, y casi sin darme cuenta he cortado la única rosa mudable que tenía en mi invernadero. Todavía estaba roja,

   abierta en el mediodía
   es roja como el coral.

ROSITA.
   El sol se asoma a los vidrios
   para verla relumbrar.

TÍA.—Si hubiera tardado dos horas más en cortarla, te la hubiese dado blanca.

ROSITA.
   Blanca como la paloma,
   como la risa del mar;
   blanca con el blanco frío
   de una mejilla de sal.

Tío.—Pero todavía, todavía tiene la brasa de su juventud.

TÍA. — Bebe conmigo una copita, hombre. Hoy es día de que lo hagas.

(*Algazara. La* SOLTERONA 3ª *se sienta al piano y toca una polka.* ROSITA *está mirando la rosa. Las* SOLTERONAS 2ª *y* 1ª *bailan con las* AYOLA *y cantan.*)

   Porque mujer te vi,
   a la orilla del mar,
   tu dulce languidez
   me hacía suspirar,
   y aquel dulzor sutil
   de mi ilusión fatal
   a la luz de la luna
   lo viste naufragar.

(*La* TÍA *y el* TÍO *bailan.* ROSITA *se dirige a la pareja* SOLTERA 2ª *y* AYOLA. *Baila con la* SOLTERA. *La* AYOLA *bate palmas al ver a los viejos y el* AMA *al entrar hace el mismo juego.*)

TELÓN

ACTO TERCERO

(Sala baja de ventanas con persianas verdes que dan al Jardín del Carmen. Hay un silencio en la escena. Un reloj da las seis de la tarde. Cruza la escena el AMA *con un cajón y una maleta. Han pasado diez años. Aparece la* TÍA *y se sienta en una silla baja, en el centro de la escena. Silencio. El reloj vuelve a dar las seis. Pausa.)*

AMA.—*(Entrando.)* La repetición de las seis.

TÍA.—¿Y la niña?

AMA.—Arriba, en la torre. Y usted, ¿dónde estaba?

TÍA.—Quitando las últimas macetas del invernadero.

AMA.—No la he visto en toda la mañana.

TÍA.—Desde que murió mi marido está la casa tan vacía que parece el doble de grande, y hasta tenemos que buscarnos. Algunas noches, cuando toso en mi cuarto, oigo un eco como si estuviera en una iglesia.

AMA.—Es verdad que la casa resulta demasiado grande.

TÍA.—Y luego... si él viviera, con aquella claridad que tenía, con aquel talento... *(Casi llorando.)*

AMA. — *(Cantando.)* Lan-lan-van-lan-lan... Nó, señora, llorar no lo consiento... Hace ya seis años que murió y no quiero que esté usted como el primer día. ¡Bastante lo hemos llorado! ¡A pisar firme, señora! ¡Salga el sol por las esquinas! ¡Que nos espere muchos años todavía cortando rosas!

TÍA. — *(Levantándose.)* Estoy muy viejecita, ama. Tenemos encima una ruina muy grande.

AMA.—No nos faltará. ¡También yo estoy vieja!

TÍA.—¡Ojalá tuviera yo tus años!

AMA. — Nos llevamos poco, pero como yo he trabajado mucho, estoy engrasada, y a usted, a fuerza de poltrona, se le han engarabitado las piernas.

TÍA.—¿Es que te parece que yo no he trabajado?

AMA.—Con las puntillas de los dedos, con hilos, con tallos, con confituras; en cambio yo he trabajado con las espaldas, con las rodillas, con las uñas..

TÍA.—Entonces, ¿gobernar una casa no es trabajar?

AMA.—Es mucho más difícil fregar sus suelos.

TÍA.—No quiero discutir.

AMA.—¿Y por qué no? Así pasamos el rato. Ande. Replíqueme. Pero nos hemos quedado mudas. Antes se daban voces. Que si esto, que si lo otro, que si las natillas, que si no planches más...

TÍA.—Yo ya estoy entregada... y un día, sopas, otro día migas, mi vasito de agua y mi rosario en el bolsillo, esperaría la muerte con dignidad... ¡Pero cuando pienso en Rosita!

AMA.—¡Ésa es la llaga!

TÍA.—*(Enardecida.)* Cuando pienso en la mala acción que le han hecho y en el terrible engaño mantenido y en la falsedad del corazón de ese hombre, que no es de mi familia ni merece ser de mi familia, quisiera tener veinte años para tomar un vapor y llegar a Tucumán y coger un látigo...

AMA. — (Interrumpiéndola.) ...y coger una espada y cortarle la cabeza y machacársela con dos piedras y cortarle la mano del falso juramento y las mentirosas escrituras de cariño.

TÍA.—Sí, sí; que pagara con sangre lo que sangre ha costado, aunque toda sea sangre mía, y después...

AMA.—. ..aventar las cenizas sobre el mar.

TÍA.—Resucitarlo y traerlo con Rosita para respirar satisfecha con la honra de los míos.

AMA.—Ahora me dará usted la razón.

TÍA.—Te la doy.

AMA.—Allí encontró la rica que iba buscando y se casó, pero debió decirlo a tiempo. Porque, ¿quién quiere ya a esta mujer? ¡Ya está pasada! Señora: ¿y no le podríamos mandar una carta envenenada, que se muriera de repente al recibirla?

TÍA.—¡Qué cosas! Ocho años lleva de matrimonio, y hasta el mes pasado no me escribió el canalla la verdad. Yo notaba algo en las cartas; los poderes que no venían, un aire dudoso..., no se atrevía, pero al fin lo hizo. ¡Claro que después que su padre murió! Y esta criatura...

AMA.—¡Chist...!

TÍA.—Y recoge las dos orzas.

(Aparece ROSITA. Viene vestida de un rosa claro con moda del 1910. Entra peinada de bucles. Está muy avejentada.)

AMA.—¡Niña!

ROSITA.—¿Qué hacéis?

AMA.—Criticando un poquito. Y tú, ¿dónde vas?

ROSITA.—Voy al invernadero. ¿Se llevaron ya las macetas?

TÍA. — Quedan unas pocas. (Sale ROSITA. Se limpian las lágrimas las dos mujeres.)

AMA.—¿Y ya está? ¿Usted sentada y yo sentada? ¿Y a morir tocan? ¿Y no hay ley? ¿Y no hay gárbilos para hacerlo polvo?...

TÍA.—Calla, ¡no sigas!

AMA. — Yo no tengo genio para aguantar estas cosas sin que el corazón me corra por todo el pecho como si fuera un perro perseguido. Cuando yo enterré a mi marido lo sentí mucho, pero tenía en el fondo una gran alegría..., alegría, no..., golpetazos de ver que la enterrada no era yo. Cuando enterré a mi niña... ¿me entiende usted?, cuando enterré a mi niña fue como si me pisotearan las entrañas, pero los muertos son muertos. Están muertos, vamos a llorar, se cierra la puerta, ¡y a vivir! Pero esto de mi Rosita es lo peor. Es querer y no encontrar el cuerpo; es llorar y no saber por quién se llora, es suspirar por alguien que uno sabe que no se merece los suspiros. Es una herida abierta que mana sin parar un hilito de sangre, y no hay nadie, nadie en el mundo, que traiga los algodones, las vendas o el precioso terrón de nieve.

TÍA.—¿Qué quieres que yo haga?

AMA.—Que nos lleve el río.

TÍA.—A la vejez todo se nos vuelve de espaldas.

AMA. — Mientras yo tenga brazos nada le faltará.

TÍA.—(Pausa. Muy bajo, como con vergüenza.) Ama, ¡ya no puedo pagar tus mensualidades! Tendrás que abandonarnos.

AMA.—¡Huuy! ¡Qué airazo entra por la ventana! ¡Huuy...! ¿O será que me estoy volviendo sorda? Pues... ¿y las ganas que me entran de cantar? ¡Como los niños que salen del colegio! *(Se oyen voces infantiles.)* ¿Lo oye usted, señora? Mi señora, más señora que nunca. *(La abraza.)*

Tía.—Oye.

Ama.—Voy a guisar. Una cazuela de jureles perfumada con hinojos.

Tía.—¡Escucha!

Ama.—¡Y un monte nevado! Le voy a hacer un monte nevado con grageas de colores...

Tía.—¡Pero mujer!...

Ama.—*(A voces.)* ¡Digo!... ¡Si está aquí don Martín! Don Martín, ¡adelante! ¡Vamos! Entretenga un poco a la señora.

(Sale rápida. Entra Don Martín. *Es un viejo con el pelo rojo. Lleva una muleta con la que sostiene una pierna encogida. Tipo noble, de gran dignidad, con un aire de tristeza definitiva.)*

Tía.—¡Dichosos los ojos!

Martín.—¿Cuándo es la arrancada definitiva?

Tía.—Hoy.

Martín.—¡Qué se le va a hacer!

Tía.—La nueva casa no es esto. Pero tiene buenas vistas y un patinillo con dos higueras donde se pueden tener flores.

Martín.—Más vale así. *(Se sienta.)*

Tía.—¿Y usted?

Martín.—Mi vida de siempre. Vengo de explicar mi clase de Preceptiva. Un verdadero infierno. Era una lección preciosa: "Concepto y definición de la Harmonía", pero a los niños no les interesa nada. ¡Y qué niños! A mí, como me ven inútil, me respetan un poquito; alguna vez un alfiler que otro en el asiento, o un muñequito en la espalda, pero a mis compañeros les hacen cosas horribles. Son los niños de los ricos y, como pagan, no se les

puede castigar. Así nos dice siempre el Director. Ayer se empeñaron en que el pobre señor Canito, profesor nuevo de geografía, llevaba corsé, porque tiene un cuerpo algo retrepado, y cuando estaba solo en el patio, se reunieron los grandullones y los internos, lo desnudaron de cintura para arriba, lo ataron a una de las columnas del corredor y le arrojaron desde el balcón un jarro de agua.

Tía.—¡Pobre criatura!

Martín.—Todos los días entro temblando en el colegio esperando lo que van a hacerme, aunque, como digo, respetan algo mi desgracia. Hace un rato tenían un escándalo enorme porque el señor Consuegra, que explica latín admirablemente, había encontrado un excremento de gato sobre su lista de clase.

Tía.—¡Son el enemigo!

Martín.—Son los que pagan y vivimos con ellos. Y créame usted que los padres se ríen luego de las infamias, porque como somos los pasantes y no les vamos a examinar los hijos, nos consideran como hombres sin sentimiento, como a personas situadas en el último escalón de gente que lleva todavía corbata y cuello planchado.

Tía.—¡Ay, don Martín! ¡Qué mundo éste!

Martín.—¡Qué mundo! Yo soñaba siempre ser poeta. Me dieron una flor natural y escribí un drama que nunca se pudo representar.

Tía.—¿"La hija del Jefté"?

Martín.—¡Eso es!

Tía.—Rosita y yo lo hemos leído. Usted nos lo prestó. ¡Lo hemos leído cuatro o cinco veces!

Martín.—*(Con ansia.)* ¿Y qué...?

Tía.—Me gustó mucho. Se lo he dicho siempre. Sobre todo cuando ella va a morir y se acuerda de su madre y la llama.

MARTÍN.—Es fuerte, ¿verdad? Un drama verdadero. Un drama de contorno y de concepto. Nunca se pudo representar. *(Rompiendo a recitar.)*

¡Oh madre excelsa! Torna tu mirada a la que en vil sopor rendida yace; ¡recibe tú las fúlgidas preseas y el hórrido estertor de mi combate!

¿Y es que esto está mal? ¿Y es que no suena bien de acento y de cesura este verso: "y el hórrido estertor de mi combate?"

TÍA.—¡Precioso! ¡Precioso!

MARTÍN.—Y cuando Glusinio se va a encontrar con Isaías y levanta el tapiz de la tienda...

AMA. — *(Interrumpiéndole.)* Por aquí. *(Entran dos obreros vestidos con trajes de pana.)*

OBRERO 1º—Buenas tardes.

MARTÍN y TÍA.—*(Juntos.)* Buenas tardes.

AMA.—¡Ése es! *(Señala un diván grande que hay al fondo de la habitación. Los hombres lo sacan lentamente como si sacaran un ataúd. El AMA los sigue. Silencio. Se oyen dos campanadas mientras salen los hombres con el diván.)*

MARTÍN.—¿Es la novena de Santa Gertrudis la Magna?

TÍA.—Sí, en San Antón.

MARTÍN.—¡Es muy difícil ser poeta! *(Salen los hombres.)* Después quise ser farmacéutico. Es una vida tranquila.

TÍA.—Mi hermano, que en gloria esté, era farmacéutico.

MARTÍN.—Pero no pude. Tenía que ayudar a mi madre y me hice profesor. Por eso envidiaba yo tanto a su marido. Él fue lo que quiso.

TÍA.—¡Y le costó la ruina!

MARTÍN.—Sí, pero es peor esto mío.

TÍA.—Pero usted sigue escribiendo.

MARTÍN.—No sé por qué escribo, porque no tengo ilusión, pero sin embargo es lo único que me gusta. ¿Leyó usted mi cuento de ayer en el segundo número de "Mentalidad Granadina"?

TÍA. — ¿"El cumpleaños de Matilde"? Sí, lo leímos: una preciosidad.

MARTÍN.—¿Verdad que sí? Ahí he querido renovarme haciendo una cosa del ambiente actual; ¡hasta hablo de un aeroplano! Verdad es que hay que modernizarse. Claro que lo que más me gusta a mí son mis sonetos.

TÍA.—¡A las nueve musas del Parnaso!

MARTÍN.—A las diez, a las diez. ¿No se acuerda usted que nombré décima musa a Rosita?

AMA.—*(Entrando.)* Señora, ayúdeme usted a doblar esta sábana. *(Se ponen a doblarla entre las dos.)* ¡Don Martín con su pelito rojo! ¿Por qué no se casó, hombre de Dios? ¡No estaría tan solo en esta vida!

MARTÍN.—¡No me han querido!

AMA.—Es que ya no hay gusto. ¡Con la manera de hablar tan preciosa que tiene usted!

TÍA.—¡A ver si lo vas a enamorar!

MARTÍN.—¡Que pruebe!

AMA.—Cuando él explica en la sala baja del colegio, yo voy a la carbonería para oírlo: ¿"Qué es idea"? "La representación intelectual de una cosa o un objeto." ¿No es así?

MARTÍN.—¡Mírenla! ¡Mírenla!

AMA.—Ayer decía a voces: "No; ahí hay hipérbaton" y luego... "el epinicio"... A mí me gustaría entender, pero como no entiendo me dan ganas de reír, y el carbonero, que siempre está leyendo un libro que se llama "Las ruinas de Palmira", me echa unas miradas como si fueran dos gatos rabiosos, pero aunque me ría, como ignorante, comprendo que don Martín tiene mucho mérito.

MARTÍN.—No se le da hoy mérito a la Retórica y Poética, ni a la cultura universitaria. *(Sale el AMA rápida con la sábana doblada.)*

TÍA.—¡Qué le vamos a hacer! Ya nos queda poco tiempo en este teatro.

MARTÍN.—Y hay que emplearlo en la bondad y en el sacrificio. *(Se oyen voces.)*

TÍA.—¿Qué pasa?

AMA.—*(Apareciendo.)* Don Martín, que vaya usted al Colegio, que los niños han roto con un clavo las cañerías y están todas las clases inundadas.

MARTÍN.—Vamos allá. Soñé con el Parnaso y tengo que hacer de albañil y fontanero. Con tal de que no me empujen o resbale... *(El AMA ayuda a levantarse a DON MARTÍN. Se oyen voces.)*

AMA.—¡Ya va!... ¡Un poco de calma! ¡A ver si el agua sube hasta que no quede un niño vivo!

MARTÍN.—*(Saliendo.)* ¡Bendito sea Dios!

TÍA.—¡Pobre, qué sino el suyo!

AMA.—Mírese en ese espejo. El mismo se plancha los cuellos y cose sus calcetines, y cuando estuvo enfermo, que le llevé las natillas, tenía una cama con unas sábanas que tiznaban como el carbón y unas paredes y un lavabillo... ¡ay!

TÍA.—¡Y otros, tanto!

AMA.—Por eso siempre diré: ¡Malditos, malditos sean los ricos! ¡No quede de ellos ni las uñas de las manos!

TÍA.—¡Déjalos!

AMA.—Pero estoy segura que van al infierno de cabeza. ¿Dónde cree usted que estará don Rafael Salé, explotador de los pobres,

que enterraron anteayer (Dios lo haya perdonado) con tanto cura y tanta monja y tanto gori-gori? ¡En el infierno! Y él dirá: "¡Que tengo veinte millones de pesetas, no me apretéis con las tenazas! ¡Os doy cuarenta mil duros si me arrancáis estas brasas de los pies!"; pero los demonios, tizonazo por aquí, tizonazo por allá, puntapié que te quiero, bofetadas en la cara, hasta que la sangre se le convierta en carbonilla.

TÍA.—Todos los cristianos sabemos que ningún rico entra en el reino de los cielos, pero a ver si por hablar de ese modo vas a parar también al infierno de cabeza.

AMA.—¿Al infierno yo? Del primer empujón que le doy a la caldera de Pedro Botero, hago llegar el agua caliente a los confines de la tierra. No, señora, no. Yo entro en el cielo a la fuerza. *(Dulce.)* Con usted. Cada una en una butaca de seda celeste que se meza ella sola, y unos abanicos de raso grana. En medio de las dos, en un columpio de jazmines y matas de romero, Rosita meciéndose y detrás su marido cubierto de rosas como salió en su caja de esa habitación; con la misma sonrisa, con la misma frente blanca como si fuera de cristal, y usted se mece así, y yo así, y Rosita así, y detrás el señor tirándonos rosas como si las tres fuéramos un paso de nácar lleno de cirios y caireles.

TÍA.—Y los pañuelos para las lágrimas que se queden aquí abajo.

AMA.—Eso, que se fastidien. Nosotras, ¡juerga celestial!

TÍA.—¡Porque ya no nos queda una sola dentro del corazón!

OBRERO 1º—Ustedes dirán.

AMA.—Vengan. *(Entran. Desde la puerta.)* ¡Ánimo!

TÍA.—¡Dios te bendiga! *(La TÍA se sienta lentamente. Aparece ROSI-*

TA *con un paquete de cartas en la mano. Silencio.)*

Tía.—¿Se han llevado ya la cómoda?

Rosita.—En este momento. Su prima Esperanza mandó un niño por un destornillador.

Tía.—Estarán armando las camas para esta noche. Debimos irnos temprano y haber hecho las cosas a nuestro gusto. Mi prima habrá puesto los muebles de cualquier manera.

Rosita.—Pero yo prefiero salir de aquí con la calle a oscuras. Si me fuera posible apagaría el farol. De todos modos los vecinos estarán acechando. Con la mudanza ha estado todo el día la puerta llena de chiquillos como si en la casa hubiera un muerto.

Tía.—Si yo lo hubiera sabido no hubiese consentido de ninguna manera que tu tío hubiera hipotecado la casa con muebles y todo. Lo que sacamos es lo sucinto, la silla para sentarnos y la cama para dormir.

Rosita.—Para morir.

Tía.—¡Fue buena jugada la que nos hizo! ¡Mañana vienen los nuevos dueños! Me gustaría que tu tío nos viera. ¡Viejo tonto! Pusilánime para los negocios. ¡Chalado de las rosas! ¡Hombre sin idea del dinero! Me arruinaba cada día. "Ahí está fulano"· y él, "que entre" y entraba con los bolsillos vacíos y salía con ellos rebosando plata y siempre: "Que no se entere mi mujer." ¡El manirroto! ¡El débil! Y no había calamidad que no remediase... ni niños que no amparase porque... porque... tenía el corazón más grande que hombre tuvo... el alma cristiana más pura...; no, no, ¡cállate, vieja! ¡Cállate, habladora, y respeta la voluntad de Dios! ¡Arruinadas! Muy bien y ¡silencio!, pero te veo a ti...

Rosita.—No se preocupe de mí, tía. Yo sé que la hipoteca la hizo para pagar mis muebles y mi ajuar y esto es lo que me duele.

Tía.—Hizo bien. Tú lo merecías todo. Y todo lo que se compró es digno de ti y será hermoso el día que lo uses.

Rosita.—¿El día que lo use?

Tía.—¡Claro! El día de tu boda.

Rosita.—No me haga usted hablar.

Tía.—Ése es el defecto de las mujeres decentes de estas tierras. ¡No hablar! No hablamos y tenemos que hablar. *(A voces.)* ¡Ama! ¿Ha llegado el correo?

Rosita.—¿Qué se propone usted?

Tía.—Que me veas vivir, para que aprendas.

Rosita.—*(Abrazándola.)* Calle.

Tía.—Alguna vez tengo que hablar alto. Sal de tus cuatro paredes, hija mía. No te hagas a la desgracia.

Rosita. — *(Arrodillada delante de ella.)* Me he acostumbrado a vivir muchos años fuera de mí, pensando en cosas que estaban muy lejos, y ahora que estas cosas ya no existen sigo dando vueltas y más vueltas por un sitio frío, buscando una salida que no he de encontrar nunca. Yo lo sabía todo. Sabía que se había casado; ya se encargó un alma caritativa de decírmelo, y he estado recibiendo sus cartas con una ilusión llena de sollozos que aun a mí misma me asombraba. Si la gente no hubiera hablado; si vosotras no lo hubierais sabido; si no lo hubiera sabido nadie más que yo, sus cartas y su mentira hubieran alimentado mi ilusión como el primer año de su ausencia. Pero lo sabían todos y yo me encontraba señalada por un dedo que hacía ridícula mi modestia de prometida y daba un aire grotesco a mi abanico de soltera. Cada año que pasaba era como una prenda íntima que arrancaran de mi cuerpo. Y hoy se casa una amiga y otra y otra, y mañana tienen un hijo y crece, y viene a enseñarme sus notas de examen, y hacen casas nuevas y canciones nuevas, y yo igual, con el mismo temblor, igual; yo, lo mismo que antes, cortando el mismo clavel, viendo las mismas nubes y un día bajo al paseo y me doy cuenta de que no conozco a nadie; muchachos y muchachas me dejan atrás porque me canso, y uno dice: "ahí está la solterona", y otro hermoso, con la cabeza rizada, que comenta: "a ésa ya no hay quien le clave el diente". Y yo lo oigo y no puedo gritar, sino vamos adelante, con la boca llena de veneno y, con unas ganas enormes de huir, de quitarme los zapatos, de descansar y no moverme más, nunca, de mi rincón.

Tía.—¡Hija! ¡Rosita!

Rosita.—Ya soy vieja. Ayer le oí decir al Ama que todavía podía yo casarme. De ningún modo. No lo pienses. Ya perdí la esperanza de hacerlo con quien quise con toda mi sangre, con quien quise y... con quien quiero. Todo está acabado... y sin embargo, con toda la ilusión perdida, me acuesto, y me levanto con el más terrible de los sentimientos, que es el sentimiento de tener la esperanza muerta. Quiero huir, quiero no ver, quiero quedarme serena, vacía (¿es que no tiene derecho una pobre mujer a respirar con libertad?). Y sin embargo la esperanza me persigue, me ronda, me muerde; como un lobo moribundo que apretase sus dientes por última vez.

Tía.—¿Por qué no me hiciste caso? ¿Por qué no te casaste con otro?

Rosita.—Estaba atada, y además, ¿qué hombre vino a esta casa sincero y desbordante para procurarse mi cariño? Ninguno.

Tía.—Tú no les hacías ningún caso. Tú estabas encelada por un palomo ladrón.

Rosita.—Yo he sido siempre seria.

Tía.—Te has aferrado a tu idea sin ver la realidad y sin tener caridad de tu porvenir.

Rosita.—Soy como soy. Y no me puedo cambiar. Ahora lo único que me queda es mi dignidad. Lo que tengo por dentro lo guardo para mí sola.

Tía.—Eso es lo que yo no quiero.

Ama.—(Saliendo de pronto.) ¡Ni yo tampoco! Tú hablas, te desahogas, nos hartamos de llorar las tres y nos repartimos el sentimiento.

Rosita.—¿Y qué os voy a decir? Hay cosas que no se pueden decir porque no hay palabras para decirlas; y si las hubiera, nadie entendería su significado. Me entendéis si pido pan y agua y hasta un beso, pero nunca me podríais ni entender ni quitar po-mano oscura que no sé si me hiela o me abrasa el corazón cada vez que me quedo sola.

Ama.—Ya está diciendo algo.

Tía.—Para todo hay consuelo.

Rosita.—Sería el cuento de nunca acabar. Yo sé que los ojos los tendré siempre jóvenes, y sé que la espalda se me irá curvando cada día. Después de todo, lo que me ha pasado les ha pasado a mil mujeres. (Pausa.) Pero, ¿por qué estoy yo hablando todo esto? (Al Ama.) Tú, vete a arreglar cosas, que dentro de unos momentos salimos de este carmen, y usted, tía, no se preocupe de mí. (Pausa. Al Ama.) ¡Vamos! No me agrada que me miréis así. Me molestan esas miradas de perros fieles. (Se va el Ama.) Esas miradas de lástima que me perturban y me indignan.

TÍA.—Hija, ¿qué quieres que yo haga?

ROSITA.—Dejadme como cosa perdida. *(Pausa. Se pasea.)* Ya sé que se está usted acordando de su hermana la solterona..., solterona como yo. Era agria y odiaba a los niños y a toda la que se ponía un traje nuevo... pero yo no seré así. *(Pausa.)* Le pido perdón.

TÍA.—¡Qué tontería! *(Aparece por el fondo de la habitación un muchacho de dieciocho años.)*

ROSITA—Adelante.

MUCHACHO.—Pero ¿se mudan ustedes?

ROSITA.—Dentro de unos minutos. Al oscurecer.

TÍA.—¿Quién es?

ROSITA.—Es el hijo de María.

TÍA.—¿Qué María?

ROSITA.—La mayor de las tres Manolas.

TÍA.—¡Ah!

Las que suben a la Alhambra las tres y las cuatro solas.

Perdona, hijo, mi mala memoria.

MUCHACHO. — Me ha visto usted muy pocas veces.

TÍA.—Claro, pero yo quería mucho a tu madre. ¡Qué graciosa era! Murió por la misma época que mi marido.

ROSITA.—Antes.

MUCHACHO.—Hace ocho años.

ROSITA.—Y tiene la misma cara.

MUCHACHO.—*(Alegre.)* Un poquito peor. Yo la tengo hecha a martillazos.

TÍA.—Y las mismas salidas; ¡el mismo genio!

MUCHACHO.—Pero, claro que me parezco. En carnaval me puse un vestido de mi madre..., un vestido del año de la nana, verde...

ROSITA.—*(Melancólica.)* Con lazos negros... y bullones de seda verde de nilo.

MUCHACHO.—Sí.

ROSITA.—Y un gran lazo de terciopelo en la cintura.

MUCHACHO.—El mismo.

ROSITA.—Que cae a un lado y otro del polisón.

MUCHACHO.—¡Exacto! ¡Qué disparate de moda! *(Se sonríe.)*

ROSITA.—*(Triste.)* ¡Era una moda bonita!

MUCHACHO.—¡No me diga usted! Pues bajaba yo muerto de risa con el vejestorio puesto, llenando todo el pasillo de la casa de olor de alcanfor, y de pronto mi tía se puso a llorar amargamente porque decía que era exactamente igual que ver a mi madre. Yo me impresioné, como es natural, y dejé el traje y el antifaz sobre mi cama.

ROSITA.—Como que no hay cosa más viva que un recuerdo. Llegan a hacernos la vida imposible. Por eso yo comprendo muy bien a esas viejecillas borrachas que van por las calles queriendo borrar el mundo, y se sientan a cantar en los bancos del paseo.

TÍA.—¿Y tu tía la casada?

MUCHACHO.—Escribe desde Barcelona. Cada vez menos.

ROSITA.—¿Tiene hijos?

MUCHACHO.—Cuatro. *(Pausa.)*

AMA.—*(Entrando.)* Deme usted las llaves del armario. *(La* TÍA *se las da. Por el* MUCHACHO.*)* Aquí, el joven iba ayer con su novia. Los vi por la Plaza Nueva. Ella quería ir por un lado y él no la dejaba. *(Ríe.)*

TÍA.—¡Vamos, con el niño!

MUCHACHO. — *(Azorado.)* Estábamos de broma.

AMA. — ¡No te pongas colorado! *(Saliendo.)*

ROSITA.—¡Vamos, calla!

MUCHACHO.—¡Qué jardín más precioso tienen ustedes!

ROSITA.—¡Teníamos!

TÍA.—Ven, y corta unas flores.

MUCHACHO.—Usted lo pase bien, doña Rosita.

ROSITA. — ¡Anda con Dios, hijo! *(Salen. La tarde está cayendo.)*

ROSITA.—¡Doña Rosita! ¡Doña Rosita!

Cuando se abre en la mañana,
roja como sangre está.
La tarde la pone blanca
con blanco de espuma y sal.
Y cuando llega la noche
se comienza a deshojar.

(Pausa.)

AMA. — *(Sale con un chal.)* ¡En marcha!

ROSITA. — Sí, voy a echarme un abrigo.

AMA.—Como he descolgado la percha, lo tienes enganchado en el tirador de la ventana. *(Entra la* SOLTERONA 3ª, *vestida de oscuro, con un velo de luto en la cabeza y la pena, que se llevaba en el año doce. Hablan bajo.)*

SOLTERONA 3ª—¡Ama!

AMA.—Por unos minutos nos encuentra aquí.

SOLTERONA 3ª—Yo vengo a dar una lección de piano que tengo aquí cerca y me llegué por si necesitaban ustedes algo.

AMA.—¡Dios se lo pague!

SOLTERONA 3ª — ¡Qué cosa más grande!

AMA.—Sí, sí, pero no me toque usted el corazón, no me levante la gasa de la pena, porque yo soy la que tiene que dar ánimos en este duelo sin muerto que está usted presenciando.

SOLTERONA 3ª — Yo quisiera saludarlas.

AMA.—Pero es mejor que no las vea. ¡Vaya por la otra casa!

SOLTERONA 3ª—Es mejor. Pero si hace falta algo, ya sabe que en lo que pueda, aquí estoy yo.

AMA.—¡Ya pasará la mala hora! *(Se oye el viento.)*

SOLTERONA 3ª—¡Se ha levantado un aire!

AMA.—Sí. Parece que va a llover. *(La* SOLTERONA 3ª *se va.)*

TÍA.—*(Entra.)* Como siga este viento, no va a quedar una rosa viva. Los cipreses de la glorieta casi tocan las paredes de mi cuarto. Parece como si alguien quisiera poner el jardín feo para que no tuviésemos pena de dejarlo.

AMA.—Como precioso, precioso, no ha sido nunca. ¿Se ha puesto su abrigo? Y esta nube... Así, bien tapada. *(Se la pone.)* Ahora, cuando lleguemos tengo la comida hecha. De postre, flan. A usted le gusta. Un flan dorado como una clavellina. *(El* AMA *habla con la voz velada por una profunda emoción. Se oye un golpe.)*

TÍA.—Es la puerta del invernadero. ¿Por qué no la cierras?

AMA.—No se puede cerrar por la humedad.

TÍA.—Estará toda la noche golpeando.

AMA.—¡Como no la oiremos...!
(La escena está en una dulce penumbra de atardecer.)

TÍA.—Yo sí. Yo sí la oiré.

(Aparece ROSITA. *Viene pálida, vestida de blanco, con un abrigo hasta el filo del vestido.)*

AMA.—*(Valiente.)* ¡Vamos!

ROSITA.—*(Con voz débil.)* Ha empezado a llover. Así no habrá nadie en los balcones para vernos salir.

TÍA.—Es preferible.

ROSITA.—*(Vacila un poco, se apoya en una silla y cae sostenida por*

el Ama y la Tía *que impiden su
total desmayo.)*

"Y cuando llega la noche
se comienza a deshojar."

*(Salen y a su mutis queda la es-
cena sola. Se oye golpear la puerta.
De pronto se abre un balcón del
fondo y las blancas cortinas osci-
lan con el viento.)*

TELÓN

FIN DE

«DOÑA ROSITA LA SOLTERA»

LA CASA DE BERNARDA ALBA

DRAMA DE MUJERES EN LOS PUEBLOS
DE ESPAÑA

(1936)

PERSONAJES

BERNARDA (60 años).

MARÍA JOSEFA (madre de Bernarda, 80 años).

ANGUSTIAS (hija de Bernarda, 39 años).

MAGDALENA (hija de Bernarda, 30 años).

AMELIA (hija de Bernarda, 27 años).

MARTIRIO (hija de Bernarda, 24 años).

ADELA (hija de Bernarda, 20 años).

LA PONCIA (criada, 60 años).

CRIADA (50 años)

PRUDENCIA (50 años).

MENDIGA.

MUJER 1ª

MUJER 2ª

MUJER 3ª

MUJER 4ª

MUCHACHA.

MUJERES DE LUTO.

El poeta advierte que estos tres actos tienen la intención
de un documental fotográfico.

ACTO PRIMERO

(Habitación blanquísima del interior de la casa de BERNARDA. *Muros gruesos. Puertas en arco con cortinas de yute rematadas con madroños o volantes. Sillas de anea. Cuadros con paisajes inverosímiles de ninfas o reyes de leyenda. Es verano. Un gran silencio umbroso se extiende por la escena. Al levantarse el telón está la escena sola. Se oyen doblar las campanas.)*

(Sale la CRIADA.*)*

CRIADA.—Ya tengo el doble de esas campanas metido entre las sienes.

LA PONCIA.—*(Sale comiendo chorizo y pan.)* Llevan ya más de dos horas de gori-gori. Han venido curas de todos los pueblos. La iglesia está hermosa. En el primer responso se desmayó la Magdalena.

CRIADA.—Es la que se queda más sola.

LA PONCIA.—Era la única que quería al padre. ¡Ay! ¡Gracias a Dios que estamos solas un poquito! Yo he venido a comer.

CRIADA.—¡Si te viera Bernarda!...

LA PONCIA.—¡Quisiera que ahora, como no come ella, que todas nos muriéramos de hambre! ¡Mandona! ¡Dominanta! ¡Pero se fastidia! Le he abierto la orza de los chorizos.

CRIADA. — *(Con tristeza ansiosa.)* ¿Por qué no me das para mi niña, Poncia?

LA PONCIA.—Entra y llévate también un puñado de garbanzos. ¡Hoy no se dará cuenta!

VOZ.— *(Dentro.)* ¡Bernarda!

LA PONCIA.—La vieja. ¿Está bien cerrada?

CRIADA.—Con dos vueltas de llave.

LA PONCIA.—Pero debes poner también la tranca. Tiene unos dedos como cinco ganzúas.

VOZ.—¡Bernarda!

LA PONCIA.—*(A voces.)* ¡Ya viene! *(A la* CRIADA.*)* Limpia bien todo. Si Bernarda no ve relucientes las cosas me arrancará los pocos pelos que me quedan.

CRIADA.—¡Qué mujer!

LA PONCIA.—Tirana de todos los que la rodean. Es capaz de sentarse encima de tu corazón y ver cómo te mueres durante un año sin que se le cierre esa sonrisa fría que lleva en su maldita cara. ¡Limpia, limpia ese vidriado!

CRIADA.—Sangre en las manos tengo de fregarlo todo.

LA PONCIA.—Ella la más aseada, ella la más decente, ella la más alta. ¡Buen descanso ganó su pobre marido!

(Cesan las campanas.)

CRIADA.—¿Han venido todos sus parientes?

LA PONCIA.—Los de ella. La gente de él la odia. Vinieron a verlo muerto y le hicieron la cruz.

CRIADA.—¿Hay bastantes sillas?

LA PONCIA.—Sobran. Que se sienten en el suelo. Desde que murió el padre de Bernarda no han

185

vuelto a entrar las gentes bajo estos techos. Ella no quiere que la vean en su dominio. ¡Maldita sea!

CRIADA.—Contigo se portó bien.

LA PONCIA.—Treinta años lavando sus sábanas; treinta años comiendo sus sobras; noches en vela cuando tose; días enteros mirando por la rendija para espiar a los vecinos y llevarle el cuento; vida sin secretos una con otra, y sin embargo, ¡maldita sea! ¡Mal dolor de clavo le pinche en los ojos!

CRIADA.—¡Mujer!

LA PONCIA.—Pero yo soy buena perra; ladro cuando me lo dicen y muerdo los talones de los que piden limosna cuando ella me azuza; mis hijos trabajan en sus tierras y ya están los dos casados, pero un día me hartaré.

CRIADA.—Y ese día...

LA PONCIA.—Ese día me encerraré con ella en un cuarto y le estaré escupiendo un año entero. "Bernarda, por esto, por aquello, por lo otro", hasta ponerla como un lagarto machacado por los niños, que es lo que es ella y toda su parentela. Claro es que no le envidio la vida. La quedan cinco mujeres, cinco hijas feas, que quitando Angustias, la mayor, que es la hija del primer marido y tiene dineros, las demás, mucha puntilla bordada, muchas camisas de hilo, pero pan y uvas por toda herencia.

CRIADA.—¡Ya quisiera tener yo lo que ellas!

LA PONCIA. — Nosotras tenemos nuestras manos y un hoyo en la tierra de la verdad.

CRIADA.—Ésa es la única tierra que nos dejan a las que no tenemos nada.

LA PONCIA.—(En la alacena.) Este cristal tiene unas motas.

CRIADA.—Ni con el jabón ni con bayeta se le quitan. (Suenan las campanas.)

LA PONCIA.—El último responso. Me voy a oírlo. A mí me gusta mucho cómo canta el párroco. En el "Pater Noster" subió, subió la voz que parecía un cántaro de agua llenándose poco a poco; claro es que al final dio un gallo; pero da gloria oírlo. Ahora, que nadie como el antiguo sacristán Tronchapinos. En la misa de mi madre, que esté en gloria, cantó. Retumbaban las paredes, y cuando decía Amén era como si un lobo hubiese entrado en la iglesia. (Imitándolo.) ¡Amé-é-én! (Se echa a toser.)

CRIADA.—Te vas a hacer el gaznate polvo.

LA PONCIA.—¡Otra cosa hacía polvo yo! (Sale riendo.)

(La CRIADA limpia. Suenan las campanas.)

CRIADA.—(Llevando el canto.) Tin, tin, tan. Tin, tin, tan. ¡Dios lo haya perdonado!

MENDIGA.—(Con una niña.) ¡Alabado sea Dios!

CRIADA.—Tin, tin, tan. ¡Que nos espere muchos años! Tin, tin, tan.

MENDIGA.—(Fuerte y con cierta irritación.) ¡Alabado sea Dios!

CRIADA.—(Irritada.) ¡Por siempre!

MENDIGA.—Vengo por las sobras.

(Cesan las campanas.)

CRIADA.—Por la puerta se va a la calle. Las sobras de hoy son para mí.

MENDIGA.—Mujer, tú tienes quien te gane. ¡Mi niña y yo estamos solas!

CRIADA.—También están solos los perros y viven.

MENDIGA.—Siempre me las dan.

CRIADA.—Fuera de aquí. ¿Quién os dijo que entraseis? Ya me habéis dejado los pies señalados. (Se

van.) (Limpia.) Suelos barniza-
dos con aceite, alacenas, pedes-
tales, camas de acero, para que
traguemos quina las que vivimos
en las chozas de tierra con un
plato y una cuchara. Ojalá que
un día no quedáramos ni uno
para contarlo. *(Vuelven a sonar
las campanas.)* Sí, sí, ¡vengan clamores! ¡Venga caja con filos dorados y toalla para llevarla! ¡Que
lo mismo estarás tú que estaré yo!
Fastídiate, Antonio María Benavides, tieso con tu traje de paño
y tus botas enterizas. ¡Fastídiate!
¡Ya no volverás a levantarme las
enaguas detrás de la puerta de tu
corral! *(Por el fondo, de dos en
dos, empiezan a entrar mujeres de
luto, con pañuelos grandes, faldas y abanicos negros. Entran
lentamente hasta llenar la escena.) (La* CRIADA, *rompiendo a
gritar.)* ¡Ay, Antonio María Benavides, que ya no verás estas
paredes ni comerás el pan de esta
casa! Yo fui la que más te quiso
de las que te sirvieron. *(Tirándo-
se del cabello.)* ¿Y he de vivir
yo después de haberte marchado? ¿Y he de vivir?

*(Terminan de entrar las doscien-
tas mujeres y aparece* BERNARDA *y
sus cinco hijas.)*

BERNARDA.—*(A la* CRIADA.) ¡Silencio!

CRIADA.—*(Llorando.)* ¡Bernarda!

BERNARDA. — Menos gritos y más
obras. Debías haber procurado
que todo estuviera más limpio para recibir al duelo. Vete. No es
éste tu lugar. *(La* CRIADA *se va
llorando.)* Los pobres son como
los animales; parece como si estuvieran hechos de otras sustan-
cias.

MUJER 1ª—Los pobres sienten también sus penas.

BERNARDA.—Pero las olvidan delante de un plato de garbanzos.

MUCHACHA.—*(Con timidez.)* Comer es necesario para vivir.

BERNARDA.—A tu edad no se habla delante de las personas mayo-
res.

MUJER 1ª—Niña, cállate.

BERNARDA.—No he dejado que nadie me dé lecciones. Sentarse. *(Se
sientan. Pausa. Fuerte.)* Magdalena, no llores; si quieres llorar
te metes debajo de la cama. ¿Me
has oído?

MUJER 2ª—*(A* BERNARDA.) ¿Habéis
empezado los trabajos en la era?

BERNARDA.—Ayer.

MUJER 3ª—Cae el sol como plomo.

MUJER 1ª—Hace años no he conocido calor igual. *(Pausa.) (Se
abanican todas.)*

BERNARDA.—¿Está hecha la limo-
nada?

LA PONCIA. — Sí, Bernarda. *(Sale
con una gran bandeja llena de
jarritas blancas que distribuye.)*

BERNARDA.—Dale a los hombres.

LA PONCIA.—Ya están tomando en
el patio.

BERNARDA.—Que salgan por donde
han entrado. No quiero que pasen
por aquí.

MUCHACHA.—*(A* ANGUSTIAS.) Pepe el Romano estaba con los hombres del duelo.

ANGUSTIAS.—Allí estaba.

BERNARDA.—Estaba su madre. Ella
ha visto a su madre. A Pepe no
lo ha visto ella ni yo.

MUCHACHA.—Me pareció.

BERNARDA.—Quien sí estaba era el
viudo de Darajalí. Muy cerca de
tu tía. A ése lo vimos todas.

MUJER 2ª—*(Aparte, en voz baja.)*
¡Mala, más que mala!

MUJER 3ª—*(Lo mismo.)* ¡Lengua
de cuchillo!

BERNARDA.—Las mujeres en la iglesia no deben de mirar más hombre que al oficiante y ése porque

tiene faldas. Volver la cabeza es buscar el calor de la pana.

MUJER 1ª—*(En voz baja.)* ¡Vieja lagarta recocida!

LA PONCIA.—*(Entre dientes.)* ¡Sarmentosa por calentura de varón!

BERNARDA.—¡Alabado sea Dios!

TODAS.—*(Santiguándose.)* Sea por siempre bendito y alabado.

BERNARDA.
¡Descansa en paz con la santa compaña de cabecera!

TODAS.
¡Descansa en paz!

BERNARDA.
Con el ángel San Miguel y su espada justiciera.

TODAS.
¡Descansa en paz!

BERNARDA.
Con la llave que todo lo abre y la mano que todo lo cierra.

TODAS.
¡Descansa en paz!

BERNARDA.
Con los bienaventurados y las lucecitas del campo.

TODAS.
¡Descansa en paz!

BERNARDA.
Con nuestra santa caridad y las almas de tierra y mar.

TODAS.
¡Descansa en paz!

BERNARDA.—Concede el reposo a tu siervo Antonio María Benavides y dale la corona de tu santa gloria.

TODAS.—Amén.

BERNARDA.—*(Se pone en pie y canta.)* Requiem aeternam donat eis domine.

TODAS.—*(De pie y cantando al modo gregoriano.)* Et lux perpetua luceat eis. *(Se santiguan.)*

MUJER. 1ª—Salud para rogar por su alma. *(Van desfilando.)*

MUJER 3ª—No te faltará la hogaza de pan caliente.

MUJER 2ª—Ni el techo para tus hijas. *(Van desfilando todas por delante de BERNARDA y saliendo.)*

(Sale ANGUSTIAS por otra puerta que da al patio.)

MUJER 4ª—El mismo trigo de tu casamiento lo sigas disfrutando.

LA PONCIA.—*(Entrando con una bolsa.)* De parte de los hombres esta bolsa de dineros para responsos.

BERNARDA. — Dales las gracias y échales una copa de aguardiente.

MUCHACHA. — *(A MAGDALENA.)* Magdalena...

BERNARDA. — *(A MAGDALENA, que inicia el llanto.)* Chiss. *(Salen todas.)* *(A las que se han ido.)* ¡Andad a vuestras casas a criticar todo lo que habéis visto! ¡Ojalá tardéis muchos años en pasar el arco de mi puerta!

LA PONCIA.—No tendrás queja ninguna. Ha venido todo el pueblo.

BERNARDA.—Sí; para llenar mi casa con el sudor de sus refajos y el veneno de sus lenguas.

AMELIA.—¡Madre, no hable usted así!

BERNARDA.—Es así como se tiene que hablar en este maldito pueblo sin río, pueblo de pozos, donde siempre se bebe el agua con el miedo de que esté envenenada.

LA PONCIA.—¡Cómo han puesto la solería!

BERNARDA.—Igual que si hubiese pasado por ella una manada de cabras. *(LA PONCIA limpia el suelo.)* Niña, dame el abanico.

ADELA.—Tome usted. *(Le da un abanico redondo con flores rojas y verdes.)*

BERNARDA.—*(Arrojando el abanico al suelo.)* ¿Es éste el abanico que se da a una viuda? Dame uno negro y aprende a respetar el luto de tu padre.

MARTIRIO.—Tome usted el mío.

BERNARDA.—¿Y tú?

MARTIRIO.—Yo no tengo calor.

BERNARDA.—Pues busca otro, que te hará falta. En ocho años que dure el luto no ha de entrar en esta casa el viento de la calle. Hacemos cuenta que hemos tapiado con ladrillos puertas y ventanas. Así pasó en casa de mi padre y en casa de mi abuelo. Mientras, podéis empezar a bordar el ajuar. En el arca tengo veinte piezas de hilo con el que podréis cortar sábanas y embozos. Magdalena puede bordarlas.

MAGDALENA.—Lo mismo me da.

ADELA.—*(Agria.)* Si no quieres bordarlas irán sin bordados. Así las tuyas lucirán más.

MAGDALENA.—Ni las mías ni las vuestras. Sé que yo no me voy a casar. Prefiero llevar sacos al molino. Todo menos estar sentada días y días dentro de esta sala oscura.

BERNARDA.—Eso tiene ser mujer.

MAGDALENA.—Malditas sean las mujeres.

BERNARDA.—Aquí se hace lo que yo mando. Ya no puedes ir con el cuento a tu padre. Hilo y aguja para las hembras. Látigo y mula para el varón. Eso tiene la gente que nace con posibles. *(Sale ADELA.)*

VOZ.—¡Bernarda! ¡Déjame salir!

BERNARDA.—*(En voz alta.)* ¡Dejadla ya! *(Sale la CRIADA.)*

CRIADA.—Me ha costado mucho sujetarla. A pesar de sus ochenta años, tu madre es fuerte como un roble.

BERNARDA.—Tiene a quien parecerse. Mi abuelo fue igual.

CRIADA.—Tuve durante el duelo que taparle varias veces la boca con un costal vacío porque quería llamarte para que le dieras agua de fregar siquiera, para beber, y carne de perro, que es lo que ella dice que tú le das.

MARTIRIO.—¡Tiene mala intención!

BERNARDA.—*(A la CRIADA.)* Dejadla que se desahogue en el patio.

CRIADA.—Ha sacado del cofre sus anillos y los pendientes de amatista; se los ha puesto, y me ha dicho que se quiere casar. *(Las hijas ríen.)*

BERNARDA.—Ve con ella y ten cuidado que no se acerque al pozo.

CRIADA.—No tengas miedo que se tire.

BERNARDA.—No es por eso... Pero desde aquel sitio las vecinas pueden verla desde su ventana. *(Sale la CRIADA.)*

MARTIRIO.—Nos vamos a cambiar de ropa.

BERNARDA.—Sí, pero no el pañuelo de la cabeza. *(Entra ADELA.)* ¿Y Angustias?

ADELA. — *(Con intención.)* La he visto asomada a las rendijas del portón. Los hombres se acababan de ir.

BERNARDA.—¿Y tú a qué fuiste también al portón?

ADELA.—Me llegué a ver si habían puesto las gallinas.

BERNARDA.—¡Pero el duelo de los hombres habría salido ya!

ADELA.—*(Con intención.)* Todavía estaba un grupo parado por fuera.

BERNARDA.—*(Furiosa.)* ¡Angustias! ¡Angustias!

ANGUSTIAS. — *(Entrando.)* ¿Qué manda usted?

BERNARDA. — ¿Qué mirabas y a quién?

ANGUSTIAS.—A nadie.

BERNARDA.—¿Es decente que una mujer de tu clase vaya con el anzuelo detrás de un hombre el día de la misa de su padre? ¡Contesta! ¿A quién mirabas? *(Pausa.)*

ANGUSTIAS.—Yo...

BERNARDA.—¡Tú!

ANGUSTIAS.—¡A nadie!

BERNARDA.—*(Avanzando y golpeándola.)* ¡Suave! ¡Dulzarrona!

LA PONCIA.—*(Corriendo.)* ¡Bernarda, cálmate! *(La sujeta.)* (ANGUSTIAS *llora.)*

BERNARDA.—¡Fuera de aquí todas! *(Salen.)*

LA PONCIA.—Ella lo ha hecho sin dar alcance a lo que hacía, que está francamente mal. Ya me chocó a mí verla escabullirse hacia el patio. Luego estuvo detrás de una ventana oyendo la conversación que traían los hombres, que como siempre no se puede oír.

BERNARDA.—A eso vienen a los duelos. *(Con curiosidad.)* ¿De qué hablaban?

LA PONCIA.—Hablaban de Paca la Roseta. Anoche ataron a su marido a un pesebre y a ella se la llevaron en la grupa del caballo hasta lo alto del olivar.

BERNARDA.—¿Y ella?

LA PONCIA.—Ella, tan conforme. Dicen que iba con los pechos fuera y Maximiliano la llevaba cogida como si tocara la guitarra. ¡Un horror!

BERNARDA.—¿Y qué pasó?

LA PONCIA.—Lo que tenía que pasar. Volvieron casi de día. Paca la Roseta traía el pelo suelto y una corona de flores en la cabeza.

BERNARDA.—Es la única mujer mala que tenemos en el pueblo.

LA PONCIA.—Porque no es de aquí. Es de muy lejos. Y los que fueron con ella son también hijos de forasteros. Los hombres de aquí no son capaces de eso.

BERNARDA.—No; pero les gusta verlo y comentarlo y se chupan los dedos de que esto ocurra.

LA PONCIA.—Contaban muchas cosas más.

BERNARDA.—*(Mirando a un lado y otro con cierto temor.)* ¿Cuáles?

LA PONCIA.—Me da vergüenza referirlas.

BERNARDA.—Y mi hija las oyó.

LA PONCIA.—¡Claro!

BERNARDA.—Ésa sale a sus tías; blandas y untuosas y que ponían ojos de carnero al piropo de cualquier barberillo. ¡Cuánto hay que sufrir y luchar para hacer que las personas sean decentes y no tiren al monte demasiado!

LA PONCIA.—¡Es que tus hijas están ya en edad de merecer! Demasiado poca guerra te dan. Angustias ya debe tener mucho más de los treinta.

BERNARDA.—Treinta y nueve justos.

LA PONCIA.—Figúrate. Y no ha tenido nunca novio...

BERNARDA.—*(Furiosa.)* ¡No ha tenido novio ninguna ni les hace falta! Pueden pasarse muy bien.

LA PONCIA.—No he querido ofenderte.

BERNARDA.—No hay en cien leguas a la redonda quien se pueda acercar a ellas. Los hombres de aquí no son de su clase. ¿Es que quieres que las entregue a cualquier gañán?

LA PONCIA.—Debías haberte ido a otro pueblo.

BERNARDA.—Eso. ¡A venderlas!

LA PONCIA.—No, Bernarda, a cambiar... Claro que en otros sitios ellas resultan las pobres.

BERNARDA.—¡Calla esa lengua atormentadora!

LA PONCIA.—Contigo no se puede hablar. ¿Tenemos o no tenemos confianza?

BERNARDA.—No tenemos. Me sirves y te pago. ¡Nada más!

CRIADA.—*(Entrando.)* Ahí está don Arturo que viene a arreglar las particiones.

BERNARDA.—Vamos. *(A la* CRIADA.*)* Tú empieza a blanquear el patio. *(A* LA PONCIA.*)* Y tú ve guardando en el arca grande toda la ropa del muerto.

LA PONCIA.—Algunas cosas las podíamos dar.

BERNARDA.—Nada, ni un botón! Ni el pañuelo con que le hemos tapado la cara. *(Sale lentamente y al salir vuelve la cabeza y mira a sus criadas. Las criadas salen después.)*

(Entran AMELIA *y* MARTIRIO.*)*

AMELIA.—¿Has tomado la medicina?

MARTIRIO.—¡Para lo que me va a servir!

AMELIA.—Pero la has tomado.

MARTIRIO.—Yo hago las cosas sin fe, pero como un reloj.

AMELIA.—Desde que vino el medico nuevo estás más animada.

MARTIRIO.—Yo me siento lo mismo.

AMELIA.—¿Te fijaste? Adelaida no estuvo en el duelo.

MARTIRIO.—Ya lo sabía. Su novio no la deja salir ni al tranco de la calle. Antes era alegre; ahora ni polvos se echa en la cara.

AMELIA.—Ya no sabe una si es mejor tener novio o no.

MARTIRIO.—Es lo mismo.

AMELIA.—De todo tiene la culpa esta crítica que no nos deja vivir. Adelaida habrá pasado mal rato.

MARTIRIO.—Le tiene miedo a nuestra madre. Es la única que conoce la historia de su padre y el origen de sus tierras. Siempre que viene la tira puñaladas en el asunto. Su padre mató en Cuba al marido de su primera mujer para casarse con ella. Luego aquí la abandonó y se fue con otra que tenía una hija y luego tuvo relaciones con esta muchacha, la madre de Adelaida, y se casó con ella después de haber muerto loca la segunda mujer.

AMELIA.—Y ese infame, ¿por qué no está en la cárcel?

MARTIRIO.—Porque los hombres se tapan unos a otros las cosas de esta índole y nadie es capaz de delatar.

AMELIA.—Para Adelaida no tiene culpa de esto.

MARTIRIO.—No. Pero las cosas se repiten. Yo veo que todo es una terrible repetición. Y ella tiene el mismo sino de su madre y de su abuela, mujeres las dos del que la engendró.

AMELIA.—¡Qué cosa más grande!

MARTIRIO.—Es preferible no ver a un hombre nunca. Desde niña les tuve miedo. Los veía en el corral uncir los bueyes y levantar los costales de trigo entre voces y zapatazos y siempre tuve miedo de crecer por temor de encontrarme de pronto abrazada por ellos. Dios me ha hecho débil y fea y los ha apartado definitivamente de mí.

AMELIA.—¡Eso no digas! Enrique Humanas estuvo detrás de ti y le gustabas.

MARTIRIO.—¡Invenciones de la gente! Una vez estuve en camisa detrás de la ventana hasta que fue de día, porque me avisó con la hija de su gañán que iba a venir y no vino. Fue todo cosa de lenguas. Luego se casó con otra que tenía más que yo.

AMELIA.—¡Y fea como un demonio!

MARTIRIO. — ¡Qué les importa a ellos la fealdad! A ellos les importa la tierra, las yuntas, y una perra sumisa que les dé de comer.

AMELIA. — ¡Ay! *(Entra* MAGDALENA.*)*

MAGDALENA.—¿Qué hacéis?

MARTIRIO.—Aquí.

AMELIA.—¿Y tú?

MAGDALENA.—Vengo de correr las cámaras. Por andar un poco. De ver los cuadros bordados de cañamazo de nuestra abuela, el perrito de lanas y el negro luchando con el león, que tanto nos gustaba de niñas. Aquélla era una época más alegre. Una boda duraba diez días y no se usaban las malas lenguas. Hoy hay más finura, las novias se ponen de velo blanco como en las poblaciones y se bebe vino de botella, pero nos pudrimos por el qué dirán.

MARTIRIO.—¡Sabe Dios lo que entonces pasaría!

AMELIA.—(A MAGDALENA.) Llevas desabrochados los cordones de un zapato.

MAGDALENA.—¡Qué más da!

AMELIA.—Te los vas a pisar y te vas a caer.

MAGDALEA.—¡Una menos!

MARTIRIO.—¿Y Adela?

MAGDALENA.—¡Ah! Se ha puesto el traje verde que se hizo para estrenar el día de su cumpleaños, se ha ido al corral, y ha comenzado a voces: "¡Gallinas! ¡Gallinas, miradme!" ¡Me he tenido que reir!

AMELIA. — ¡Si la hubiera visto madre!

MAGDALENA. — ¡Pobrecilla! Es la más joven de nosotras y tiene ilusión. Daría algo por verla feliz. (Pausa.)

(ANGUSTIAS cruza la escena con unas toallas en la mano.)

ANGUSTIAS.—¿Qué hora es?

MAGDALENA. — Ya deben ser las doce.

ANGUSTIAS.—¿Tanto?

AMELIA — Estarán al caer. (Sale ANGUSTIAS.)

MAGDALENA.. — (Con intención.) ¿Sabéis ya la cosa? (Señalando a ANGUSTIAS.)

AMELIA.—No.

MAGDALENA.—¡Vamos!

MARTIRIO.—No sé a qué cosa te refieres...

MAGDALENA.—Mejor que yo lo sabéis las dos. Siempre cabeza con cabeza como dos ovejitas, pero sin desahogarse con nadie. ¡Lo de Pepe el Romano!

MARTIRIO.—¡Ah!

MAGDALENA. — (Remedándola.) ¡Ah! Ya se comenta por el pueblo. Pepe el Romano viene a casarse con Angustias. Anoche estuvo rondando la casa y creo que pronto va a mandar un emisario.

MARTIRIO.—Yo me alegro. Es buen mozo.

AMELIA. — Yo también. Angustias tiene buenas condiciones.

MAGDALENA.—Ninguna de las dos os alegráis.

MARTIRIO. — ¡Magdalena! ¡Mujer!

MAGDALENA.—Si viniera por el tipo de Angustias, por Angustias como mujer, yo me alegraría, pero viene por el dinero. Aunque Angustias es nuestra hermana, aquí estamos en familia y reconocemos que está vieja, enfermiza, y que siempre ha sido la que ha tenido menos méritos de todas nosotras. Porque si con veinte años parecía un palo vestido, ¡qué será ahora que tiene cuarenta!

MARTIRIO.—No hables así. La suerte viene a quien menos la aguarda.

AMELIA.—¡Después de todo dice la verdad! Angustias tiene todo el dinero de su padre, es la única rica de la casa y por eso ahora que nuestro padre ha muerto y ya se harán particiones vienen por ella.

MAGDALENA.—Pepe el Romano tiene veinticinco años y es el mejor tipo de todos estos contornos. Lo natural sería que te pretendiera a ti, Amelia, o a nuestra Adela, que tiene veinte años, pero no que venga a buscar lo más oscuro de esta casa, a una mujer que, como su padre, habla con las narices.

MARTIRIO.—¡Puede que a él le guste!

MAGDALENA.—¡Nunca he podido resistir tu hipocresía!

MARTIRIO.—¡Dios me valga! *(Entra* ADELA.*)*

MAGDALENA.—¿Te han visto ya las gallinas?

ADELA.—¿Y qué queríais que hiciera?

AMELIA.—¡Si te ve nuestra madre te arrastra del pelo!

ADELA.—Tenía mucha ilusión con el vestido. Pensaba ponérmelo el día que vamos a comer sandías a la noria. No hubiera habido otro igual.

MARTIRIO.—Es un vestido precioso.

ADELA.—Y que me está muy bien. Es lo mejor que ha cortado Magdalena.

MAGDALENA.—¿Y las gallinas qué te han dicho?

ADELA. — Regalarme unas cuantas pulgas que me han acribillado las piernas. *(Ríen.)*

MARTIRIO.—Lo que puedes hacer es teñirlo de negro.

MAGDALENA.—Lo mejor que puedes hacer es regalárselo a Angustias para la boda con Pepe el Romano.

ADELA.—*(Con emoción contenida.)* Pero Pepe el Romano...

AMELIA.—¿No lo has oído decir?

ADELA.—No.

MAGDALENA.—¡Pues ya lo sabes!

ADELA.—¡Pero si no puede ser!

MAGDALENA.—¡El dinero lo puede todo!

ADELA.—¿Por eso ha salido detrás del duelo y estuvo mirando por el portón? *(Pausa.)* Y ese hombre es capaz de...

MAGDALENA. — Es capaz de todo. *(Pausa.)*

MARTIRIO.—¿Qué piensas, Adela?

ADELA.—Pienso que este luto me ha cogido en la peor época de mi vida para pasarlo.

MAGDALENA.—Ya te acostumbrarás.

ADELA.—*(Rompiendo a llorar con ira.)* No me acostumbraré. Yo no puedo estar encerrada. No quiero que se me pongan las carnes como a vosotras; no quiero perder mi blancura en estas habitaciones; mañana me pondré mi vestido verde y me echaré a pasear por la calle. ¡Yo quiero salir! *(Entra la* CRIADA.*)*

MAGDALENA.—*(Autoritaria.)* ¡Adela!

CRIADA. — ¡La pobre! ¡Cuánto ha sentido a su padre!... *(Sale.)*

MARTIRIO.—¡Calla!

AMELIA.—Lo que sea de una será de todas. *(*ADELA *se calma.)*

MAGDALENA.—Ha estado a punto de oírte la criada. *(Aparece la* CRIADA.*)*

CRIADA. — Pepe el Romano viene por lo alto de la calle. *(*AMELIA, MARTIRIO y MAGDALENA *corren presurosas.)*

MAGDALENA.—¡Vamos a verlo! *(Salen rápidas.)*

CRIADA.—*(A* ADELA.*)* ¿Tú no vas?

ADELA.—No me importa.

CRIADA.—Como dará la vuelta a la esquina, desde la ventana de tu cuarto se verá mejor. *(Sale la* CRIADA.*)*

*(*ADELA *queda en escena dudando; después de un instante se va también rápida hasta su habitación.)*

(Salen BERNARDA y LA PONCIA.*)*

BERNARDA.—¡Malditas particiones!

LA PONCIA. — ¡¡Cuánto dinero le queda a Angustias!!

7

BERNARDA.—Sí.

LA PONCIA.—Y a las otras bastante menos.

BERNARDA. — Ya me lo has dicho tres veces y no te he querido replicar. Bastante menos, mucho menos. No me lo recuerdes más. *(Sale* ANGUSTIAS *muy compuesta de cara.)*

BERNARDA.—¡Angustias!

ANGUSTIAS.—Madre.

BERNARDA.—¿Pero has tenido valor de echarte polvos en la cara? ¿Has tenido valor de lavarte la cara el día de la muerte de tu padre?

ANGUSTIAS.—No era mi padre. El mío murió hace tiempo. ¿Es que ya no lo recuerda usted?

BERNARDA.—Más debes a este hombre, padre de tus hermanas, que al tuyo. Gracias a este hombre tienes colmada tu fortuna.

ANGUSTIAS.—¡Eso lo teníamos que ver!

BERNARDA.—Aunque fuera por decencia. ¡Por respeto!

ANGUSTIAS. — Madre, déjeme usted salir.

BERNARDA.—¿Salir? Después que te haya quitado esos polvos de la cara. ¡Suavona! ¡Yeyo! ¡Espejo de tus tías! *(Le quita violentamente con un pañuelo los polvos.)* ¡Ahora vete!

LA PONCIA.—¡Bernarda, no seas tan inquisitiva!

BERNARDA.—Aunque mi madre esté loca, yo estoy en mis cinco sentidos y sé perfectamente lo que hago. *(Entran todas.)*

MAGDALENA.—¿Qué pasa?

BERNARDA.—No pasa nada.

MAGDALENA.—*(A* ANGUSTIAS.*)* Si es que discuten por las particiones, tú que eres la más rica te puedes quedar con todo.

ANGUSTIAS.—Guárdate la lengua en la madriguera.

BERNARDA.—*(Golpeando en el suelo.)* No os hagáis ilusiones de que vais a poder conmigo. ¡Hasta que salga de esta casa con los pies delante mandaré en lo mío y en lo vuestro!

(Se oyen unas voces y entra en escena MARÍA JOSEFA, *la madre de* BERNARDA, *viejísima, ataviada con flores en la cabeza y en el pecho.)*

MARÍA JOSEFA. — Bernarda, ¿dónde está mi mantilla? Nada de lo que tengo quiero que sea para vosotras. Ni mis anillos ni mi traje negro de moaré. Porque ninguna de vosotras se va a casar. ¡Ninguna! Bernarda, dame mi gargantilla de perlas.

BERNARDA.—*(A la* CRIADA.*)* ¿Por qué la habéis dejado entrar?

CRIADA.—*(Temblando.)* ¡Se me escapó!

MARÍA JOSEFA.—Me escapé porque me quiero casar, porque quiero casarme con un varón hermoso de la orilla del mar, ya que aquí los hombres huyen de las mujeres.

BERNARDA.—¡Calle usted, madre!

MARÍA JOSEFA.—No, no me callo. No quiero ver a estas mujeres solteras, rabiando por la boda, haciéndose polvo el corazón, y yo me quiero ir a mi pueblo. Bernarda, yo quiero un varón para casarme y para tener alegría.

BERNARDA.—¡Encerradla!

MARÍA JOSEFA.—¡Déjame salir, Bernarda!

(La CRIADA *coge a* MARÍA JOSEFA.*)*

BERNARDA. — ¡Ayudadla vosotras! *(Todas arrastran a la vieja.)*

MARÍA JOSEFA.—¡Quiero irme de aquí! ¡Bernarda! ¡A casarme a la orilla del mar, a la orilla del mar!

TELÓN RÁPIDO

ACTO SEGUNDO

(Habitación blanca del interior de la casa de BERNARDA. *Las puertas de la izquierda dan a los dormitorios. Las hijas de* BERNARDA *están sentadas en sillas bajas cosiendo.* MAGDALENA *borda. Con ellas está* LA PONCIA.*)*

ANGUSTIAS.—Ya he cortado la tercera sábana.

MARTIRIO.—Le corresponde a Amelia.

MAGDALENA. — Angustias, ¿pongo también las iniciales de Pepe?

ANGUSTIAS.—*(Seca.)* No.

MAGDALENA. — *(A voces.)* Adela, ¿no vienes?

AMELIA.—Estará echada en la cama.

LA PONCIA.—Ésa tiene algo. La encuentro sin sosiego, temblona, asustada como si tuviese una lagartija entre los pechos.

MARTIRIO.—No tiene ni más ni menos que lo que tenemos todas.

MAGDALENA.—Todas, menos Angustias.

ANGUSTIAS.—Yo me encuentro bien y al que le duela que reviente.

MAGDALENA.—Desde luego hay que reconocer que lo mejor que has tenido siempre es el talle y la delicadeza.

ANGUSTIAS. — Afortunadamente, pronto voy a salir de este infierno.

MAGDALENA.—¡A lo mejor no sales!

MARTIRIO.—Dejar esa conversación.

ANGUSTIAS.—Y además, ¡más vale onza en el arca que ojos negros en la cara!

MAGDALENA.—Por un oído me entra y por otro me sale.

AMELIA.—*(A* LA PONCIA.*)* Abre la puerta del patio a ver si nos entra un poco de fresco. *(La* CRIADA *lo hace.)*

MARTIRIO.—Esta noche pasada no me podía quedar dormida por el calor.

AMELIA.—Yo tampoco.

MAGDALENA.—Yo me levanté a refrescarme. Había un nublo negro de tormenta y hasta cayeron algunas gotas.

LA PONCIA.—Era la una de la madrugada y subía fuego de la tierra. También me levanté yo. Todavía estaba Angustias con Pepe en la ventana.

MAGDALENA.—*(Con ironía.)* ¿Tan tarde? ¿A qué hora se fue?

ANGUSTIAS. — Magdalena, ¿a qué preguntas si lo viste?

AMELIA.—Se iría a eso de la una y media.

ANGUSTIAS.—¿Sí? ¿Tú por qué lo sabes?

AMELIA.—Lo sentí toser y oí los pasos de su jaca.

LA PONCIA.—Pero si yo lo sentí marchar a eso de las cuatro.

ANGUSTIAS.—No sería él.

LA PONCIA.—Estoy segura.

AMELIA.—A mí también me pareció.

MAGDALENA.—¡Qué cosa más rara! *(Pausa.)*

LA PONCIA.—Oye, Angustias. ¿Qué fue lo que te dijo la primera vez que se acercó a tu ventana?

ANGUSTIAS.—Nada. ¡Qué me iba a decir! Cosas de conversación.

MARTIRIO.—Verdaderamente es raro que dos personas que no se conocen se vean de pronto en una reja y ya novios.

ANGUSTIAS.—Pues a mí no me chocó.

AMELIA.—A mí me daría no sé qué.

ANGUSTIAS. — No, porque cuando un hombre se acerca a una reja ya sabe por los que van y vienen, llevan y traen, que se le va a decir que sí.

MARTIRIO. — Bueno: pero él te lo tendría que decir.

ANGUSTIAS.—¡Claro!

AMELIA.—(Curiosa.) ¿Y cómo te lo dijo?

ANGUSTIAS.—Pues nada: "Ya sabes que ando detrás de ti, necesito una mujer buena, modosa y ésa eres tú si me das la conformidad."

AMELIA.—¡A mí me da vergüenza de estas cosas!

ANGUSTIAS.—Y a mí, pero hay que pasarlas.

LA PONCIA.—¿Y habló más?

ANGUSTIAS.—Sí, siempre habló él.

MARTIRIO.—¿Y tú?

ANGUSTIAS.—Yo no hubiera podido. Casi se me salía el corazón por la boca. Era la primera vez que estaba sola de noche con un hombre.

MAGDALENA. — Y un hombre tan guapo.

ANGUSTIAS.—No tiene mal tipo.

LA PONCIA.—Esas cosas pasan entre personas ya un poco instruidas, que hablan y dicen y mueven la mano... La primera vez que mi marido Evaristo el Colín vino a mi ventana... Ja, ja, ja.

AMELIA.—¿Qué pasó?

LA PONCIA.—Era muy oscuro. Lo vi acercarse y al llegar me dijo: buenas noches. Buenas noches, le dije yo, y nos quedamos callados más de media hora. Me corría el sudor por todo el cuerpo. Entonces Evaristo se acercó, se acercó, que se quería meter por los hierros y dijo con voz muy baja: ¡ven que te tiente! (Ríen todas.) (AMELIA se levanta corriendo y espía por una puerta.)

AMELIA. — ¡Ay! Creí que llegaba nuestra madre.

MAGDALENA.—¡Buenas nos hubiera puesto! (Siguen riendo.)

AMELIA.—Chisss... ¡Que nos van a oír!

LA PONCIA.—Luego se portó bien. En vez de darle por otra cosa le dio por criar colorines hasta que se murió. A vosotras que sois solteras os conviene saber de todos modos que el hombre a los quince días de boda deja la cama por la mesa y luego la mesa por la tabernilla y la que no se conforma se pudre llorando en un rincón.

AMELIA.—Tú te conformaste.

LA PONCIA.—¡Yo pude con él!

MARTIRIO.—¿Es verdad que le pegaste algunas veces?

LA PONCIA.—Sí, y por poco si le dejo tuerto.

MAGDALENA.—¡Así debían ser todas las mujeres!

LA PONCIA.—Yo tengo la escuela de tu madre. Un día me dijo no sé qué cosa y le maté todos los colorines con la mano del almirez. (Ríen.)

MAGDALENA. — Adela, niña, no te pierdas esto.

AMELIA.—Adela. (Pausa.)

MAGDALENA.—Voy a ver. (Entra.)

LA PONCIA.—Esa niña está mala.

MARTIRIO.—Claro, no duerme apenas.

LA PONCIA.—¿Pues qué hace?

MARTIRIO.—¡Yo qué sé lo que hace!

LA PONCIA.—Mejor lo sabrás tú que yo, que duermes pared por medio.

ANGUSTIAS.—La envidia la come.

AMELIA.—No exageres.

ANGUSTIAS. — Se lo noto en los ojos. Se le está poniendo mirar de loca.

MARTIRIO. — No habléis de locos. Aquí es el único sitio donde no se puede pronunciar esta palabra.

(Sale MAGDALENA con ADELA.)

MAGDALENA.—¿Pues no estaba dormida?

ADELA.—Tengo mal cuerpo.

MARTIRIO. — *(Con intención.)* ¿Es que no has dormido bien esta noche?

ADELA.—Sí.

MARTIRIO.—¿Entonces?

ADELA. — *(Fuerte.)* ¡Déjame ya! ¡Durmiendo o velando no tienes por qué meterte en lo mío! ¡Yo hago con mi cuerpo lo que me parece!

MARTIRIO.—¡Sólo es interés por ti!

ADELA.—Interés o inquisición. ¿No estabais cosiendo? Pues seguir. ¡Quisiera ser invisible, pasar por las habitaciones sin que me preguntarais dónde voy!

CRIADA.—*(Entra.)* Bernarda os llama. Está el hombre de los encajes. *(Salen.) (Al salir, MARTIRIO mira fijamente a ADELA.)*

ADELA.—¡No me mires más! Si quieres te daré mis ojos que son frescos y mis espaldas para que te compongas la joroba que tienes, pero vuelve la cabeza cuando yo paso. *(Se va MARTIRIO.)*

LA PONCIA.—¡Que es tu hermana y además la que más te quiere!

ADELA.—Me sigue a todos lados. A veces se asoma a mi cuarto para ver si duermo. No me deja respirar. Y siempre, "¡qué lástima de cara!, ¡qué lástima de cuerpo, que no vaya a ser para nadie!" ¡Y eso no! Mi cuerpo será de quien yo quiera.

LA PONCIA.—*(Con intención y en voz baja.)* De Pepe el Romano. ¿No es eso?

ADELA. — *(Sobrecogida.)* ¿Qué dices?

LA PONCIA.—Lo que digo, Adela.

ADELA.—¡Calla!

LA PONCIA.—*(Alto.)* ¿Crees que no me he fijado?

ADELA.—¡Baja la voz!

LA PONCIA.—¡Mata esos pensamientos!

ADELA.—¿Qué sabes tú?

LA PONCIA.—Las viejas vemos a través de las paredes. ¿Dónde vas de noche cuando te levantas?

ADELA.—¡Ciega debías estar!

LA PONCIA.—Con la cabeza y las manos llenas de ojos cuando se trata de lo que se trata. Por mucho que pienso no sé lo que te propones. ¿Por qué te pusiste casi desnuda con la luz encendida y la ventana abierta al pasar Pepe el segundo día que vino a hablar con tu hermana?

ADELA.—¡Eso no es verdad!

LA PONCIA.—No seas como los niños chicos. ¡Deja en paz a tu hermana y si Pepe el Romano te gusta, te aguantas! *(ADELA llora.)* Además, ¿quién dice que no te puedes casar con él? Tu hermana Angustias es una enferma. Ésa no resiste el primer parto. Es estrecha de cintura, vieja, y con mi conocimiento te digo que se morirá. Entonces Pepe hará lo que hacen todos los viudos de esta tierra, se casará con la más joven, la más hermosa y ésa serás tú. Alimenta esa esperanza, olvídalo, lo que quieras, pero no vayas contra la ley de Dios.

ADELA.—¡Calla!

LA PONCIA.—¡No callo!

ADELA.—Métete en tus cosas, ¡oledora!, ¡pérfida!

LA PONCIA.—Sombra tuya he de ser.

ADELA.—En vez de limpiar la casa y acostarte para rezar a tus muertos buscas como una vieja marrana asuntos de hombres y mujeres para babosear en ellos.

LA PONCIA.—¡Velo! Para que las gentes no escupan al pasar por esta puerta.

ADELA.—¡Qué cariño tan grande te ha entrado de pronto por mi hermana!

LA PONCIA.—No os tengo ley a ninguna, pero quiero vivir en casa decente. ¡No quiero mancharme de vieja!

ADELA.—Es inútil tu consejo. Ya es tarde. No por encima de ti que eres una criada, por encima de mi madre saltaría para apagarme este fuego que tengo levantado por piernas y boca. ¿Qué puedes decir de mí? ¿Que me encierro en mi cuarto y no abro la puerta? ¿Que no duermo? ¡Soy más lista que tú! Mira a ver si puedes agarrar la liebre con tus manos.

LA PONCIA.—No me desafíes, Adela, no me desafíes. Porque yo puedo dar voces, encender luces y hacer que toquen las campanas.

ADELA.—Trae cuatro mil bengalas amarillas y ponlas en las bardas del corral. Nadie podrá evitar que suceda lo que tiene que suceder.

LA PONCIA. — ¡Tanto te gusta ese hombre!

ADELA.—¡Tanto! Mirando sus ojos me parece que bebo su sangre lentamente.

LA PONCIA.—Yo no te puedo oír.

ADELA. — ¡Pues me oirás! Te he tenido miedo. ¡Pero ya soy más fuerte que tú! (Entra ANGUSTIAS.)

ANGUSTIAS.—¡Siempre discutiendo!

LA PONCIA.—Claro. Se empeña que con el calor que hace vaya a traerle no sé qué de la tienda.

ANGUSTIAS.—¿Me compraste el bote de esencia?

LA PONCIA.—El más caro. Y los polvos. En la mesa de tu cuarto los he puesto. (Sale ANGUSTIAS.)

ADELA.—¡Y chitón!

LA PONCIA. — ¡Lo veremos! (Entran MARTIRIO, AMELIA y MAGDALENA.)

MAGDALENA. — (A ADELA.) ¿Has visto los encajes?

AMELIA. — Los de Angustias para sus sábanas de novia son preciosos.

ADELA. — (A MARTIRIO, que trae unos encajes.) ¿Y éstos?

MARTIRIO.—Son para mí. Para una camisa.

ADELA.—(Con sarcasmo.) Se necesita buen humor.

MARTIRIO.—(Con intención.) Para verlos yo. No necesito lucirme ante nadie.

LA PONCIA.—Nadie le ve a una en camisa.

MARTIRIO. — (Con intención y mirando a ADELA.) ¡A veces! Pero me encanta la ropa interior. Si fuera rica la tendría de holanda. Es uno de los pocos gustos que me quedan.

LA PONCIA.—Estos encajes son preciosos para las gorras de niño para mantehuelos de cristianar. Yo nunca pude usarlos en los míos. A ver si ahora Angustias los usa en los suyos. Como le dé por tener crías vais a estar cosiendo mañana y tarde.

MAGDALENA. — Yo no pienso dar una puntada.

AMELIA.—Y mucho menos criar niños ajenos. Mira tú cómo están las vecinas del callejón, sacrificadas por cuatro monigotes.

LA PONCIA.—Ésas están mejor que vosotras. ¡Siquiera allí se ríe y se oyen porrazos!

MARTIRIO.—Pues vete a servir con ellas.

LA PONCIA.—No. Ya me ha tocado en suerte este convento. *(Se oyen unos campanillos lejanos como a través de varios muros.)*

MAGDALENA.—Son los hombres que vuelven del trabajo.

LA PONCIA.—Hace un minuto dieron las tres.

MARTIRIO.—¡Con este sol!

ADELA.—*(Sentándose.)* ¡Ay, quién pudiera salir también a los campos!

MAGDALENA.—*(Sentándose.)* ¡Cada clase tiene que hacer lo suyo!

MARTIRIO.—*(Sentándose.)* ¡Así es!

AMELIA.—*(Sentándose.)* ¡Ay!

LA PONCIA.—No hay alegría como la de los campos en esta época. Ayer de mañana llegaron los segadores. Cuarenta o cincuenta buenos mozos.

MAGDALENA.—¿De dónde son este año?

LA PONCIA.—De muy lejos. Vinieron de los montes. ¡Alegres! ¡Como árboles quemados! ¡Dando voces y arrojando piedras! Anoche llegó al pueblo una mujer vestida de lentejuelas y que bailaba con un acordeón y quince de ellos la contrataron para llevársela al olivar. Yo los vi de lejos. El que la contrataba era un muchacho de ojos verdes, apretado como una gavilla de trigo.

AMELIA.—¿Es eso cierto?

ADELA.—¡Pero es posible!

LA PONCIA.—Hace años vino otra de éstas y yo misma di dinero a mi hijo mayor para que fuera. Los hombres necesitan estas cosas.

ADELA.—Se les perdona todo.

AMELIA.—Nacer mujer es el mayor castigo.

MAGDALENA.—Y ni nuestros ojos siquiera nos pertenecen.

(Se oye un cantar lejano que se va acercando.)

LA PONCIA.—Son ellos. Traen unos cantos preciosos.

AMELIA.—Ahora salen a segar.

CORO.

Ya salen los segadores
en busca de las espigas;
se llevan los corazones
de las muchachas que miran.

(Se oyen panderos y carrañacas. Pausa. Todas oyen en un silencio traspasado por el sol.)

AMELIA.—¡Y no les importa el calor!

MARTIRIO. — Siegan entre llamaradas.

ADELA.—Me gustaría segar para ir y venir. Así se olvida lo que nos muerde.

MARTIRIO.—¿Qué tienes tú que olvidar?

ADELA.—Cada una sabe sus cosas.

MARTIRIO. — *(Profunda.)* ¡Cada una!

LA PONCIA.—¡Callar! ¡Callar!

CORO.— *(Muy lejano.)*

Abrir puertas y ventanas
las que vivís en el pueblo,
el segador pide rosas
para adornar su sombrero.

LA PONCIA.—¡Qué canto!

MARTIRIO.— *(Con nostalgia.)*

Abrir puertas y ventanas
las que vivís en el pueblo...

ADELA.— *(Con pasión.)*

...el segador pide rosas
para adornar su sombrero.

(Se va alejando el cantar.)

LA PONCIA.—Ahora dan la vuelta a la esquina.

ADELA.—Vamos a verlos por la ventana de mi cuarto.

LA PONCIA.—Tener cuidado con no entreabrirla mucho, porque son capaces de dar un empujón para ver quién mira. *(Se van las tres.)*

(Martirio queda sentada en la silla baja con la cabeza entre las manos.)

AMELIA.—*(Acercándose.)* ¿Qué te pasa?

MARTIRIO.—Me sienta mal el calor.

AMELIA.—¿No es más que eso?

MARTIRIO.—Estoy deseando que llegue noviembre, los días de lluvias, la escarcha, todo lo que no sea este verano interminable.

AMELIA.—Ya pasará y volverá otra vez.

MARTIRIO. — ¡Claro! *(Pausa.)* ¿A qué hora te dormiste anoche?

AMELIA.—No sé. Yo duermo como un tronco, ¿por qué?

MARTIRIO.—Por nada, pero me pareció oír gente en el corral.

AMELIA.—¿Sí?

MARTIRIO.—Muy tarde.

AMELIA.—¿Y no tuviste miedo?

MARTIRIO.—No. Ya lo he oído otras noches.

AMELIA.—Debiéramos tener cuidado. ¿No serían los gañanes?

MARTIRIO.—Los gañanes llegan a las seis.

AMELIA. — Quizá una mulilla sin desbravar.

MARTIRIO.—*(Entre dientes y llena de segunda intención.)* Eso, ¡eso!, una mulilla sin desbravar.

AMELIA.—¡Hay que prevenir!

MARTIRIO.—No. No. No digas nada, puede ser un barrunto mío.

AMELIA.—Quizá. *(Pausa.)* *(Amelia inicia el mutis.)*

MARTIRIO.—Amelia.

AMELIA. — *(En la puerta.)* ¿Qué? *(Pausa.)*

MARTIRIO.—Nada. *(Pausa.)*

AMELIA.—¿Por qué me llamaste? *(Pausa.)*

MARTIRIO.—Se me escapó. Fue sin darme cuenta. *(Pausa.)*

AMELIA.—Acuéstate un poco.

ANGUSTIAS.—*(Entrando furiosa en escena de modo que haya un gran contraste con los silencios anteriores.)* ¿Dónde está el retrato de Pepe que tenía yo debajo de mi almohada? ¿Quién de vosotras lo tiene?

MARTIRIO.—Ninguna.

AMELIA. — Ni que Pepe fuera un San Bartolomé de plata.

ANGUSTIAS.—¿Dónde está el retrato? *(Entran La Poncia, Magdalena y Adela.)*

ADELA.—¿Qué retrato?

ANGUSTIAS.—Una de vosotras me lo ha escondido.

MAGDALENA. — ¿Tienes la desvergüenza de decir esto?

ANGUSTIAS.—Estaba en mi cuarto y ya no está.

MARTIRIO.—¿Y no se habrá escapado a medianoche al corral? A Pepe le gusta andar con la luna.

ANGUSTIAS. — ¡No me gastes bromas! Cuando venga se lo contaré.

LA PONCIA.—¡Eso no! ¡Porque aparecerá! *(Mirando a Adela.)*

ANGUSTIAS. — ¡Me gustaría saber cuál de vosotras lo tiene!

ADELA. — *(Mirando a Martirio.)* ¡Alguna! ¡Todas menos yo!

MARTIRIO.—*(Con intención.)* ¡Desde luego!

BERNARDA.—*(Entrando.)* ¿Qué escándalo es éste en mi casa y en el silencio del peso del calor? Estarán las vecinas con el oído pegado a los tabiques.

ANGUSTIAS.—Me han quitado el retrato de mi novio.

BERNARDA. — *(Fiera.)* ¿Quién? ¿Quién?

ANGUSTIAS.—¡Éstas!

BERNARDA.—¿Cuál de vosotras? *(Silencio.)* ¡Contestarme! *(Silencio.)* *(A La Poncia.)* Registra los cuartos, mira por las camas. Esto tiene no ataros más cortas. ¡Pero me vais a soñar! *(A Angustias.)* ¿Estás segura?

Angustias.—Sí.

Bernarda.—¿Lo has buscado bien?

Angustias.—Sí, madre. *(Todas están de pie en medio de un embarazoso silencio.)*

Bernarda.—Me hacéis al final de mi vida beber el veneno más amargo que una madre puede resistir. *(A La Poncia.)* ¿No lo encuentras?

La Poncia.—*(Saliendo.)* Aquí está.

Bernarda.—¿Dónde lo has encontrado?

La Poncia.—Estaba...

Bernarda.—Dilo sin temor.

La Poncia. — *(Extrañada.)* Entre las sábanas de la cama de Martirio.

Bernarda. — *(A Martirio.)* ¿Es verdad?

Martirio.—¡Es verdad!

Bernarda.—*(Avanzando y golpeándola.)* Mala puñalada te den, ¡mosca muerta! ¡Sembradura de vidrios!

Martirio.—*(Fiera.)* ¡No me pegue usted, madre!

Bernarda.—¡Todo lo que quiera!

Martirio. — ¡Si yo la dejo! ¿Lo oye? ¡Retírese usted!

La Poncia.—No faltes a tu madre.

Angustias.—*(Cogiendo a Bernarda.)* Déjela. ¡Por favor!

Bernarda.—Ni lágrimas te quedan en esos ojos.

Martirio.—No voy a llorar para darle gusto.

Bernarda.—¿Por qué has cogido el retrato?

Martirio.—¿Es que yo no puedo gastar una broma a mi hermana? ¿Para qué lo iba a querer?

Adela.—*(Saltando llena de celos.)* No ha sido broma, que tú nunca has gustado jamás de juegos. Ha sido otra cosa que te reventaba en el pecho por querer salir. Dilo ya claramente.

Martirio.—¡Calla y no me hagas hablar, que si hablo se van a juntar las paredes unas con otras de vergüenza!

Adela.—¡La mala lengua no tiene fin para inventar!

Bernarda.—¡Adela!

Magdalena.—Estáis locas.

Amelia.—Y nos apedreáis con malos pensamientos.

Martirio.—Otras hacen cosas más malas.

Adela.—Hasta que se pongan en cueros de una vez y se las lleve el río.

Bernarda.—¡Perversa!

Angustias.—Yo no tengo la culpa de que Pepe el Romano se haya fijado en mí.

Adela.—¡Por tus dineros!

Angustias.—¡Madre!

Bernarda.—¡Silencio!

Martirio.—Por tus marjales y tus arboledas.

Magdalena.—¡Eso es lo justo!

Bernarda.—¡Silencio digo! Yo veía la tormenta venir, pero no creía que estallara tan pronto. ¡Ay, qué pedrisco de odio habéis echado sobre mi corazón! Pero todavía no soy anciana y tengo cinco cadenas para vosotras y esta casa levantada por mi padre para que ni las hierbas se enteren de mi desolación. ¡Fuera de aquí! *(Salen. Bernarda se sienta desolada. La Poncia está de pie arrimada a los muros. Bernarda reacciona, da un golpe en el suelo y dice:)* ¡Tendré que sentarles la mano! Bernarda: acuérdate que ésta es tu obligación.

La Poncia.—¿Puedo hablar?

Bernarda.—Habla. Siento que hayas oído. Nunca está bien una extraña en el centro de la familia.

La Poncia.—Lo visto, visto está.

BERNARDA.—Angustias tiene que casarse en seguida.

LA PONCIA.—Claro; hay que retirarla de aquí.

BERNARDA.—No a ella. ¡A él!

LA PONCIA.—Claro. A él hay que alejarlo de aquí. Piensas bien.

BERNARDA.—No pienso. Hay cosas que no se pueden ni se deben pensar. Yo ordeno.

LA PONCIA.—¿Y tú crees que él querrá marcharse?

BERNARDA.—(Levantándose.) ¿Qué imagina tu cabeza?

LA PONCIA.—Él, ¡claro!, se casará con Angustias.

BERNARDA.—Habla, te conozco demasiado para saber que ya me tienes preparada la cuchilla.

LA PONCIA.—Nunca pensé que se llamara asesinato al aviso.

BERNARDA.—¿Me tienes que prevenir algo?

LA PONCIA.—Yo no acuso, Bernarda. Yo sólo te digo: abre los ojos y verás.

BERNARDA.—¿Y verás qué?

LA PONCIA.—Siempre has sido lista. Has visto lo malo de las gentes a cien leguas; muchas veces creía que adivinabas los pensamientos. Pero los hijos son los hijos. Ahora estás ciega.

BERNARDA.—¿Te refieres a Martirio?

LA PONCIA.—Bueno, a Martirio... (Con curiosidad.) ¿Por qué habrá escondido el retrato?

BERNARDA.—(Queriendo ocultar a su hija.) Después de todo, ella dice que ha sido una broma. ¿Qué otra cosa puede ser?

LA PONCIA.—¿Tú lo crees así? (Con sorna.)

BERNARDA.—(Enérgica.) No lo creo. ¡Es así!

LA PONCIA.—Basta. Se trata de lo tuyo. Pero si fuera la vecina de enfrente, ¿qué sería?

BERNARDA.—Ya empiezas a sacar la punta del cuchillo.

LA PONCIA.—(Siempre con crueldad.) Bernarda: aquí pasa una cosa muy grande. Yo no te quiero echar la culpa, pero tú no has dejado a tus hijas libres. Martirio es enamoradiza, digas lo que tú quieras. ¿Por qué no la dejaste casar con Enrique Humanas? ¿Por qué el mismo día que iba a venir a la ventana le mandaste recado que no viniera?

BERNARDA.—¡Y lo haría mil veces! ¡Mi sangre no se junta con la de los Humanas mientras yo viva! Su padre fue gañán.

LA PONCIA.—¡Y así te va a ti con esos humos!

BERNARDA.—Los tengo porque puedo tenerlos. Y tú no los tienes porque sabes muy bien cuál es tu origen.

LA PONCIA.—(Con odio.) No me lo recuerdes. Estoy ya vieja. Siempre agradecí tu protección.

BERNARDA.—(Crecida.) ¡No lo parece!

LA PONCIA.—(Con odio envuelto en suavidad.) A Martirio se le olvidará esto.

BERNARDA.—Y si no lo olvida peor para ella. No creo que ésta sea la "cosa muy grande" que aquí pasa. Aquí no pasa nada. ¡Eso quisieras tú! Y si pasa algún día, estáte segura que no traspasará las paredes.

LA PONCIA.—Eso no lo sé yo. En el pueblo hay gentes que leen también de lejos los pensamientos escondidos.

BERNARDA.—¡Cómo gozarías de vernos a mí y a mis hijas camino del lupanar!

LA PONCIA.—¡Nadie puede conocer su fin!

BERNARDA.—¡Yo sí sé mi fin! ¡Y el de mis hijas! El lupanar se queda para alguna mujer ya difunta.

LA PONCIA.—¡Bernarda, respeta la memoria de mi madre!

BERNARDA.—¡No me persigas tú con tus malos pensamientos!

LA PONCIA.—(Pausa.) Mejor será que no me meta en nada.

BERNARDA.—Eso es lo que debías hacer. Obrar y callar a todo. Es la obligación de los que viven a sueldo.

LA PONCIA.—Pero no se puede. ¿A ti no te parece que Pepe estaría mejor casado con Martirio o... ¡sí! con Adela?

BERNARDA.—No me parece.

LA PONCIA.—Adela. ¡Ésa es la verdadera novia del Romano!

BERNARDA.—Las cosas no son nunca a gusto nuestro.

LA PONCIA.—Pero les cuesta mucho trabajo desviarse de la verdadera inclinación. A mí me parece mal que Pepe esté con Angustias y a las gentes y hasta al aire. ¡Quién sabe si se saldrán con la suya!

BERNARDA. — ¡Ya estamos otra vez!... Te deslizas para llenarme de malos sueños. Y no quiero entenderte porque si llegara al alcance de todo lo que dices te tendría que arañar.

LA PONCIA.—¡No llegará la sangre al río!

BERNARDA. — Afortunadamente mis hijas me respetan y jamás torcieron mi voluntad.

LA PONCIA.—¡Eso sí! Pero en cuanto las dejes sueltas se te subirán al tejado.

BERNARDA.—¡Ya las bajaré tirándoles cantos!

LA PONCIA.—¡Desde luego eres la más valiente!

BERNARDA.—¡Siempre gasté sabrosa pimienta!

LA PONCIA.—¡Pero lo que son las cosas! A su edad. ¡Hay que ver el entusiasmo de Angustias con su novio! ¡Y él también parece muy picado! Ayer me contó mi hijo mayor que a las cuatro y media de la madrugada que pasó por la calle con la yunta, estaban hablando todavía.

BERNARDA.—¡A las cuatro y media!

ANGUSTIAS. — (Saliendo.) ¡Mentira!

LA PONCIA.—Eso me contaron.

BERNARDA.—(A ANGUSTIAS.) ¡Habla!

ANGUSTIAS. — Pepe lleva más de una semana marchándose a la una. Que Dios me mate si miento.

MARTIRIO. — (Saliendo.) Yo también lo sentí marcharse a las cuatro.

BERNARDA.—¿Pero lo viste con tus ojos?

MARTIRIO. — No quise asomarme. ¿No habláis ahora por la ventana del callejón?

ANGUSTIAS.—Yo hablo por la ventana de mi dormitorio.

(Aparece ADELA en la puerta.)

MARTIRIO.—Entonces...

BERNARDA.—¿Qué es lo que pasa aquí?

LA PONCIA.—¡Cuida de enterarte! Pero, desde luego, Pepe estaba a las cuatro de la madrugada en una reja de tu casa.

BERNARDA.—¿Lo sabes seguro?

LA PONCIA.—Seguro no se sabe nada en esta vida.

ADELA.—Madre, no oiga usted a quien nos quiere perder a todas.

BERNARDA. — ¡Yo sabré enterarme! Si las gentes del pueblo quieren levantar falsos testimonios se encontrarán con mi pedernal. No se hable de este asunto. Hay a veces una ola de fango que levantan los demás para perdernos.

MARTIRIO.—A mí no me gusta mentir.

LA PONCIA.—Y algo habrá.

BERNARDA.—No habrá nada. Nací para tener los ojos abiertos. Ahora vigilaré sin cerrarlos ya hasta que me muera.

ANGUSTIAS.—Yo tengo derecho de enterarme.

BERNARDA.—Tú no tienes derecho más que a obedecer. Nadie me traiga ni me lleve. (A LA PONCIA.) Y tú te metes en los asuntos de tu casa. ¡Aquí no se vuelve a dar un paso sin que yo lo sienta!

CRIADA.—(Entrando.) En lo alto de la calle hay un gran gentío y todos los vecinos están en sus puertas.

BERNARDA.—(A LA PONCIA.) ¡Corre a enterarte de lo que pasa!

(Las mujeres corren para salir.)

¿Dónde vais? Siempre os supe mujeres ventaneras y rompedoras de su luto. ¡Vosotras, al patio!

(Salen y sale BERNARDA. Se oyen rumores lejanos. Entran MARTIRIO y ADELA, que se quedan escuchando y sin atreverse a dar un paso más de la puerta de salida.)

MARTIRIO.—Agradece a la casualidad que no desaté mi lengua.

ADELA.—También hubiera hablado yo.

MARTIRIO.—¿Y qué ibas a decir? ¡Querer no es hacer!

ADELA.—Hace la que puede y la que se adelanta. Tú querías, pero no has podido.

MARTIRIO. — No seguirás mucho tiempo.

ADELA.—¡Lo tendré todo!

MARTIRIO.—Yo romperé tus abrazos.

ADELA. — (Suplicante.) ¡Martirio, déjame!

MARTIRIO.—¡De ninguna!

ADELA.—Él me quiere para su casa.

MARTIRIO.—¡He visto cómo te abrazaba!

ADELA.—Yo no quería. He sido como arrastrada por una maroma.

MARTIRIO.—¡Primero muerta!

(Se asoman MAGDALENA y ANGUSTIAS. Se siente crecer el tumulto.)

LA PONCIA.—(Entrando con BERNARDA.) ¡Bernarda!

BERNARDA.—¿Qué ocurre?

LA PONCIA.—La hija de la Librada, la soltera, tuvo un hijo no se sabe con quién.

ADELA.—¿Un hijo?

LA PONCIA.—Y para ocultar su vergüenza lo mató y lo metió debajo de unas piedras, pero unos perros con más corazón que muchas criaturas, lo sacaron y como llevados por la mano de Dios lo han puesto en el tranco de su puerta. Ahora la quieren matar. La traen arrastrando por la calle abajo, y por las trochas y los terrenos del olivar vienen los hombres corriendo dando unas voces que estremecen los campos.

BERNARDA.—Sí, que vengan todos con varas de olivo y mangos de azadones, que vengan todos para matarla.

ADELA.—No, no. Para matarla, no.

MARTIRIO.—Sí, y vamos a salir también nosotras.

BERNARDA.—Y que pague la que pisotea la decencia.

(Fuera se oye un grito de mujer y un gran rumor.)

ADELA. — ¡Que la dejen escapar! ¡No salgáis vosotras!

MARTIRIO. — (Mirando a ADELA.) ¡Que pague lo que debe!

BERNARDA.—(Bajo el arco.) ¡Acabar con ella antes que lleguen los guardias! ¡Carbón ardiendo en el sitio de su pecado!

ADELA. — (Cogiéndose el vientre.) ¡No! ¡No!

BERNARDA.—¡Matadla! ¡Matadla!

TELÓN

ACTO TERCERO

(Cuatro paredes blancas ligeramente azuladas del patio interior de la casa de BERNARDA. *Es de noche. El decorado ha de ser de una perfecta simplicidad. Las puertas iluminadas por la luz de los interiores dan un tenue, fulgor a la escena.)*

(En el centro una mesa con un quinqué, donde están comiendo BERNAR- DA *y sus hijas.* LA PONCIA *las sirve.* PRUDENCIA *está sentada aparte.)*

(Al levantarse el telón hay un gran silencio interrumpido por el ruido de platos y cubiertos.)

PRUDENCIA.—Ya me voy. Os he hecho una visita larga. *(Se levanta.)*

BERNARDA. — Espérate, mujer. No nos vemos nunca.

PRUDENCIA.—¿Han dado el último toque para el rosario?

LA PONCIA. — Todavía no. (PRU- DENCIA *se sienta.)*

BERNARDA.—¿Y tu marido cómo sigue?

PRUDENCIA.—Igual.

BERNARDA.—Tampoco lo vemos.

PRUDENCIA.—Ya sabes sus costumbres. Desde que se peleó con sus hermanos por la herencia no ha salido por la puerta de la calle. Pone una escalera y salta las tapias y el corral.

BERNARDA.—Es un verdadero hombre. ¿Y con tu hija?

PRUDENCIA.—No la ha perdonado.

BERNARDA.—Hace bien.

PRUDENCIA.—No sé qué te diga. Yo sufro por esto.

BERNARDA.—Una hija que desobedece deja de ser hija para convertirse en una enemiga.

PRUDENCIA.—Yo dejo que el agua corra. No me queda más consuelo que refugiarme en la iglesia, pero como me estoy quedando sin vista tendré que dejar de venir para que no jueguen con una los chiquillos.

(Se oye un gran golpe dado en los muros.)

¿Qué es eso?

BERNARDA.—El caballo garañón que está encerrado y da coces contra el muro. *(A voces.)* ¡Trabadlo y que salga al corral! *(En voz baja.)* Debe tener calor.

PRUDENCIA.—¿Vais a echarle las potras nuevas?

BERNARDA.—Al amanecer.

PRUDENCIA.—Has sabido acrecentar tu ganado.

BERNARDA.—A fuerza de dinero y sinsabores.

LA PONCIA. — *(Interrumpiendo.)* Pero tiene la mejor manada de estos contornos. Es una lástima que esté bajo de precio.

BERNARDA.—¿Quieres un poco de queso y miel?

PRUDENCIA.—Estoy desganada. *(Se oye otra vez el golpe.)*

LA PONCIA.—¡Por Dios!

PRUDENCIA. — ¡Me ha retemblado dentro del pecho!

BERNARDA. — *(Levantándose furiosa.)* ¿Hay que decir las cosas dos veces? ¡Echadlo que se revuelque en los montones de paja! *(Pausa, y como hablando con los gañanes.)* Pues encerrad las potras en la cuadra, pero dejadlo libre, no sea que nos eche abajo las paredes. *(Se dirige a la mesa y se sienta otra vez.)* ¡Ay, qué vida!

PRUDENCIA.— Bregando como un hombre.

BERNARDA.—Así es. *(ADELA se levanta de la mesa.)* ¿Dónde vas?

ADELA.—A beber agua.

BERNARDA.—*(En voz alta.)* Trae un jarro de agua fresca. *(A ADELA.)* Puedes sentarte. *(ADELA se sienta.)*

PRUDENCIA.—Y Angustias, ¿cuándo se casa?

BERNARDA.—Vienen a pedirla dentro de tres días.

PRUDENCIA.—¡Estarás contenta!

ANGUSTIAS.—¡Claro!

AMELIA.—*(A MAGDALENA.)* Ya has derramado la sal.

MAGDALENA.—Peor suerte que tienes no vas a tener.

AMELIA.—Siempre trae mala sombra.

BERNARDA.—¡Vamos!

PRUDENCIA.—*(A ANGUSTIAS.)* ¿Te ha regalado ya el anillo?

ANGUSTIAS.—Mírelo usted. *(Se lo alarga.)*

PRUDENCIA.—Es precioso. Tres perlas. En mi tiempo las perlas significaban lágrimas.

ANGUSTIAS.—Pero ya las cosas han cambiado.

ADELA.—Yo creo que no. Las cosas significan siempre lo mismo. Los anillos de pedida deben ser de diamantes.

PRUDENCIA.—Es más propio.

BERNARDA.—Con perlas o sin ellas las cosas son como uno se las propone.

MARTIRIO.—O como Dios dispone.

PRUDENCIA.—Los muebles me han dicho que son preciosos.

BERNARDA.—Dieciséis mil reales he gastado.

LA PONCIA. — *(Interviniendo.)* Lo mejor es el armario de luna.

PRUDENCIA.—Nunca vi un mueble de éstos.

BERNARDA.—Nosotras tuvimos arca.

PRUDENCIA.—Lo preciso es que todo sea para bien.

ADELA.—Que nunca se sabe.

BERNARDA.—No hay motivo para que no lo sea. *(Se oyen lejanísimas unas campanas.)*

PRUDENCIA.—El último toque. *(A ANGUSTIAS.)* Ya vendré a que me enseñes la ropa.

ANGUSTIAS.—Cuando usted quiera.

PRUDENCIA.—Buenas noches nos dé Dios.

BERNARDA.—Adiós, Prudencia.

LAS CINCO A LA VEZ.—Vaya usted con Dios. *(Pausa. Sale PRUDENCIA.)*

BERNARDA.—Ya hemos comido. *(Se levantan.)*

ADELA.—Voy a llegarme hasta el portón para estirar las piernas y tomar un poco de fresco.

(MAGDALENA se sienta en una silla baja retrepada contra la pared.)

AMELIA.—Yo voy contigo.

MARTIRIO.—Y yo.

ADELA.—*(Con odio contenido.)* No me voy a perder.

AMELIA.—La noche quiere compaña. *(Salen.)*

(BERNARDA se sienta y ANGUSTIAS está arreglando la mesa.)

BERNARDA.—Ya te he dicho que quiero que hables con tu hermana Martirio. Lo que pasó del retrato fue una broma y lo debes olvidar.

ANGUSTIAS.—Usted sabe que ella no me quiere.

BERNARDA.—Cada uno sabe lo que piensa por dentro. Yo no me meto en los corazones, pero quiero buena fachada y armonía familiar. ¿Lo entiendes?

ANGUSTIAS.—Sí.

BERNARDA.—Pues ya está.

MAGDALENA.—(Casi dormida.) Además, ¡si te vas a ir antes de nada! (Se duerme.)

ANGUSTIAS.—Tarde me parece.

BERNARDA.—¿A qué hora terminaste anoche de hablar?

AGUSTIAS.—A las doce y media.

BERNARDA.—¿Qué cuenta Pepe?

ANGUSTIAS.—Yo lo encuentro distraído. Me habla siempre como pensando en otra cosa. Si le pregunto qué le pasa, me contesta: "Los hombres tenemos nuestras preocupaciones."

BERNARDA.—No le debes preguntar. Y cuando te cases, menos. Habla si él habla y míralo cuando te mire. Así no tendrás disgustos.

ANGUSTIAS.—Yo creo, madre, que él me oculta muchas cosas.

BERNARDA.—No procures descubrirlas, no le preguntes, y, desde luego, que no te vea llorar jamás.

ANGUSTIAS.—Debía estar contenta y no lo estoy.

BERNARDA.—Eso es lo mismo.

ANGUSTIAS.—Muchas veces miro a Pepe con mucha fijeza y se me borra a través de los hierros, como si lo tapara una nube de polvo de las que levantan los rebaños.

BERNARDA.—Eso son cosas de debilidad.

ANGUSTIAS.—¡Ojalá!

BERNARDA.—¿Viene esta noche?

ANGUSTIAS.—No. Fue con su madre a la capital.

BERNARDA. — Así nos acostaremos antes. ¡Magdalena!

ANGUSTIAS. — Está dormida. (Entran ADELA, MARTIRIO y AMELIA.)

AMELIA.—¡Qué noche más oscura!

ADELA.—No se ve a dos pasos de distancia.

MARTIRIO.—Una buena noche para ladrones, para el que necesita escondrijo.

ADELA.—El caballo garañón estaba en el centro del corral ¡blanco! Doble de grande, llenando todo lo oscuro.

AMELIA.—Es verdad. Daba miedo. Parecía una aparición.

ADELA.—Tiene el cielo unas estrellas como puños.

MARTIRIO.—Ésta se puso a mirarlas de modo que se iba a tronchar el cuello.

ADELA.—¿Es que no te gustan a ti?

MARTIRIO.—A mí las cosas de tejas arriba no me importan nada. Con lo que pasa dentro de las habitaciones tengo bastante.

ADELA.—Así te va a ti.

BERNARDA.—A ella le va en lo suyo como a ti en lo tuyo.

ANGUSTIAS.—Buenas noches.

ADELA.—¿Ya te acuestas?

ANGUSTIAS.—Sí. Esta noche no viene Pepe. (Sale.)

ADELA.—Madre. ¿Por qué cuando se corre una estrella o luce un relámpago se dice:

Santa Bárbara bendita
que en el cielo estás escrita
con papel y agua bendita?

BERNARDA. — Los antiguos sabían muchas cosas que hemos olvidado.

AMELIA.—Yo cierro los ojos para no verlas.

ADELA.—Yo no. A mí me gusta ver correr lleno de lumbre lo que está quieto y quieto años enteros.

MARTIRIO.—Pero estas cosas nada tienen que ver con nosotros.

BERNARDA.—Y es mejor no pensar en ellas.

ADELA.—¡Qué noche más hermosa! Me gustaría quedarme hasta muy tarde para disfrutar el fresco del campo.

BERNARDA.—Pero hay que acostarse. ¡Magdalena!

AMELIA.—Está en el primer sueño.

BERNARDA.—¡Magdalena!

MAGDALENA.—(Disgustada.) ¡Dejarme en paz!

BERNARDA.—¡A la cama!

MAGDALENA. — (Levantándose malhumorada.) ¡No la dejáis a una tranquila! (Se va refunfuñando.)

AMELIA.—Buenas noches. (Se va.)

BERNARDA. — Andar vosotras también.

MARTIRIO.—¿Cómo es que esta noche no viene el novio de Angustias?

BERNARDA.—Fue de viaje.

MARTIRIO. — (Mirando a ADELA.) ¡Ah!

ADELA. — Hasta mañana. (Sale.) (MARTIRIO bebe agua y sale lentamente mirando hacia la puerta del corral.)

LA PONCIA.—(Saliendo.) ¿Estás todavía aquí?

BERNARDA.—Disfrutando este silencio y sin lograr ver por parte alguna "la cosa tan grande" que aquí pasa según tú.

LA PONCIA.—Bernarda, dejemos esa conversación.

BERNARDA.—En esta casa no hay un sí ni un no. Mi vigilancia lo puede todo.

LA PONCIA.—No pasa nada por fuera. Eso es verdad. Tus hijas están y viven como metidas en alacenas. Pero ni tú ni nadie puede vigilar por el interior de los pechos.

BERNARDA.—Mis hijas tienen la respiración tranquila.

LA PONCIA.—Eso te importa a ti que eres su madre. A mí con servir tu casa tengo bastante.

BERNARDA.—Ahora te has vuelto callada.

LA PONCIA.—Me estoy en mi sitio y en paz.

BERNARDA.—Lo que pasa es que no tienes nada que decir. Si en esta casa hubiera hierbas ya te encargarías de traer a pastar las ovejas del vecindario.

LA PONCIA.—Yo tapo más de lo que te figuras.

BERNARDA.—¿Sigue tu hijo viendo a Pepe a las cuatro de la mañana? ¿Siguen diciendo todavía la mala letanía de esta casa?

LA PONCIA.—No dicen nada.

BERNARDA. — Porque no pueden. Porque no hay carne donde morder. A la vigilancia de mis ojos se debe esto.

LA PONCIA.—Bernarda: yo no quiero hablar porque temo tus intenciones. Pero no estés segura.

BERNARDA.—¡Segurísima!

LA PONCIA.—A lo mejor de pronto cae un rayo. A lo mejor, de pronto, un golpe te para el corazón.

BERNARDA.—Aquí no pasa nada. Ya estoy alerta contra tus suposiciones.

LA PONCIA.—Pues mejor para ti.

BERNARDA.—¡No faltaba más!

CRIADA.—(Entrando.) Ya terminé de fregar los platos. ¿Manda usted algo, Bernarda?

BERNARDA.—(Levantándose.) Nada. Voy a descansar.

LA PONCIA.—¿A qué hora quieres que te llame?

BERNARDA.—A ninguna. Esta noche voy a dormir bien. (Se va.)

LA PONCIA.—Cuando una no puede con el mar lo más fácil es volver las espaldas para no verlo.

CRIADA.—Es tan orgullosa que ella misma se pone una venda en los ojos.

LA PONCIA.—Yo no puedo hacer nada. Quise atajar las cosas, pero ya me asustan demasiado. ¿Tú ves este silencio? Pues hay una tormenta en cada cuarto. El día que estallen nos barrerán a todas. Yo he dicho lo que tenía que decir.

CRIADA.—Bernarda cree que nadie puede con ella y no sabe la fuerza que tiene un hombre entre mujeres solas.

LA PONCIA.—No es toda la culpa de Pepe el Romano. Es verdad que el año pasado anduvo detrás de Adela y ésta estaba loca por él, pero ella debió estarse en su sitio y no provocarlo. Un hombre es un hombre.

CRIADA.—Hay quien cree que habló muchas veces con Adela.

LA PONCIA.—Es verdad. (En voz baja.) Y otras cosas.

CRIADA.—No sé lo que va a pasar aquí.

LA PONCIA.—A mí me gustaría cruzar el mar y dejar esta casa de guerra.

CRIADA.—Bernarda está aligerando la boda y es posible que nada pase.

LA PONCIA.—Las cosas se han puesto ya demasiado maduras. Adela está decidida a lo que sea y las demás vigilan sin descanso.

CRIADA.—¿Y Martirio también?...

LA PONCIA.—Ésa es la peor. Es un pozo de veneno. Ve que el Romano no es para ella y hundiría el mundo si estuviera en su mano.

CRIADA.—¡Es que son malas!

LA PONCIA.—Son mujeres sin hombre, nada más. En estas cuestiones se olvida hasta la sangre. ¡Chisssssss! (Escucha.)

CRIADA.—¿Qué pasa?

LA PONCIA.—(Se levanta.) Están ladrando los perros.

CRIADA.—Debe haber pasado alguien por el portón. (Sale ADELA en enaguas blancas y corpiño.)

LA PONCIA.—¿No te habías acostado?

ADELA.—Voy a beber agua. (Bebe en un vaso de la mesa.)

LA PONCIA.—Yo te suponía dormida.

ADELA.—Me despertó la sed. ¿Y vosotras, no descansáis?

CRIADA.—Ahora. (Sale ADELA.)

LA PONCIA.—Vámonos.

CRIADA.—Ganado tenemos el sueño. Bernarda no me deja descansar en todo el día.

LA PONCIA.—Llévate la luz.

CRIADA.—Los perros están como locos.

LA PONCIA.—No nos van a dejar dormir. (Salen.)

(La escena queda casi a oscuras. Sale MARÍA JOSEFA con una oveja en los brazos.)

MARÍA JOSEFA.
Ovejita, niño mío,
vámonos a la orilla del mar.
La hormiguita estará en su puerta,
yo te daré la teta y el pan.

Bernarda,
cara de leoparda.
Magdalena,
cara de hiena.
¡Ovejita!
Meee, meee.
Vamos a los ramos del portal de Be-
[lén.

Ni tú ni yo queremos dormir;
la puerta sola se abrirá
y en la playa nos meteremos
en una choza de coral.

Bernarda,
cara de leoparda.
Magdalena,
cara de hiena.
¡Ovejita!
Meee, meee.
Vamos a los ramos del portal de
[Belén.
(Se va cantando.)

(Entra ADELA. *Mira a un lado y otro con sigilo y desaparece por la puerta del corral. Sale* MARTIRIO *por otra puerta y queda en angustioso acecho en el centro de la escena. También va en enaguas. Se cubre con un pequeño mantón negro de talle. Sale por enfrente de ella* MARÍA JOSEFA.)·

MARTIRIO.—Abuela, ¿dónde va us-. ted?

MARÍA JOSEFA.—¿Vas a abrirme la puerta? ¿Quién eres tú?

MARTIRIO.—¿Cómo está aquí?

MARÍA JOSEFA. — Me escapé. ¿Tú quién eres?

MARTIRIO.—Vaya a acostarse.

MARÍA JOSEFA.—Tú eres Martirio, ya te veo. Martirio, cara de Martirio. ¿Y cuándo vas a tener un niño? Yo he tenido éste.

MARTIRIO.—¿Dónde cogió esa oveja?

MARÍA JOSEFA.—Ya sé que es una oveja. Pero ¿por qué una oveja no va a ser un niño? Mejor es tener una oveja que no tener nada. Bernarda, cara de leoparda, Magdalena, cara de hiena.

MARTIRIO.—No dé voces.

MARÍA JOSEFA.—Es verdad. Está todo muy oscuro. Como tengo el pelo blanco crees que no puedo tener crías, y sí, crías y crías y crías. Este niño tendrá el pelo blanco y tendrá otro niño, y éste, otro, y todos con el pelo de nieve, seremos como las olas, una y otra y otra. Luego nos sentaremos todos y todos tendremos el cabello blanco y seremos espuma. ¿Por qué aquí no hay espumas? Aquí no hay más que mantos de luto.

MARTIRIO.—Calle, calle.

MARÍA JOSEFA.—Cuando mi vecina tenía un niño yo le llevaba chocolate y luego ella me lo traía a mí y así siempre, siempre, siempre. Tú tendrás el pelo blanco, pero no vendrán las vecinas. Yo tengo que marcharme, pero tengo miedo que los perros me muerdan. ¿Me acompañarás tú a salir al campo? Yo quiero campo. Yo quiero casas, pero casas abiertas y las vecinas acostadas en sus camas con sus niños chiquitos y los hombres fuera sentados en sus sillas. Pepe el Romano es un gigante. Todas lo queréis. Pero él os va a devorar porque vosotras sois granos de trigo. No granos de trigo. ¡Ranas sin lengua!

MARTIRIO.—Vamos. Váyase a la cama. *(La empuja.)*

MARÍA JOSEFA.—Sí, pero luego tú me abrirás. ¿verdad?

MARTIRIO.—De seguro.

MARÍA JOSEFA.—*(Llorando.)*

Ovejita, niño mío.
Vámonos a la orilla del mar.
La hormiguita estará en su puerta,
yo te daré la teta y el pan.

*(*MARTIRIO *cierra la puerta por donde ha salido* MARÍA JOSEFA *y se dirige a la puerta del corral. Allí vacila, pero avanza dos pasos más.)*

MARTIRIO.—*(En voz baja.)* Adela. *(Pausa. Avanza hasta la misma puerta.)* *(En voz alta.)* ¡Adela!

(Aparece ADELA. *Viene un poco despeinada.)*

ADELA.—¿Por qué me buscas?

MARTIRIO.—¡Deja a ese hombre!

ADELA.—¿Quién eres tú para decírmelo?

MARTIRIO.—No es ése el sitio de una mujer honrada.

ADELA.—¡Con qué ganas te has quedado de ocuparlo!

MARTIRIO.—*(En voz alta.)* Ha llegado el momento de que yo hable. Esto no puede seguir así.

ADELA.—Esto no es más que el comienzo. He tenido fuerza para adelantarme. El brío y el mérito que tú no tienes. He visto la muerte debajo de estos techos y he salido a buscar lo que era mío, lo que me pertenecía.

MARTIRIO.—Ese hombre sin alma vino por otra. Tú te has atravesado.

ADELA.—Vino por el dinero, pero sus ojos los puso siempre en mí.

MARTIRIO.—Yo no permitiré que lo arrebates. Él se casará con Angustias.

ADELA.—Sabes mejor que yo que no la quiere.

MARTIRIO.—Lo sé.

ADELA.—Sabes, porque lo has visto, que me quiere a mí.

MARTIRIO.—(Despechada.) Sí.

ADELA.—(Acercándose.) Me quiere a mí. Me quiere a mí.

MARTIRIO.—Clávame un cuchillo si es tu gusto, pero no me lo digas más.

ADELA.—Por eso procuras que no vaya con él. No te importa que abrace a la que no quiere, a mí tampoco. Ya puede estar cien años con Angustias, pero que me abrace a mí se te hace terrible, porque tú le quieres también, le quieres.

MARTIRIO.—(Dramática.) ¡Sí! Déjame decirlo con la cabeza fuera de los embozos. ¡Sí! Déjame que el pecho se me rompa como una granada de amargura. ¡Le quiero!

ADELA.—(En un arranque y abrazándola.) Martirio, Martirio, yo no tengo la culpa.

MARTIRIO. — ¡No me abraces! No quieras ablandar mis ojos. Mi sangre ya no es la tuya. Aunque quisiera verte como hermana no te miro ya más que como mujer. (La rechaza.)

ADELA.—Aquí no hay ningún remedio. La que tenga que ahogarse que se ahogue. Pepe el Romano es mío. Él me lleva a los juncos de la orilla.

MARTIRIO.—¡No será!

ADELA.—Ya no aguanto el horror de estos techos después de haber probado el sabor de su boca. Seré lo que él quiera que sea. Todo el pueblo contra mí, quemándome con sus dedos de lumbre, perseguida por los que dicen que son decentes, y me pondré la corona de espinas que tienen las que son queridas de algún hombre casado.

MARTIRIO.—¡Calla!

ADELA.—Sí. Sí. (En voz baja.) Vamos a dormir, vamos a dejar que se case con Angustias, ya no me importa, pero yo me iré a una casita sola donde él me verá cuando quiera, cuando le venga en gana.

MARTIRIO.—Eso no pasará mientras yo tenga una gota de sangre en el cuerpo.

ADELA.—No a ti que eres débil. A un caballo encabritado soy capaz de poner de rodillas con la fuerza de mi dedo meñique.

MARTIRIO.—No levantes esa voz que me irrita. Tengo el corazón lleno de una fuerza tan mala que, sin quererlo yo, a mí misma me ahoga.

ADELA.—Nos enseñan a querer a las hermanas. Dios me ha debido dejar sola en medio de la oscuridad, porque te veo como si no te hubiera visto nunca.

(Se oye un silbido y ADELA corre a la puerta, pero MARTIRIO se pone delante.)

MARTIRIO.—¿Dónde vas?

ADELA.—¡Quítate de la puerta!

MARTIRIO.—¡Pasa si puedes!

ADELA.—¡Aparta! (Lucha.)

MARTIRIO.—(A voces.) ¡Madre, madre!

(Aparece BERNARDA. Sale en enaguas con un mantón negro.)

BERNARDA.—Quietas, quietas. ¡Qué pobreza la mía, no poder tener un rayo entre los dedos!

MARTIRIO.—*(Señalando a* ADELA.*)* ¡Estaba con él! ¡Mira esas enaguas llenas de paja de trigo!

BERNARDA.—¡Ésa es la cama de las mal nacidas! *(Se dirige furiosa hacia* ADELA.*)*

ADELA.—*(Haciéndole frente.)* ¡Aquí se acabaron las voces de presidio! *(*ADELA *arrebata un bastón a su madre y lo parte en dos.)* Esto hago yo con la vara de la dominadora. No dé usted un paso más. En mí no manda nadie más que Pepe.

MAGDALENA.—*(Saliendo.)* ¡Adela!

(Salen LA PONCIA *y* ANGUSTIAS.*)*

ADELA.—Yo soy su mujer. *(A* ANGUSTIAS.*)* Entérate tú y ve al corral a decírselo. Él dominará toda esta casa. Ahí fuera está, respirando como si fuera un león.

ANGUSTIAS.—¡Dios mío!

BERNARDA.—¡La escopeta! ¿Dónde está la escopeta? *(Sale corriendo.)*

(Sale detrás MARTIRIO. *Aparece* AMELIA *por el fondo, que mira aterrada con la cabeza sobre la pared.)*

ADELA.—¡Nadie podrá conmigo! *(Va a salir.)*

ANGUSTIAS. — *(Sujetándola.)* De aquí no sales tú con tu cuerpo en triunfo. ¡Ladrona! ¡Deshonra de nuestra casa!

MAGDALENA.—¡Déjala que se vaya donde no la veamos nunca más!

(Suena un disparo.)

BERNARDA. — *(Entrando.)* Atrévete a buscarlo ahora.

MARTIRIO.—*(Entrando.)* Se acabó Pepe el Romano.

ADELA.—¡Pepe! ¡Dios mío! ¡Pepe! *(Sale corriendo.)*

LA PONCIA.—¿Pero lo habéis matado?

MARTIRIO.—No. Salió corriendo en su jaca.

BERNARDA.—No fue culpa mía. Una mujer no sabe apuntar.

MAGDALENA.—¿Por qué lo has dicho entonces?

MARTIRIO.—¡Por ella! Hubiera volcado un río de sangre sobre su cabeza.

LA PONCIA.—¡Maldita!

MAGDALENA.—¡Endemoniada!

BERNARDA.—Aunque es mejor así. *(Suena un golpe.)* ¡Adela, Adela!

LA PONCIA.—*(En la puerta.)* ¡Abre!

BERNARDA.—Abre. No creas que los muros defienden de la vergüenza.

CRIADA.—*(Entrando.)* ¡Se han levantado los vecinos!

BERNARDA.—*(En voz baja como un rugido.)* ¡Abre, porque echaré abajo la puerta! *(Pausa. Todo queda en silencio.)* ¡Adela! *(Se retira de la puerta.)* ¡Trae un martillo!

*(*LA PONCIA *da un empellón y entra. Al entrar da un grito y sale.)*

¿Qué?

LA PONCIA.—*(Se lleva las manos al cuello.)* ¡Nunca tengamos ese fin!

(Las hermanas se echan hacia atrás. La CRIADA *se santigua.* BERNARDA *da un grito y avanza.)*

LA PONCIA.—¡No entres!

BERNARDA.—No. ¡Yo no! Pepe: tú irás corriendo vivo por lo oscuro de las alamedas, pero otro día caerás. ¡Descolgarla! ¡Mi hija ha muerto virgen! Llevadla a su cuarto y vestirla como una doncella. ¡Nadie diga nada! Ella ha muerto virgen. Avisad que al amanecer den dos clamores las campanas.

MARTIRIO.—Dichosa ella mil veces que lo pudo tener.

BERNARDA.—Y no quiero llantos. La muerte hay que mirarla cara a cara. ¡Silencio! *(A otra hija.)* ¡A callar he dicho! *(A otra hija.)* ¡Las lágrimas cuando estés sola! Nos hundiremos todas en un mar de luto. Ella, la hija menor de Bernardą Alba, ha muerto virgen. ¿Me habéis oído? ¡Silencio, silencio he dicho! ¡Silencio!

TELÓN

(Día viernes 19 de junio de 1936.)

FIN DE

«LA CASA DE BERNARDA ALBA»

PRIMERAS CANCIONES

(1922)

REMANSOS

Cipreses
(Agua estancada.)

Chopo.
(Agua cristalina.)

Mimbre.
(Agua profunda.)

Corazón.
(Agua de pupila.)

REMANSILLO

Me miré en tus ojos
pensando en tu alma.

Adelfa blanca.

Me miré en tus ojos
pensando en tu boca.

Adelfa roja.

Me miré en tus ojos.
¡Pero estabas muerta!

Adelfa negra.

VARIACIÓN

El remanso del aire
bajo la rama del eco.

El remanso del agua
bajo fronda de luceros.

El remanso de tu boca
bajo espesura de besos.

REMANSO. CANCIÓN FINAL

Ya viene la noche.

Golpean rayos de luna
sobre el yunque de la tarde.

Ya viene la noche.

Un árbol grande se abriga
con palabras de cantares.

Ya viene la noche.

Si tú vinieras a verme
por los senderos del aire.

Ya viene la noche.

Me encontrarías llorando
bajo los álamos grandes.
¡Ay morena!
Bajo los álamos grandes.

MEDIA LUNA

La luna va por el agua.
¡Cómo está el cielo tranquilo!
Va segando lentamente

el temblor viejo del río
mientras que una rama joven
la toma por espejito.

CUATRO BALADAS AMARILLAS

I

En lo alto de aquel monte
hay un arbolito verde.

Pastor que vas,
pastor que vienes.

Olivares soñolientos
bajan al llano caliente.

Pastor que vas,
pastor que vienes.

Ni ovejas blancas ni perro
ni cayado ni amor tienes.

Pastor que vas.

Como una sombra de oro,
en el trigal te disuelves.

Pastor que vienes.

II

La tierra estaba
amarilla.

Orillo, orillo,
pastorcillo.

Ni luna blanca
ni estrella lucían.

Orillo, orillo,
pastorcillo.

Vendimiadora morena
corta el llanto de la viña.

Orillo, orillo,
pastorcillo.

III

Dos bueyes rojos
en el campo de oro.

Los bueyes tienen ritmo
de campanas antiguas
y ojos de pájaro.
Son para las mañanas
de niebla, y sin embargo
horadan la naranja
del aire, en el verano.
Viejos desde que nacen
no tienen amo
y recuerdan las alas
de sus costados.
Los bueyes
siempre van suspirando
por los campos de Ruth
en busca del vado,
del eterno vado,
borrachos de luceros
a rumiarse sus llantos.

Dos bueyes rojos
en el campo de oro.

IV

Sobre el cielo
de las margaritas ando.

Yo imagino esta tarde
que soy santo.
Me pusieron la luna
en las manos.
Yo la puse otra vez
en los espacios
y el Señor me premió
con la rosa y el halo.

Sobre el cielo
de las margaritas ando.

Y ahora voy
por este campo
a librar a las niñas
de galanes malos
y dar monedas de oro
a todos los muchachos.

Sobre el cielo
de las margaritas ando.

PALIMPSESTOS

A José Moreno Villa.

I

CIUDAD

El bosque centenario
penetra en la ciudad,
pero el bosque está dentro
del mar.
Hay flechas en el aire
y guerreros que van
perdidos entre ramas
de coral.

Sobre las casas nuevas
se mueve un encinar
y tiene el cielo enormes
curvas de cristal.

II

CORREDOR

Por los altos corredores
se pasean dos señores.

    (Cielo
    nuevo.
    ¡Cielo
    azul!)

...se pasean dos señores
que antes fueron blancos monjes.

    (Cielo
    medio.
    ¡Cielo
    morado!)

...se pasean dos señores
que antes fueron cazadores.

    (Cielo
    viejo.
    ¡Cielo
    de oro!)

...se pasean dos señores
que antes fueron...
Noche.

III

PRIMERA PÁGINA

    A Isabel Clara, mi ahijada.

Fuente clara.
Cielo claro.

¡Oh, cómo se agrandan
los pájaros!

Cielo claro.
Fuente clara.

¡Oh, cómo relumbran
las naranjas!

Fuente.
Cielo.

¡Oh, cómo el trigo
es tierno!

Cielo.
Fuente.

¡Oh, cómo el trigo
es verde!

ADÁN

Árbol de sangre moja la mañana
por donde gime la recién parida.
Su voz deja cristales en la herida
y un gráfico de hueso en la ventana.

Mientras la luz que viene fija y gana
blancas metas de fábula que olvida

el tumulto de venas en la huida
hacia el turbio frescor de la man-
                                    [zana.

Adán sueña en la fiebre de la arcilla
un niño que se acerca galopando
por el doble latir de su mejilla.

Pero otro Adán oscuro está soñando
neutra luna de piedra sin semilla

donde el niño de luz se irá queman-
[do.

CLARO DE RELOJ

Me senté
en un claro del tiempo.
Era un remanso
de silencio,
de un blanco silencio,

anillo formidable
donde los luceros
chocaban con los doce flotantes
números negros.

CAUTIVA

Por las ramas
indecisas
iba una doncella
que era la vida.
Por las ramas
indecisas.
Con un espejito
reflejaba el día
que era un resplandor

de su frente limpia.
Por las ramas
indecisas.
Sobre las tinieblas
andaba perdida,
llorando rocío,
del tiempo cautiva.
Por las ramas
indecisas.

CANCIÓN

Por las ramas del laurel
van dos palomas oscuras.
La una era el sol,
la otra la luna.
Vecinitas, les dije,
¿dónde está mi sepultura?
En mi cola, dijo el sol.
En mi garganta, dijo la luna.
Y yo que estaba caminando
con la tierra a la cintura
vi dos águilas de mármol

y una muchacha desnuda.
La una era la otra
y la muchacha era ninguna.
Aguilitas, les dije,
¿dónde está mi sepultura?
En mi cola, dijo el sol.
En mi garganta, dijo la luna.
Por las ramas del cerezo
vi dos palomas desnudas,
la una era la otra
y las dos eran ninguna.

FIN DE
«PRIMERAS CANCIONES»

CANCIONES

(1921-1924)

*A Pedro Salinas,
Jorge Guillén y
Melchorito Fernández
Almagro.*

TEORÍAS

CANCIÓN DE LAS SIETE DONCELLAS

(TEORÍA DEL ARCO IRIS)

Cantan las siete
doncellas.

(Sobre el cielo un arco
de ejemplos de ocaso.)

Alma con siete voces
las siete doncellas.

(En el aire blanco,
siete largos pájaros.)

Mueren las siete
doncellas.

(¿Por qué no han sido nueve?
¿Por qué no han sido veinte?)

El río las trae,
nadie puede verlas.

NOCTURNO ESQUEMÁTICO

Hinojo, serpiente y junco.
Aroma, rastro y penumbra.
Aire, tierra y soledad.

(La escala llega a la luna.)

LA CANCIÓN DEL COLEGIAL

Sábado.
Puerta de jardín.

Domingo.
Día gris.
Gris.

Sábado.
Arcos azules.
Brisa.

Domingo.
Mar con orillas.
Metas.

Sábado.
Semilla
estremecida.

Domingo.
(Nuestro amor se pone
amarillo.)

EL CANTO QUIERE SER LUZ

El canto quiere ser luz.
En lo oscuro el canto tiene
hilos de fósforo y luna.
La luz no sabe qué quiere.

En sus límites de ópalo
se encuentra ella misma,
y vuelve.

TÍO-VIVO

A José Bergamín.

Los días de fiesta
van sobre ruedas.
El tío-vivo los trae
y los lleva.

Corpus azul.
Blanca nochebuena.
Los días abandonan
su piel, como las culebras,
con la sola excepción
de los días de fiesta.

Éstos son los mismos
de nuestras madres viejas.
Sus tardes son largas colas
de moaré y lentejuelas.

Corpus azul.
Blanca Nochebuena.

El tío-vivo gira
colgado de una estrella.
Tulipán de las cinco
partes de la tierra.

Sobre caballitos
disfrazados de panteras
los niños se comen la luna
como si fuera una cereza.

¡Rabia, rabia. Marco Polo!
Sobre una fantástica rueda,
los niños ven lontananzas
desconocidas de la tierra.

Corpus azul.
Blanca Nochebuena.

BALANZA

La noche quieta siempre.
El día va y viene.

La noche muerta y alta.

El día con un ala.

La noche sobre espejos
y el día bajo el viento.

CANCIÓN CON MOVIMIENTO

Ayer.

(Estrellas
azules.)

Mañana.

(Estrellitas
blancas.)

Hoy.

(Sueño flor adormecida
en el valle de la enagua.)

Ayer.

(Estrellas
de fuego.)

Mañana.

(Estrellas
moradas.)

Hoy.

(Este corazón ¡Dios mío!
¡Este corazón que salta!)

Ayer.

(Memoria
de estrellas.)

Mañana.

(Estrellas cerradas.)

Hoy....

(¡Mañana!)

¿Me marearé quizá
sobre la barca?
¡Oh los puentes del Hoy
en el camino de agua!

REFRÁN

Marzo
pasa volando.

Y enero sigue tan alto.

Enero
sigue en la noche del cielo.

Y abajo marzo es un momento.

Enero.
Para mis ojos viejos.

Marzo.
Para mis frescas manos.

FRISO

A Gustavo Durán.

Tierra

Las niñas de la brisa
van con sus largas colas.

Cielo

Los mancebos del aire
saltan sobre la luna.

CAZADOR

¡Alto pinar!
Cuatro palomas por el aire van.

Cuatro palomas
vuelan y tornan.

Llevan heridas
sus cuatro sombras.

¡Bajo pinar!
Cuatro palomas en la tierra están.

FÁBULA

Unicornios y cíclopes.

Cuernos de oro
y ojos verdes.

Sobre el acantilado,
en tropel gigantesco,
ilustran el azogue,
sin cristal, del mar.

Unicornios y cíclopes.

Una pupila
y una potencia.

¿Quién duda la eficacia
terrible de esos cuernos?

¡Oculta tus blancos,
Naturaleza!

AGOSTO...

Agosto,
contraponientes
de melocotón y azúcar,
y el sol dentro de la tarde,
como el hueso en una fruta.

La panocha guarda, intacta,
su risa amarilla y dura.

Agosto.
Los niños comen
pan moreno y rica luna.

ARLEQUÍN

Teta roja del sol.
Teta azul de la luna.

Torso mitad coral,
mitad plata y penumbra.

CORTARON TRES ÁRBOLES

A Ernesto Halffter.

Eran tres.
(Vino el día con sus hachas.)

Eran dos.
(Alas rastreras de plata.)

Era uno.

Era ninguno.
(Se quedó desnuda el agua.)

NOCTURNOS DE LA VENTANA

*A la memoria de José de Ciria
y Escalante. Poeta.*

1

Alta va la luna.
Bajo corre el viento.

(Mis largas miradas
exploran el cielo.)

Luna sobre el agua.
Luna bajo el viento.

(Mis cortas miradas
exploran el suelo.)

Las voces de dos niñas
venían. Sin esfuerzo,
de la luna del agua
me fui a la del cielo.

2

Un brazo de la noche
entra por mi ventana.

Un gran brazo moreno
con pulseras de agua.

Sobre un cristal azul
jugaba al río mi alma.

Los instantes heridos
por el reloj... pasaban.

3

Asomo la cabeza
por mi ventana, y veo

cómo quiere cortarla
la cuchilla del viento.

En esta guillotina
invisible, yo he puesto
las cabezas sin ojos
de todos mis deseos.

Y un olor de limón
llenó el instante inmenso,
mientras se convertía
en flor de gasa el viento.

4

Al estanque se le ha muerto
hoy una niña de agua.
Está fuera del estanque,
sobre el suelo amortajada.

De la cabeza a sus muslos
un pez la cruza, llamándola.
El viento le dice "niña"
mas no puede despertarla.

El estanque tiene suelta
su cabellera de algas
y al aire sus grises tetas
estremecidas de ranas.

Dios te salve. Rezaremos
a Nuestra Señora de Agua
por la niña del estanque
muerta bajo las manzanas.

Yo luego pondré a su lado
dos pequeñas calabazas
para que se tenga a flote,
¡ay! sobre la mar salada.

Residencia de Estudiantes, 1923.

227

CANCIONES PARA NIÑOS

*A la maravillosa niña Colomba Morla
Vicuña, dormida piadosamente el día
8 de agosto de 1928*

CANCIÓN CHINA EN EUROPA

A mi ahijada Isabel Clara.

La señorita
del abanico
va por el puente
del fresco río.

Los caballeros
con sus levitas
miran el puente
sin barandillas.

La señorita
del abanico
y los volantes
busca marido.

Los caballeros
están casados
con altas rubias
de idioma blanco.

Los grillos cantan
por el oeste.

(La señorita
va por lo verde.)

Los grillos cantan
bajo las flores.

(Los caballeros
van por el Norte.)

CANCIONCILLA SEVILLANA

A Solita Salinas.

Amanecía
en el naranjel.
Abejitas de oro
buscaban la miel.

¿Dónde estará
la miel?

Está en la flor azul
Isabel.

En la flor
del romero aquel.

(Sillita de oro
para el moro.
Silla de oropel
para su mujer.)

Amanecía
en el naranjel.

228

CARACOLA

A Natalita Jiménez.

Me han traído una caracola.

Dentro le canta
un mar de mapa.
Mi corazón

se llena de agua,
con pececillos
de sombra y plata.

Me han traído una caracola.

EL LAGARTO ESTÁ LLORANDO...

*A Mademoiselle Teresita Guillén
tocando su piano de siete notas.*

El lagarto está llorando.
La lagarta está llorando.

El lagarto y la lagarta
con delantalitos blancos.

Han perdido sin querer
su anillo de desposados.

¡Ay, su anillito de plomo,
ay, su anillito plomado!

Un cielo grande y sin gente
monta en su globo a los pájaros.

El sol, capitán redondo,
lleva un chaleco de raso.

¡Miradlos qué viejos son!
¡Qué viejos son los lagartos!

¡Ay, cómo lloran y lloran,
¡ay! ¡ay! cómo están llorando!

CANCIÓN CANTADA

En el gris,
el pájaro Griffón
se vestía de gris.

Y la niña Kikirikí
perdía su blancor
y forma allí.

Para entrar en el gris
me pinté de gris.
¡Y cómo relumbraba
en el gris!

PAISAJE

A Rita, Concha, Pepe y Carmencica.

La tarde equivocada
se vistió de frío.

Detrás de los cristales
turbios, todos los niños,
ven convertirse en pájaros
un árbol amarillo.

La tarde está tendida
a lo largo del río.
Y un rubor de manzana
tiembla en los tejadillos.

CANCIÓN TONTA

Mamá.
Yo quiero ser de plata.

Hijo,
tendrás mucho frío.

Mamá.
Yo quiero ser de agua.

Hijo,
tendrás mucho frío.

Mamá.
Bórdame en tu almohada.

¡Eso sí!
¡Ahora mismo!

ANDALUZAS

A Miguel Pizarro (en la irregularidad simétrica del Japón).

CANCIÓN DE JINETE

(1860)

En la luna negra
de los bandoleros
cantan las espuelas.

Caballito negro.
¿Dónde llevas tu jinete muerto?

...Las duras espuelas
del bandido inmóvil
que perdió las riendas.

Caballito frío.
¡Qué perfume de flor de cuchillo!

En la luna negra
sangraba el costado
de Sierra Morena.

Caballito negro.
¿Dónde llevas tu jinete muerto?

La noche espolea
sus negros ijares
clavándose estrellas.

Caballito frío.
¡Qué perfume de flor de cuchillo!

En la luna negra
¡un grito! y el cuerno
largo de la hoguera.

Caballito negro.
¿Dónde llevas tu jinete muerto?

ADELINA DE PASEO

La mar no tiene naranjas,
ni Sevilla tiene amor.
Morena, qué luz de fuego.
Préstame tu quitasol.

Me pondrá la cara verde
—zumo de lima y limón—;

tus palabras —pececillos—
nadarán alrededor.

La mar no tiene naranjas.
Ay amor.
¡Ni Sevilla tiene amor!

ZARZAMORA CON EL TRONCO GRIS

Zarzamora, con el tronco gris,
dame un racimo para mí.

Sangre y espinas. Acércate.
Si tú me quieres, yo te querré.

Deja tu fruto de verde y sombra

sobre mi lengua, zarzamora.

¡Qué largo abrazo te daría
en la penumbra de mis espinas!

Zarzamora, ¿dónde vas?
A buscar amores que tú no me das.

MI NIÑA SE FUE A LA MAR...

Mi niña se fue a la mar,
a contar olas y chinas,
pero se encontró, de pronto,
con el río de Sevilla.

Entre adelfas y campanas
cinco barcos se mecían,
con los remos en el agua
y las velas en la brisa.

¿Quién mira dentro la torre
enjaezada, de Sevilla?
Cinco voces contestaban
redondas como sortijas.

El cielo monta gallardo
al río, de orilla a orilla;
en el aire sonrosado,
cinco anillos se mecían.

TARDE

*(¿Estaba mi Lucía
con los pies en el arroyo?)*

Tres álamos inmensos
y una estrella.

El silencio mordido
por las ranas, semeja
una gasa pintada
con lunaritos verdes.

En el río,
un árbol seco
ha florecido en círculos
concéntricos.

Y he soñado sobre las aguas,
a la morenita de Granada.

CANCIÓN DE JINETE

Córdoba.
Lejana y sola.

Jaca negra, luna grande,
y aceitunas en mi alforja.
Aunque sepa los caminos
yo nunca llegaré a Córdoba.

Por el llano, por el viento,
jaca negra, luna roja.

La muerte me está mirando
desde las torres de Córdoba.

¡Ay qué camino tan largo!
¡Ay mi jaca valerosa!
¡Ay que la muerte me espera,
antes de llegar a Córdoba!

Córdoba.
Lejana y sola.

ES VERDAD

¡Ay qué trabajo me cuesta
quererte como te quiero!

Por tu amor me duele el aire,
el corazón
y el sombrero.

¿Quién me compraría a mí
este cintillo que tengo
y esta tristeza de hilo
blanco, para hacer pañuelos?

¡Ay qué trabajo me cuesta
quererte como te quiero!

ARBOLÉ, ARBOLÉ

Arbolé, arbolé
seco y verdé.

La niña de bello rostro
está cogiendo aceitunas.

El viento, galán de torres,
la prende por la cintura.

Pasaron cuatro jinetes
sobre jacas andaluzas
con trajes de azul y verde,
con largas capas oscuras.

"Vente a Córdoba, muchacha."
La niña no los escucha.

Pasaron tres torerillos
delgaditos de cintura,

con trajes color naranja
y espadas de plata antigua.

"Vente a Sevilla, muchacha."
La niña no los escucha.

Cuando la tarde se puso
morada, con luz difusa,
pasó un joven que llevaba
rosas y mirtos de luna.

"Vente a Granada, muchacha."
Y la niña no lo escucha.

La niña del bello rostro
sigue cogiendo aceitunas,
con el brazo gris del viento
prendido por la cintura.

Arbolé, arbolé
seco y verdé.

GALÁN

Galán,
galancillo.
En tu casa queman tomillo.

Ni que vayas, ni que vengas,
con llave cierro la puerta.

Con llave de plata fina.
Atada con una cinta.

En la cinta hay un letrero:
"Mi corazón está lejos."

No des vueltas en mi calle.
¡Déjasela toda al aire!

Galán,
galancillo.
En tu casa queman tomillo.

TRES RETRATOS CON SOMBRAS

I

VERLAINE

La canción
que nunca diré
se ha dormido en mis labios.
La canción
que nunca diré.

Sobre las madreselvas
había una luciérnaga,
y la luna picaba
con un rayo en el agua.

Entonces yo soñé
la canción
que nunca diré.

Canción llena de labios
y de cauces lejanos.

Canción llena de horas
perdidas en la sombra.

Canción de estrella viva
sobre un perpetuo día.

BACO

Verde rumor intacto.
La higuera me tiende sus brazos.

Como una pantera, su sombra
acecha mi lírica sombra.

La luna cuenta los perros.
Se equivoca y empieza de nuevo.

Ayer, mañana, negro y verde,
rondas mi cerco de laureles.

¿Quién te querría como yo,
si me cambiaras el corazón?

...Y la higuera me grita y avanza
terrible y multiplicada.

II

JUAN RAMÓN JIMÉNEZ

En el blanco infinito,
nieve, nardo y salina,
perdió su fantasía.

El color blanco anda
sobre una muda alfombra
de plumas de paloma.

Sin ojos ni ademán,

inmóvil, sufre un sueño.
Pero tiembla por dentro.

En el blanco infinito,
¡qué pura y larga herida
dejó su fantasía!

En el blanco infinito.
Nieve. Nardo. Salina.

VENUS

Así te vi.

La joven muerta
en la concha de la cama,
desnuda de flor y brisa
surgia en la luz perenne.

Quedaba el mundo,
lirio de algodón y sombra,

asomado a los cristales,
viendo el tránsito infinito.

La joven muerta
surcaba el amor por dentro.
Entre la espuma de las sábanas
se perdía su cabellera.

III

DEBUSSY

Mi sombra va silenciosa
por el agua de la acequia.

Por mi sombra están las ranas
privadas de las estrellas.

La sombra manda a mi cuerpo
reflejos de cosas quietas.

Mi sombra va como inmenso
cínife color violeta.

Cien grillos quieren dorar
la luz de la cañavera.

Una luz nace en mi pecho,
reflejado, de la acequia.

NARCISO

Niño.
¡Que te vas a caer al río!

En lo hondo hay una rosa
y en la rosa hay otro río.

¡Mira aquel pájaro! ¡Mira
aquel pájaro amarillo!

Se me han caído los ojos
dentro del agua.

¡Dios mío!
¡Que se resbala! ¡Muchacho!

. . . y en la rosa estoy yo mismo.

Cuando se perdió en el agua,
comprendí. Pero no explico.

JUEGOS

Dedicados a la cabeza de Luis Buñuel. En gros plan.

RIBEREÑAS

(Con acompañamiento de campanas.)

Dicen que tienes cara
(balalín)
de luna llena.
(balalán).
Cuantas campanas ¿oyes?
(balalín).
No me dejan.
(¡Balalán!)
Pero tus ojos... ¡Ah!
(balalín)
...perdona, tus ojeras...
(balalán)
y esa risa de oro

(balalín)
y esa... no puedo, esa...
(balalán)

Su duro miriñaque
las campanas golpean.

¡Oh tu encanto secreto... tu...
(balalín
lín
lín
lín...)
Dispensa.

A IRENE GARCÍA

(Criada)

En el soto,
los alamillos bailan
uno con otro.
Y el arbolé,
con sus cuatro hojitas
baila también.

¡Irene!
Luego vendrán las lluvias
y las nieves.
Baila sobre lo verde.

Sobre lo verde verde,
que te acompaño yo.

¡Ay cómo corre el agua!
¡Ay mi corazón!

En el soto,
los alamillos bailan
uno con otro.
Y el arbolé,
con sus cuatro hojitas
baila también.

AL OÍDO DE UNA MUCHACHA

No quise.
No quise decirte nada.

Vi en tus ojos
dos arbolitos locos.
De brisa, de risa y de oro.

Se meneaban.

No quise.
No quise decirte nada.

LAS GENTES IBAN...

Las gentes iban
y el otoño venía.

Las gentes
iban a lo verde.
Llevaban gallos
y guitarras alegres.
Por el reino
de las simientes.
El río soñaba,
corría la fuente.
¡Salta,
corazón caliente!

Las gentes
iban a lo verde.

El otoño venía
amarillo de estrellas,
pájaros macilentos
y ondas concéntricas.
Sobre el pecho almidonado,
la cabeza.
¡Párate,
corazón de cera!

Las gentes iban
y el otoño venía.

CANCIÓN DEL MARIQUITA

El mariquita se peina
en su peinador de seda.

Los vecinos se sonríen
en sus ventanas postreras.

El mariquita organiza
los bucles de su cabeza.

Por los patios gritan loros,
surtidores y planetas.

El mariquita se adorna
con un jazmín sinvergüenza.

La tarde se pone extraña
de peines y enredaderas.

El escándalo temblaba
rayado como una cebra.

¡Los mariquitas del Sur
cantan en las azoteas!

ÁRBOL DE CANCIÓN

Para Ana María Dalí.

Caña de voz y gesto,
una vez y otra vez

tiembla sin esperanza
en el aire de ayer.

La niña suspirando
lo quería coger;
pero llegaba siempre
un minuto después.

¡Ay sol! ¡Ay luna, luna!
Un minuto después,

sesenta flores grises
enredaban sus pies.

Mira cómo se mece
una vez y otra vez,
virgen de flor y rama,
en el aire de ayer.

NARANJA Y LIMÓN

Naranja y limón.

¡Ay de la niña
del mal amor!

Limón y naranja.

¡Ay de la niña,
de la niña blanca!

Limón.

(Cómo brillaba
el sol.)

Naranja.

(En las chinas
del agua.)

LA CALLE DE LOS MUDOS

Detrás de las inmóviles vidrieras
las muchachas juegan con sus risas.

(En los pianos vacíos,
arañas titiriteras.)

Las muchachas hablan de sus novios
agitando sus trenzas apretadas.

(Mundo del abanico,
el pañuelo y la mano.)

Los galanes replican haciendo,
alas y flores con sus capas negras.

CANCIONES DE LUNA

A José F. Montesinos.

LA LUNA ASOMA

Cuando sale la luna
se pierden las campanas
y aparecen las sendas
impenetrables.

Cuando sale la luna,
el mar cubre la tierra
y el corazón se siente
isla en el infinito.

Nadie come naranjas
bajo la luna llena.
Es preciso comer
fruta verde y helada.

Cuando sale la luna
de cien rostros iguales,
la moneda de plata
solloza en el bolsillo.

DOS LUNAS DE TARDE

1

(A Laurita, amiga de mi hermana.)

La luna está muerta, muerta;
pero resucita en la primavera.

Cuando en la frente de los chopos
se rice el viento del sur.
Cuando den nuestros corazones
su cosecha de suspiros.

Cuando se pongan los tejados
sus sombreritos de yerba.

La luna está muerta, muerta;
pero resucita en la primavera.

2

(A Isabelita, mi hermana.)

La tarde canta
una "berceuse" a las naranjas.

Mi hermanita canta:
La tierra es una naranja.

La luna llorando dice:
Yo quiero ser una naranja.
No puede ser, hija mía,
aunque te pongas rosada.
Ni siquiera limoncito.
¡Qué lástima!

239

LUNES, MIÉRCOLES Y VIERNES

Yo era.
Yo fui.
Pero no soy.

Yo era...
(¡Oh fauce maravillosa
la del ciprés y su sombra!
Ángulo de luna llena.
Ángulo de luna sola.)

Yo fui...
La luna estaba de broma
diciendo que era una rosa.
(Con una capa de viento
mi amor se arrojó a las olas.)

Pero no soy...
(Ante una vidriera rota
coso mi lírica ropa.)

MURIÓ AL AMANECER

Noche de cuatro lunas
y un solo árbol,
con una sola sombra
y un solo pájaro.

Busco en mi carne las
huellas de tus labios.
El manantial besa al viento
sin tocarlo.

Llevo el No que me diste,
en la palma de la mano,
como un limón de cera
casi blanco.

Noche de cuatro lunas
y un solo árbol.
En la punta de una aguja,
está mi amor ¡girando!

PRIMER ANIVERSARIO

La niña va por mi frente.
¡Oh, qué antiguo sentimiento!

¿De qué me sirve, pregunto,
la tinta, el papel y el verso?

Carne tuya me parece,
rojo lirio, junco fresco.

Morena de luna llena.
¿Qué quieres de mi deseo?

SEGUNDO ANIVERSARIO

La luna clava en el mar
un largo cuerno de luz.

Unicornio gris y verde,
estremecido, pero estático.

El cielo flota sobre el aire
como una inmensa flor de loto.

(¡Oh, tú sola paseando
la última estancia de la noche!)

FLOR

A Colin Hackforth.

El magnífico sauce
de la lluvia, caía.

¡Oh la luna redonda
sobre las ramas blancas!

EROS CON BASTÓN
(1925)

(A Pepín Bello.)

SUSTO EN EL COMEDOR

Eras rosa.
Te pusiste alimonada.

¿Qué intención viste en mi mano
que casi te amenazaba?

Quise las manzanas verdes.
No las manzanas rosadas...

alimonada...

(Grulla dormida la tarde,
puso en tierra la otra pata.)

LUCÍA MARTÍNEZ

Lucía Martínez.
Umbría de seda roja.

Tus muslos como la tarde
van de la luz a la sombra.
Los azabaches recónditos
oscurecen tus magnolias.

Aquí estoy, Lucía Martínez.
Vengo a consumir tu boca
y a arrastrarte del cabello
en madrugada de conchas.

Porque quiero y porque puedo.
Umbría de seda roja.

LA SOLTERA EN MISA

Bajo el Moisés del incienso,
adormecida.

Ojos de toro te miraban.
Tu rosario llovía.

Con ese traje de profunda seda,
no te muevas, Virginia.

Da los negros melones de tus pechos
al rumor de la misa.

INTERIOR

Ni quiero ser poeta,
ni galante.

¡Sábanas blancas donde te desma-
[yes!

No conoces el sueño
ni el resplandor del día.
Como los calamares,

ciegas desnuda en tinta de perfume,
Carmen.

NU

Bajo la adelfa sin luna
estabas fea desnuda.

Tu carne buscó en mi mapa
el amarillo de España.
Qué fea estabas, francesa,
en lo amargo de la adelfa.

Roja y verde, eché a tu cuerpo
la capa de mi talento.

Verde y roja, roja y verde.
¡Aquí somos otra gente!

SERENATA

Homenaje a Lope de Vega.

Por las orillas del río
se está la noche mojando
y en los pechos de Lolita
se mueren de amor los ramos.

Se mueren de amor los ramos.

La noche canta desnuda
sobre los puentes de marzo.
Lolita lava su cuerpo

con agua salobre y nardos.

Se mueren de amor los ramos.

La noche de anís y plata
relumbra por los tejados.
Plata de arroyos y espejos.
Anís de tus muslos blancos.

Se mueren de amor los ramos.

EN MÁLAGA

Suntuosa Leonarda.
Carne pontifical y traje blanco,
en las barandas de "Villa Leonar-
        [da"
Expuesta a los tranvías y a los bar-
        [cos.

Negros torsos bañistas oscurecen
la ribera del mar. Oscilando
—concha y loto a la vez—
viene tu culo
de Ceres en retórica de mármol.

TRASMUNDO

A Manuel Ángeles Ortiz.

ESCENA

Altas torres.
Largos ríos.

Hada

Toma el anillo de bodas
que llevaron tus abuelos.
Cien manos, bajo la tierra,
lo están echando de menos.

Yo

Voy a sentir en mis manos
una inmensa flor de dedos
y el símbolo del anillo.
No lo quiero.

Altas torres.
Largos ríos.

MALESTAR Y NOCHE

Abejaruco.
En tus árboles oscuros.
Noche de cielo balbuciente
y aire tartamudo.

Tres borrachos eternizan
sus gestos de vino y luto.
Los astros de plomo giran
sobre un pie.
        Abejaruco.
En tus árboles oscuros.

Dolor de sien oprimida
con guirnaldas de minutos.
¿Y tu silencio? Los tres
borrachos cantan desnudos.
Pespunte de seda virgen
tu canción.
        Abejaruco.
Uco uco uco uco.
        Abejaruco.

EL NIÑO MUDO

El niño busca su voz.
(La tenía el rey de los grillos.)
En una gota de agua
buscaba su voz el niño.

No la quiero para hablar;
me haré con ella un anillo

que llevará mi silencio
en su dedo pequeñito.

En una gota de agua
buscaba su voz el niño.

(La voz cautiva, a lo lejos,
se ponía un traje de grillo.)

EL NIÑO LOCO

Yo decía: "Tarde."
Pero no era así.
La tarde era otra cosa
que ya se había marchado.

(Y la luz encogía
sus hombros como una niña.)

"Tarde." ¡Pero es inútil!
Ésta es falsa, ésta tiene
media luna de plomo.
La otra no vendrá nunca.

(Y la luz como la ven todos,
jugaba a la estatua con el niño loco.)

Aquélla era pequeña
y comía granadas.
Ésta es grandota y verde, y no puedo
tomarla en brazos ni vestirla.
¿No vendrá? ¿Cómo era?

(Y la luz que se iba dio una broma.
Separó al niño loco de su sombra.)

DESPOSORIO

Tirad ese anillo
al agua.

(La sombra apoya sus dedos
sobre mi espalda.)

Tirad ese anillo. Tengo
más de cien años. ¡Silencio!

¡No preguntadme nada!

Tirad ese anillo
al agua.

DESPEDIDA

Si muero,
dejad el balcón abierto.

El niño come naranjas.
(Desde mi balcón lo veo.)

El segador siega el trigo.
(Desde mi balcón lo siento.)

¡Si muero,
dejad el balcón abierto!

SUICIDIO

*(Quizá fue por no saberte
la geometría.)*

El jovencito se olvidaba.
Eran las diez de la mañana.

Su corazón se iba llenando
de alas rotas y flores de trapo.

Notó que ya no le quedaba
en la boca más que una palabra.

Y al quitarse los guantes caía,
de sus manos, suave ceniza.

Por el balcón se veía una torre.
Él se sintió balcón y torre.

Vio, sin duda, cómo le miraba
el reloj detenido en su caja.

Vio su sombra tendida y quieta,
en el blanco diván de seda.

Y el joven rígido, geométrico,
con un hacha rompió el espejo.

Al romperlo, un gran chorro de
                              [sombra
inundó la quimérica alcoba.

AMOR

(Con alas y flechas)

CANCIONCILLA DEL PRIMER DESEO

En la mañana verde
quería ser corazón.
Corazón.

Y en la tarde madura
quería ser ruiseñor.
Ruiseñor.

(Alma,
ponte color naranja.
Alma,
ponte color de amor.)

En la mañana viva,
yo quería ser yo.
Corazón.

Y en la tarde caída
quería ser mi voz.
Ruiseñor.

¡Alma,
ponte color naranja.
Alma,
ponte color de amor!

EN EL INSTITUTO Y EN LA UNIVERSIDAD

La primera vez
no te conocí.
La segunda, sí.

Dime
si el aire te lo dice.
Mañanita fría,
yo me puse triste,
y luego me entraron
ganas de reírme.
No te conocí.

Sí me conociste.
Sí te conocí.
No me conociste.
Ahora entre los dos
se alarga, impasible,
un mes, como un
biombo de días grises.

La primera vez
no te conocí.
La segunda, sí.

MADRIGALILLO

Cuatro granados
tiene tu huerto.

(Toma mi corazón
nuevo.)

Cuatro cipreses
tendrá tu huerto.

(Toma mi corazón
viejo.)

Sol y luna.
Luego...
¡ni corazón,
ni huerto!

ECO

Ya se ha abierto
la flor de la aurora.

(¿Recuerdas
el fondo de la tarde?)

El nardo de la luna
derrama su olor frío.

(¿Recuerdas
la mirada de agosto?)

IDILIO

A Enrique Durán.

Tú querías que yo te dijera
el secreto de la primavera.

Y yo soy para el secreto
lo mismo que es el abeto.

Árbol cuyos mil deditos
señalan mil caminitos.

Nunca te diré, amor mío,
por qué corre lento el río.

Pero pondré en mi voz estancada
el cielo ceniza de tu mirada.

¡Dame vueltas, morenita!
Ten cuidado con mis hojitas.

Dame más vueltas alrededor,
jugando a la noria del amor.

¡Ay! No puedo decirte, aunque qui- [siera,
el secreto de la primavera.

NARCISO

Narciso.
Tu olor.
Y el fondo del río.

Quiero quedarme a tu vera.
Flor del amor.
Narciso.

Por tus blancos ojos cruzan
ondas y peces dormidos.
Pájaros y mariposas
japonizan en los míos.

Tú diminuto y yo grande.
Flor del amor.
Narciso.

Las ranas ¡qué listas son!
Pero no dejan tranquilo
el espejo en que se miran
tu delirio y mi delirio.

Narciso.
Mi dolor.
Y mi dolor mismo.

GRANADA Y 1850

Desde mi cuarto
oigo el surtidor.

Un dedo de la parra
y un rayo de sol,
señalan hacia el sitio
de mi corazón.

Por el aire de agosto
se van las nubes. Yo,
sueño que no sueño
dentro del surtidor.

PRELUDIO

Las alamedas se van,
pero dejan su reflejo.

Las alamedas se van,
pero nos dejan el viento.

El viento está amortajado
a lo largo bajo el cielo.

Pero ha dejado flotando
sobre los ríos, sus ecos.

El mundo de las luciérnagas
ha invadido mis recuerdos.

Y un corazón diminuto
me va brotando en los dedos.

SOBRE EL CIELO VERDE...

Sobre el cielo verde,
un lucero verde,
¿qué ha de hacer, amor,
¡ay! sino perderse?

Las torres fundidas
con la niebla fría,
¿cómo han de mirarnos
con sus ventanitas?

Cien luceros verdes
sobre un cielo verde,
no ven a cien torres
blancas, en la nieve.

Y esta angustia mía
para hacerla viva,
he de decorarla
con rojas sonrisas.

SONETO

Largo espectro de plata conmovida
el viento de la noche suspirando,
abrió con mano gris mi vieja herida
y se alejó: yo estaba deseando.

Llaga de amor que me dará la vida
perpetua sangre y pura luz brotan-
[do.
Grieta en que Filomela enmudecida
tendrá bosque, dolor y nido blando.

¡Ay qué dulce rumor en mi cabeza!
Me tenderé junto a la flor sencilla
donde flota sin alma tu belleza.

Y el agua errante se pondrá amari-
[lla,
mientras corre mi sangre en la ma-
mojada y olorosa de la orilla. [leza

CANCIONES PARA TERMINAR

A Rafael Alberti.

DE OTRO MODO

La hoguera pone al campo de la
[tarde
unas astas de ciervo enfurecido.
Todo el valle se tiende. Por sus lo-
caracolea el vientecillo.   [mos

El aire cristaliza bajo el humo.
—Ojo de gato triste y amarillo—.

Yo, en mis ojos, paseo por las ra-
[mas.
Las ramas se pasean por el río.

Llegan a mil cosas esenciales.
Son estribillos de estribillos.
Entre los juncos y la baja tarde,
¡qué raro que me llame Federico!

CANCIÓN DE NOVIEMBRE Y ABRIL

El cielo. nublado
pone mis ojos blancos.

Yo, para darles vida,
les acerco una flor
amarilla.

No consigo turbarlos.
Siguen yertos y blancos.

(Entre mis hombros vuela
mi alma dorada y plena.)

El cielo de abril
pone mis ojos de añil.

Yo, para darles alma,
les acerco una rosa
blanca.

No consigo infundir
lo blanco en el añil.

(Entre mis hombros vuela
mi alma impasible y ciega.)

AGUA, ¿DÓNDE VAS?...

Agua, ¿dónde vas?

Riyendo voy por el río
a las orillas del mar.

Mar, ¿adónde vas?

Río arriba voy buscando
fuente donde descansar.

Chopo, y tú ¿qué harás?

No quiero decirte nada.
Yo... ¡temblar!
     ¿Qué deseo, qué no deseo,
por el río y por la mar?

(Cuatro pájaros sin rumbo
en el alto chopo están.

248

EL ESPEJO ENGAÑOSO

Verde rama exenta
de ritmo y de pájaro.

Eco de sollozo
sin dolor nï labio.
Hombre y Bosque.

Lloro
frente al mar amargo.
¡Hay en mis pupilas
dos mares cantando!

CANCIÓN INÚTIL

Rosa futura y vena contenida
amatista de ayer y brisa de ahora
                [mismo,
  ¡quiero olvidarlas!

Hombre y pez en sus medios, bajo
             [cosas flotantes,
esperando en el alga o en la silla
              [su noche,

¡quiero olvidarlas!

Yo.
¡Sólo yo!
Labrando la bandeja
donde no irá mi cabeza.
¡Sólo yo!

HUERTO DE MARZO

Mi manzano
tiene ya sombra y pájaros.

¡Qué brinco da mi sueño
de la luna al viento!

Mi manzano
da a lo verde sus brazos.

¡Desde marzo, cómo veo
la frente blanca de enero!

Mi manzano...
(viento bajo).

Mi manzano...
(cielo alto).

DOS MARINOS EN LA ORILLA

A Joaquín Amigó.

1

Se trajo en el corazón
un pez del Mar de la China.

A veces se ve cruzar
diminuto por sus ojos.

Olvida siendo marino
los bares y las naranjas.

Mira el agua.

2

Tenía la lengua de jabón.
Lavó sus palabras y se calló.

Mundo plano, mar rizado,
cien estrellas y su barco.

Vio los balcones del Papa
y los pechos dorados de las cubanas.

Mira el agua.

ANSIA DE ESTATUA

Rumor.
Aunque no quede más que el ru-
[mor.

Aroma.
Aunque no quede más que el aro-
[ma.

Pero arranca de mí el recuerdo
y el color de las viejas horas.

Dolor.
Frente al mágico y vivo dolor.

Batalla.
En la auténtica y sucia batalla.

¡Pero quita la gente invisible
que rodea perenne mi casa!

CANCIÓN DEL NARANJO SECO

A Carmen Morales.

Leñador.
Córtame la sombra.
Líbrame del suplicio
de verme sin toronjas.

¿Por qué nací entre espejos?
El día me da vueltas.
Y la noche me copia
en todas sus estrellas.

Quiero vivir sin verme.
Y hormigas y vilanos,
soñaré que son mis
hojas y mis pájaros.

Leñador.
Córtame la sombra.
Líbrame del suplicio
de verme sin toronjas.

CANCIÓN DEL DÍA QUE SE VA

¡Qué trabajo me cuesta
dejarte marchar, día!
Te vas lleno de mí,
vuelves sin conocerme.
¡Qué trabajo me cuesta
dejar sobre tu pecho
posibles realidades
de imposibles minutos!

En la tarde, un Perseo
te lima las cadenas,
y huyes sobre los montes
hiriéndote los pies.

No pueden seducirte
mi carne ni mi llanto,
ni los ríos en donde
duermes tu siesta de oro.

Desde Oriente a Occidente
llevo tu luz redonda.
Tu gran luz que sostiene
mi alma, en tensión aguda.
Desde Oriente a Occidente.
¡qué trabajo me cuesta
llevarte con tus pájaros
y tus brazos de viento!

FIN DE
«CANCIONES»

ÍNDICE

Pág.

PRÓLOGO IX

MARIANA PINEDA

Prólogo 5
Estampa primera............................... 7
Estampa segunda............................... 32
Estampa tercera............................... 60

LA ZAPATERA PRODIGIOSA

Prólogo 85
Acto primero.................................. 87
Acto segundo.................................. 97

ASÍ QUE PASEN CINCO AÑOS

Acto primero.................................. 113
Acto segundo.................................. 124
Acto tercero.................................. 133
    Cuadro primero............................ 133
    Cuadro segundo............................ 142

DOÑA ROSITA LA SOLTERA

Acto primero.................................. 151
Acto segundo.................................. 159
Acto tercero.................................. 170

LA CASA DE BERNARDA ALBA

Acto primero.................................. 185
Acto segundo.................................. 195
Acto tercero.................................. 205

PRIMERAS CANCIONES........................... 217

CANCIONES 233

Se terminó de imprimir esta obra
el día 16 de enero de 1998 en los talleres de
IMPRESORES ALDINA, S. A.
Obrero Mundial, 201 – 03100 México, D. F.

COLECCION "SEPAN CUANTOS..."

*Los números que aparecen a la izquierda corresponden
a la numeración de la Colección*

128. ALARCON, Pedro A. de: *El Escándalo.* Prólogo de Juana de Ontañón. .... $ 15.00
134. ALARCON, Pedro A. de: *El niño de la bola. El sombrero de tres picos.
El capitán veneno.* Notas preliminares de Juana de Ontañón. 18.00
225. ALAS "Clarín", Leopoldo: *La Regenta.* Introducción de Jorge Ibargüengoitia. 36.00
449. ALAS "Clarín", Leopoldo: *Cuentos. Pipá. Zurita. Un candidato. El rana.
Adiós "Cordera". Cambio de luz. El gallo de Sócrates. El Sombrero del
Cura y 35 cuentos más.* Prólogo de Guillermo de la ,Torre. 18.00
572. ALAS "Clarín", Leopoldo: *Su único hijo. Doña Berta. Cuervo. Superche-
ría.* Prólogo de Ramón Pérez de Ayala. 18.00
      ALCEO. Véase: PINDARO
126. ALCOTT, Louisa M.: *Mujercitas. Más cosas de Mujercitas.* 18.00
273. ALCOTT, Louisa M.: *Hombrecitos.* 15.00
182. ALEMAN, Mateo: *Guzmán de Alfarache.* Introducción de Amancio Bolaño
e Isla. 22.00
609. ALENCAR, José Martiniano de: *El guaraní.* Novela indigenista brasileña. . 22.00
      ALFAU DE SOLALINDE, Jesusa. Véase: ARROYO, Anita
229. ALFONSO EL SABIO: *Antología. Cantigas de Santa María. Cantigas pro-
fanas. Primera crónica general. General e grand storia. Espéculo. Las siete
partidas. El setenario. Los libros de astronomía. El lapidario. Libros de aje-
drez, dados y tablas. Una carta y dos testamentos.* Con un estudio preliminar
de Margarita Peña y un vocabulario. 22.00
 15. ALIGHIERI, Dante: *La Divina Comedia. La vida nueva.* Introducción de
Francisco Montes de Oca. 17.00
 61. ALTAMIRANO, Ignacio M.: *El zarco. La navidad en las montañas.* Introducción de María del Carmen Millán. 12.00
 62. ALTAMIRANO, Ignacio M.: *Clemencia. Cuentos de invierno. Julia.
Antonia. Beatriz. Atenea.* 18.00
275. ALTAMIRANO, Ignacio M.: *Paisajes y leyendas. Tradiciones y costumbres
de México.* Introducción de Jacqueline Covo. 30.00
 43. ALVAR, Manuel: *Poesía tradicional de los judíos españoles.* 22.00
122. ALVAR, Manuel: *Cantares de Gesta medievales. Cantar de Roncesvalles.
Cantar de los siete infantes de Lara. Cantar del cerco de Zamora. Cantar de
Rodrigo y el rey Fernando. Cantar de la campaña de Huesca.* 22.00
151. ALVAR, Manuel: *Antigua poesía española lírica y narrativa. Jarchas. Libro
de la infancia y muerte de Jesús. Vida de Santa María Egipciaca. Disputa
del alma y el cuerpo. Razón de amor con los denuestos del agua y el vino.
Elena y María (disputa del clérigo y el caballero). El planto. ¡Ay Jerusalén!
Historia troyana en prosa y verso.* 22.00
174. ALVAR, Manuel: *El romancero viejo y tradicional.* 29.00

PRECIOS SUJETOS A VARIACION SIN PREVIO AVISO

ALVAREZ QUINTERO, Hnos. Véase: TEATRO ESPAÑOL CONTEM-
PORANEO

244. ALVAREZ QUINTERO, Serafín y Joaquín: *Malvaloca. Amores y amoríos. Puebla de las mujeres. Doña Clarines. El genio alegre.* Prólogo de Ofelia Garza de del Castillo. .... $ 15.00

131. AMADIS DE GAULA. Introducción de Arturo Souto A. 18.00

157. AMICIS, Edmundo de: *Corazón. Diario de un niño.* Prólogo de María Elvira Bermúdez. 14.00

505. AMIEL, Enrique Federico: *Fragmentos de un diario intimo.* Prólogo de Bernard Bouvier. 22.00

ANACREONTE. Véase: PINDARO.

83. ANDERSEN, Hans Christian: *Cuentos.* Prólogo de María Edmée Alvarez. .. 18.00

ANDREYEV. Véase: CUENTOS RUSOS

636. ANDREYEV, Leónidas: *Los siete ahorcados. Saschka Yegulev.* Prólogo de Ettore Lo Gato. 27.00

428. ANONIMO: *Aventuras del Picaro Till Eulenspiegel.* WICKRAM, Jorge: *El librito del carro.* Versión y prólogo de Marianne Oeste de Bopp. 15.00

432. ANONIMO: *Robin Hood.* Introducción de Arturo Souto A. 18.00

635. ANTOLOGIA DE CUENTOS DE MISTERIO Y DE TERROR. Selección e introducción de Ilán Stavans. 36.00

APULEYO. Véase: LONGO

301. AQUINO, Tomás de: *Tratado de la ley. Tratado de la justicia. Opúsculo sobre el gobierno de los príncipes.* Traducción y estudio introductivo por Carlos Ignacio González, S. J. 35.00

317. AQUINO, Tomás de: *Suma contra los gentiles.* Traducción y estudio introductivo por Carlos Ignacio González, S.J. 51.00

106. ARCINIEGAS, Guzmán: *Biografía del Caribe.* 27.00

76. ARCIPRESTE DE HITA: *Libro de buen amor.* Versión antigua, con prólogo y versión moderna de Amancio Bolaño e Isla. 20.00

ARENAL, Concepción. Véase: FABULAS

67. ARISTOFANES: *Las once comedias.* Versión directa del griego con introducción de Angel María Garibay K. 27.00

70. ARISTOTELES: *Etica Nicomaquea. Política.* Versión española e introducción de Antonio Gómez Robledo. 22.00

120. ARISTOTELES: *Metafísica.* Estudio introductivo, análisis de los libros y revisión del texto por Francisco Larroyo. 15.00

124. ARISTOTELES: *Tratados de lógica. (El organón).* Estudio introductivo, preámbulo a los tratados y notas al texto por Francisco Larroyo. 36.00

ARQUILOCO. Véase: PINDARO

82. ARRANGOIZ, Francisco de Paula: *México desde 1808 hasta 1867.* Prólogo de Martín Quirarte. 100.00

103. ARREOLA, Juan José: *Lectura en voz alta.* 20.00

638. ARRILLAGA TORRENS, Rafael: *Grandeza y decadencia de España en el siglo XVI.* 27.00

195. ARROYO, Anita: *Razón y pasión de Sor Juana.* Refutación a Pfandl. *El Barroco en la vida de Sor Juana,* por Jesusa Alfau de Solalinde. 22.00

ARTSIBASCHEV. Véase: CUENTOS RUSOS

431. AUSTEN, Jane: *Orgullo y prejuicio.* Prólogo de Sergio Pitol. 15.00

327. AUTOS SACRAMENTALES. (El auto sacramental antes de Calderón). LOAS: *Dice el sacramento. A un pueblo. Loa del auto de acusación contra el género humano.* LOPEZ DE YANGUAS: *Farsa sacramental de 1521. Los amores del alma con el principe de la luz. Farsa sacramental de la residencia del hombre. Auto de los hierros de Adán. Farsa del sacramento del entendimiento niño.* SANCHEZ DE BADAJOZ: *Farsa de la*

iglesia. **TIMONEDA:** *Auto de la oveja perdida. Auto de la fuente de los sie-te sacramentos. Farsa del sacramento llamado premática del pan. Auto de la fe.* **LOPE DE VEGA:** *La adúltera perdonada. La ciega. El pastor lobo y cabaña celestial.* **VALDIVIELSO:** *El hospital de los locos. La amistad en el peligro. El peregrino. La Serena de Plasencia.* **TIRSO DE MOLINA:** *El colmenero divino. Los hermanos parecidos.* **MIRA DE AMESCUA:** *Pedro Telonario.* Selección, introducción y notas de Ricardo Arias. .... $ 24.00

625. **BABEL, Isaac:** *Caballería roja. Cuentos de Odesa.* Prólogo de Ilán Stavans.   29.00

293. **BACON, Francisco:** *Instauratio Magna. Novum Organum. Nueva Atlánti-da.* Estudio introductivo y análisis de las obras por Francisco Larroyo. 29.00

649. **BAINVILLE, Jacques:** *Napoleón.* El hombre del mundo por Ralph Waldo Emerson. 44.00

200. **BALBUENA, Bernardo de:** *La grandeza mexicana y compendio apologé-tico en alabanza de la poesía.* Prólogo de Luis Adolfo Domínguez. 15.00

53. **BALMES, Jaime L.:** *El criterio.* Estudio preliminar de Guillermo Díaz-Plaja.   12.00

241. **BALMES, Jaime L.:** *Filosofía elemental.* Estudio preliminar por Raúl Cardiel. 25.00

112. **BALZAC, Honorato de:** *Eugenia Grandet. La piel de Zapa.* Prólogo de Carmen Galindo. 15.00

314. **BALZAC, Honorato de:** *Papá Goriot.* Prólogo de Rafael Solana. 15.00

442. **BALZAC, Honorato de:** *El lirio en el valle.* Prólogo de Jaime Torres Bodet.   15.00
BAQUILIDES. Véase: **PINDARO**

580. **BAROJA, Pío:** *Desde la última vuelta del camino. (Memorias). El escri-tor según él y según los críticos. Familia. Infancia y juventud.* Introduc-ción de Néstor Luján. 29.00

581. **BAROJA, Pío:** *Desde la última vuelta del camino. (Memorias). Final del siglo XIX y principios del siglo XX. Galería de tipos de la época.* 29.00

582. **BAROJA, Pío:** *Desde la última vuelta del camino. (Memorias). La intui-ción y el estilo. Bagatelas de otoño.* 29.00

592. **BAROJA, Pío:** *Las inquietudes de Shanti Andía.* 22.00

335. **BARREDA, Gabino:** *La educación positivista.* Selección, estudio intro-ductivo y preámbulos por Edmundo Escobar. 25.00

334. **BATALLAS DE LA REVOLUCION Y SUS CORRIDOS.** Prólogo y preparación de Daniel Moreno. 15.00

426. **BAUDELAIRE, Carlos:** *Las flores del mal. Diarios íntimos.* Introducción de Arturo Souto Alabarce. 22.00

17. **BECQUER, Gustavo Adolfo:** *Rimas, leyendas y narraciones.* Prólogo de Juana de Ontañón. 15.00
BENAVENTE. Véase: **TEATRO ESPAÑOL CONTEMPORANEO**

35. **BERCEO, Gonzalo de:** *Milagros de Nuestra Señora. Vida de Santo Domin-go de Silos. Vida de San Millán de la Cogolla. Vida de Santa Oria. Martirio de San Lorenzo.* Prólogo y versión moderna de Amancio Bolaño e Isla. 29.00

491. **BERGSON, Henry:** *Introducción a la metafísica. La Risa.* Filosofía de Berg-son por Manuel García Morente. 15.00

590. **BERGSON, Henry:** *Las dos fuentes de la moral y de la religión.* Intro-ducción de John M. Oesterreicher. 18.00
BERMUDEZ, Ma. Elvira. Véase: **VERNE, Julio**
BESTEIRO, Julián. Véase: **HESSEN, Juan**

500. **BIBLIA DE JERUSALEN.** Nueva edición totalmente revisada y aumentada.   70.00
Tela. 81.00

380. **BOCCACCIO:** *El Decamerón.* Prólogo de Francisco Montes de Oca. 30.00

487. **BOECIO, Severino:** *La consolación de la filosofía.* Prólogo de Gustave Bardy. 15.00

PRECIOS SUJETOS A VARIACION SIN PREVIO AVISO

522. **BOISSIER, Gastón:** *Cicerón y sus Amigos. Estudio de la sociedad Romana del tiempo de César.* Prólogo de Augusto Rostagni. .... $ 18.00

495. **BOLIVAR, Simón:** *Escritos políticos. El espíritu de Bolivar* por Rufino Blanco y Fombona. 18.00

BOSCAN, Juan. Véase: **VEGA, Garcilaso de la**

278. **BOTURINI BENADUCI, Lorenzo:** *Idea de una nueva historia general de la América Septentrional.* Estudio preliminar por Miguel León-Portilla. 29.00

420. **BRONTE, Carlota:** *Jane Eyre.* Prólogo de Marga Sorensen. 20.00

119. **BRONTE, Emily:** *Cumbres Borrascosas.* Prólogo de Sergio Pitol. 15.00

584. **BRUYERE, LA:** *Los caracteres. Precedidos de los caracteres de Teofrasto.* 22.00

516. **BULWER-LYTTON.** *Los últimos días de Pompeya.* Prólogo de Santiago Galindo. 18.00

441. **BURCKHARDT, Jacob:** *La Cultura del Renacimiento en Italia.* Prólogo de Werner Kaegi. 24.00

606. **BURGOS, Fernando:** *Antología del cuento hispanoamericano.* 58.00

104. **CABALLERO, Fernan:** *La gaviota. La familia de Alvareda.* Prólogo de Salvador Reyes Nevares. 25.00

222. **CALDERON, Fernando:** *A ninguna de las tres. El torneo. Ana Bolena. Herman o la vuelta del cruzado.* Prólogo de María Edmée Alvarez. 15.00

74. **CALDERON DE LA BARCA, Madame:** *La vida en México.* Traducción y prólogo de Felipe Teixidor. 36.00

41. **CALDERON DE LA BARCA, Pedro:** *La vida es sueño. El alcalde de Zalamea.* Prólogo de Guillermo Díaz-Plaja. 18.00

331. **CALDERON DE LA BARCA, Pedro:** *Autos Sacramentales: La cena del Rey Baltasar. El gran Teatro del Mundo. La hidalga del valle. Lo que va del hombre a Dios. Los encantos de la culpa. El divino Orfeo. Sueños hay que verdad son. La vida es sueño. El día mayor de los días.* Selección, introducción y notas de Ricardo Arias. 29.00

252. **CAMOENS, Luis de:** *Los Lusiadas.* Traducción, prólogo y notas de Ildefonso Manuel Gil. 18.00

329. **CAMPOAMOR, Ramón de:** *Doloras. Poemas.* Introducción de Vicente Gaos. 50.00

435. **CANOVAS DEL CASTILLO, Antonio:** *La campana de Huesca.* Prólogo de Serafín Estébanez Calderón. 15.00

285. **CANTAR DE LOS NIBELUNGOS.** Traducción al español e introducción de Marianne Oeste de Bopp. 18.00

279. **CANTAR DE ROLDAN, EL.** Versión de Felipe Teixidor. 12.00

624. **CAPELLAN, Andrés. El:** *Tratado del amor cortés.* Traducción, introducción y notas de Ricardo Arias y Arias. 29.00

640. **CARBALLO, Emmanuel:** *Protagonistas de la literatura mexicana.* José Vasconcelos. Genaro Martínez McGregor. Martín Luis Guzmán. Julio Torri. Alfonso Reyes. Artemio de Valle-Arizpe. Julio Jiménez Rueda. Octavio G. Barreda. Carlos Pellicer. José Gorostiza. Jaime Torres Bodet. Salvador Novo. Rafael F. Muñoz. Agustín Yáñez. Mauricio Magdaleno. Nellie Campobello. Ramón Rubín. Juan Rulfo. Juan José Arreola. Elena Garro. Rosario Castellanos. Carlos Fuentes. 65.00

307. **CARLYLE, Tomás:** *Los Héroes. El culto a los héroes y lo heroico de la historia.* Estudio preliminar de Raúl Cardiel Reyes. 12.00

215. **CARROLL, Lewis:** *Alicia en el país de las maravillas. Al otro lado del espejo.* Ilustrado con grabados de John Tenniel. Prólogo de Sergio Pitol. 20.00

57. **CASAS, Fr. Bartolomé de las:** *Los Indios de México y Nueva España. Antología.* Edición, prólogo, apéndices y notas de Edmundo O'Gormann. Con la colaboración de Jorge Alberto Manrique. 18.00

PRECIOS SUJETOS A VARIACION SIN PREVIO AVISO

318. **CASIDAS DE AMOR PROFANO Y MISTICO.** Ibn Zaydum. Ibn Arabi. Estudio y traducción de Vicente Cantarino. .... $ 18.00

223. **CASONA, Alejandro:** *Flor de leyendas. La sirena varada. La dama del alba. La barca sin pescador.* Prólogo de Antonio Magaña Esquivel. 20.00

249. **CASONA, Alejandro:** *Otra vez el diablo. Nuestra Natacha. Prohibido suicidarse en primavera. Los árboles mueren de pie.* Prólogo de Antonio Magaña Esquivel. 18.00

357. **CASTELAR, Emilio:** *Discursos. Recuerdos de Italia. Ensayos.* Selección e introducción de Arturo Souto A. 15.00

372. **CASTRO, Américo:** *La realidad histórica de España.* 36.00

268. **CASTRO, Guillén de:** *Las mocedades del Cid.* Prólogo de María Edmée Alvarez. 12.00

643. **CELLINI, Benvenuto:** *Autobiografía.* Prólogo de Manuel Ramírez. Rústica. 44.00

25. **CERVANTES DE SALAZAR, Francisco:** *México en 1554 y Túmulo Imperial.* Edición, prólogo y notas de Edmundo O'Gorman. 18.00

6. **CERVANTES SAAVEDRA, Miguel de:** *El ingenioso hidalgo Don Quijote de la Mancha.* Prólogo y esquema biográfico por Américo Castro. 40.00

9. **CERVANTES SAAVEDRA, Miguel de:** *Novelas ejemplares.* Comentario de Sergio Fernández. 17.00

98. **CERVANTES SAAVEDRA, Miguel de:** *Entremeses.* Introducción de Arturo Souto A. 14.00

422. **CERVANTES SAAVEDRA, Miguel de:** *Los trabajos de Persiles y Segismunda.* Prólogo de Mauricio Serrahima. 18.00

578. **CERVANTES SAAVEDRA, Miguel de:** *Don Quijote de la Mancha.* Edición abreviada. Introducción de Arturo Uslar Pietri. 20.00

20. **CESAR, Cayo Julio:** *Comentarios de la guerra de las Galias y Guerra Civil.* Prólogo de Xavier Tavera. 18.00

320. **CETINA, Gutierre de:** *Obras.* Introducción de D. Joaquín Hazañas y la Rúa. Presentación de Margarita Peña. 44.00

230. **CICERON:** *Los oficios o los deberes. De la vejez. De la amistad.* Prólogo de Joaquín Antonio Peñalosa. 22.00

234. **CICERON:** *Tratado de la República. Tratado de las leyes Catilinarias.* 18.00

CID: Véase: **POEMA DE MIO CID**

137. **CIEN MEJORES POESIAS LIRICAS DE LA LENGUA CASTELLANA, LAS.** Selección y advertencia preliminar de Marcelino Menéndez Pelayo. 15.00

29. **CLAVIJERO, Francisco Javier:** *Historia antigua de México.* Edición y prólogo de Mariano Cuevas. 36.00

143. **CLAVIJERO, Francisco Javier:** *Historia de la Antigua o Baja California.* **PALOU, Fr. Francisco:** *Vida de Fr. Junípero Serra y Misiones de la California Septentrional.* Estudios preliminares de Miguel León-Portilla. 36.00

60. **COLOMA, P. Luis:** *Boy.* Prólogo de Joaquín Antonio Peñalosa. 12.00

91. **COLOMA, P. Luis:** *Pequeñeces. Jeromín.* Prólogo de Joaquín Antonio Peñalosa. 22.00

167. **COMENIO, Juan Amós:** *Didáctica Magna.* Prólogo de Gabriel de la Mora. 22.00

340. **COMTE, Augusto:** *La filosofía positiva.* Proemio, estudio introductivo, selección y un análisis de los textos por Francisco Larroyo. 22.00

7. **CORTES, Hernán:** *Cartas de relación.* Nota preliminar de Manuel Alcalá. Ilustraciones. Un mapa plegado. 18.00

313. **CORTINA, Martín:** *Un rosillo inmortal. (Leyendas de los llanos). Un tlacuache vagabundo. Maravillas de Altepepan (leyendas mexicanas).* Introducción de Andrés Henestrosa. 29.00

181. **COULANGES, Fustel de:** *La ciudad antigua. (Estudio sobre el culto. El derecho y las instituciones de Grecia y Roma).* Estudio preliminar de Daniel Moreno. 20.00

PRECIOS SUJETOS A VARIACION SIN PREVIO AVISO

662. CRONIN, A. J., *Las llaves del reino* .... $ 60.00
100. CRUZ, Sor Juana Inés de la: *Obras completas.* Prólogo de Francisco Monterde. 65.00
121. CUENTOS DE GRIMM. Prólogo y selección de María Edmée Alvarez. 18.00
342. CUENTOS RUSOS: *Gógol. Turguéñev. Dostoievski. Tolstoi. Garin. Chéjov. Gorki. Andréiev. Kuprin. Artsibáshchev. Dimov. Tasin. Surguchov. Korolenko. Gonchárov. Sholojov.* Introducción de Rosa Ma. Phillips. 18.00
256. CUYAS ARMENGOL, Arturo: *Hace falta un muchacho.* Libro de orientación en la vida para los adolescentes. Ilustrada por Juez. 15.00
382. CHATEAUBRIAND, René: *El genio del cristianismo.* Introducción de Arturo Sotuo A. 29.00
524. CHATEAUBRIAND, René: *Atala. René. El último Abencerraje. Páginas autobiográficas.* Prólogo de Armando Rangel. 12.00
623. CHAUCER, Geoffrey: *Cuentos de Canterbury.* Prólogo de Raymond Las Vergnas. 29.00
148. CHAVEZ, Ezequiel A.: *Sor Juana Inés de la Cruz.* Ensayo de psicología y de estimación del sentido de su vida para la historia de la cultura y de la formación de México. 22.00
CHEJOV, Antón: Véase: CUENTOS RUSOS
411. CHEJOV, Antón: *Cuentos escogidos.* Prólogo de Sommerset Maugham. 22.00
454. CHEJOV, Antón: *Teatro: La gaviota. Tío Vania. Las tres hermanas. El jardin de los cerezos.* Prólogo de Máximo Gorki. 20.00
633. CHEJOV, Antón: *Novelas cortas. Mi vida. La sala número seis. En el barranco. Campesinos. Un asesino. Una historia aburrida.* Prólogo de Marc Slonim. 36.00
478. CHESTERTON, Gilbert K.: *Ensayos.* Prólogo de Hilario Belloc. 12.00
490. CHESTERTON, Gilbert K.: *Ortodoxia. El hombre eterno.* Prólogo de Augusto Assia. 18.00
42. DARIO, Rubén: *Azul... El salmo de la pluma. Cantos de vida y esperanza. Otros poemas.* Edición de Antonio Oliver. 15.00
385. DARWIN, Carlos: *El origen de las especies.* Introducción de Richard W. Leakey. 36.00
377. DAUDET, Alfonso: *Tartarín de Tarascón. Tartarín en los Alpes. Port-Tarascón.* Prólogo de Juan Antonio Guerrero. 18.00
140. DEFOE, Daniel: *Aventuras de Robinson Crusoe.* Prólogo de Salvador Reyes Nevares. 15.00
154. DELGADO, Rafael: *La calandria.* Prólogo de Salvador Cruz. 15.00
280. DEMOSTENES: *Discursos.* Estudio preliminar de Francisco Montes de Oca. 22.00
177. DESCARTES: *Discurso del método. Meditaciones metafísicas. Reglas para la dirección del espíritu. Principios de la filosofía.* Estudio introductivo, análisis de las obras y notas al texto por Francisco Larroyo. 10.00
604. DIAZ COVARRUBIAS, Juan: *Gil Gómez el Insurgente o la hija del médico. Apuntes biográficos de Antonio Carrión. Los mártires de Tacubaya* por Juan A. Mateos e Ignacio M. Altamirano. 27.00
5. DIAZ DEL CASTILLO, Bernal: *Historia verdadera de la conquista de la Nueva España.* Introducción y notas de Joaquín Ramírez Cabañas. Con un mapa. 30.00
127. DICKENS, Carlos: *David Copperfield.* Introducción de Sergio Pitol. 40.00
310. DICKENS, Carlos: *Canción de Navidad. El grillo del hogar. Historia de dos ciudades.* Estudio preliminar de María Edmée Alvarez. 24.00
362. DICKENS, Carlos: *Oliver Twist.* Prólogo de Rafael Solana. 18.00
648. DICKENS, Carlos: *Almacén de antigüedades.* Prólogo de Juan Diego Mayoux. 41.00
DIMOV. Véase: CUENTOS RUSOS

PRECIOS SUJETOS A VARIACION SIN PREVIO AVISO

28. DON JUAN MANUEL: *El Conde Lucanor.* Versión antigua y moderna e introducción de Amancio Bolaño e Isla. .... $ 15.00

DOSTOIEVSKI, Fedor M.: Véase: **CUENTOS RUSOS**

84. DOSTOIEVSKI, Fedor M.: *El Príncipe idiota. El sepulcro de los vivos.* Notas preliminares de Rosa María Phillips. 22.00

106. DOSTOIEVSKI, Fedor M.: *Los hermanòs Karamazov.* Prólogo de Rosa María Phillips. 30.00

108. DOSTOIEVSKI, Fedor M.: *Crimen y castigo.* Introducción de Rosa María Phillips. 29.00

259. DOSTOIEVSKI, Fedor M.: *Las noches blancas. El jugador. Un ladrón honrado.* Prólogo de Rosa María Phillips. 12.00

341. DOYLE, Conan Arthur: *Aventuras de Sherlock Holmes: Un crimen extraño. El intérprete griego. Triunfos de Sherlock Holmes: Los tres estudiantes. El mendigo de la cicatriz. K.K.K. La muerte del coronel. Un protector original. El novio de Miss Sutherland. Las aventuras de una ciclista. El misterio de Boscombe. Policia fina. El casado sin mujer. La diadema de Berilos. El carbuclo azul. "Silver Blaze". Un empleo extraño. El ritual de los Musgrave. El "Gloria Scott". El documento robado.* Prólogo de María Elvira Bermúdez. 18.00

343. DOYLE, Conan Arthur: *Aventuras de Sherlock Holmes: El perro de Baskerville. La marca de los cuatro. El pulgar del ingeniero. La banda moteada.* **Nuevos triunfos de Sherlock Holmes:** *El ingenio de Napoleón. El campeón de "Foot-Ball". El cordón de la campanilla. Los Cunningham's. Las dos manchas de sangre.* 18.00

345. DOYLE, Conan Arthur: *Aventuras de Sherlock Holmes: La resurrección de Sherlock Holmes: Nuevas y últimas aventuras de Sherlock Holmes. La caja de laca. El embudo de cuero, etc.* 18.00

73. DUMAS, Alejandro: *Los tres mosqueteros.* Prólogo de Salvador Reyes Nevares. 30.00

75. DUMAS, Alejandro: *Veinte años después.* 27.00

346. DUMAS, Alejandro: *El Conde de Monte-Cristo.* Prólogo de Mauricio González de la Garza. 36.00

364-365. DUMAS, Alejandro: *El Vizconde de Bragelonne.* 2 tomos. 87.00

407. DUMAS, Alejandro: *El paje del Duque de Saboya.* 18.00

415. DUMAS, Alejandro: *Los cuarenta y cinco.* 22.00

452. DUMAS, Alejandro: *La dama de Monsoreau.* 22.00

502. DUMAS, Alejandro: *La Reina Margarita.* 18.00

504. DUMAS, Alejandro: *La mano del muerto.* 18.00

601. DUMAS, Alejandro: *Mil y un fantasmas.* Traducción de Luisa Sofovich. 20.00

349. DUMAS, Alejandro (hijo): *La dama de las Camelias.* Introducción de Arturo Souto A. 22.00

309. ECA DE QUEIROZ: *El misterio de la carretera de Cintra. La ilustre casa de Ramires.* Prólogo de Monserrat Alfau. 22.00

444. ECKERMANN: *Conversaciones con Goethe.* Introducción de Rudolf K. Goldschmith Jentner. 29.00

596. EMERSON, Ralph Waldo: *Ensayos.* Prólogo de Edward Tinker. 18.00

283. EPICTETO: *Manual y máximas.* **MARCO AURELIO:** *Soliloquios.* Estudio preliminar de Francisco Montes de Oca. 24.00

99. ERCILLA, Alonso de: *La Araucana.* Prólogo de Ofelia Garza de del Castillo. 29.00

ESOPO: Véase: **FABULAS**

233. ESPINEL, Vicente: *Vida de Marcos Obregón.* Prólogo de Juan Pérez de Guzmán. 15.00

PRECIOS SUJETOS A VARIACION SIN PREVIO AVISO

202. **ESPRONCEDA, José de.** *Obras poéticas. El pelayo, Poesías líricas. El estudiante de Salamanca. El diablo mundo.* Prólogo de Juana de Ontañón. .... $ 15.00

11. **ESQUILO:** *Las siete tragedias.* Versión directa del griego, con una introducción de Angel María Garibay K. 11.00

24. **EURIPIDES:** *Las diecinueve tragedias.* Versión directa del griego, con una introducción de Angel María Garibay K. 26.00

602. *Evangelios Apócrifos.* Introducción de Daniel Rops. 22.00

16. **FABULAS.** *(Pensador mexicano, Rosas Moreno, La Fontaine, Samaniego Iriarte, Esopo, Fedro, etc.).* Selección y notas de María de Pina. 22.00

FEDRO. Véase: FABULAS

593. **FEIJOO, Benito Jerónimo:** *Obras escogidas.* Introducción de Arturo Souto Alabarce. 29.00

387. **FENELON:** *Aventuras de Telémaco.* Introducción de Jeanne Renée Becker. 18.00

503. **FERNANDEZ DE AVELLANEDA, Alonso:** *El ingenioso hidalgo Don Quijote de la Mancha. Que contiene su tercera salida y que es la quinta parte de sus aventuras.* Prólogo de Marcelino Menéndez Pelayo. 24.00

1. **FERNANDEZ DE LIZARDI, José Joaquín:** *El Periquillo sarniento.* Prólogo de J. Rea Spell. 20.00

71. **FERNANDEZ DE LIZARDI, José Joaquín:** *La Quijotita y su prima.* Introducción de María del Carmen Ruiz Castañeda. 18.00

173. **FERNANDEZ DE MORATIN, Leandro:** *El sí de las niñas. La comedia nueva o el café. La derrota de los pedantes. Lección poética.* Prólogo de Manuel de Ezcurdia. 14.00

521. **FERNANDEZ DE NAVARRETE, Martín:** *Viajes de Colón.* 29.00

211. **FERRO GAY, Federico:** *Breve historia de la literatura italiana.* 36.00

512. **FEVAL, Paul:** *El jorobado o Enrique de Lagardere.* 18.00

641. **FICHTE, Johann Gottlieb:** *El destino del hombre.* Introducciones a la teoría de la ciencia. Prólogo de Federico Jodl. 29.00

FILOSTRATO. Véase: **LAERCIO, Diógenes**

352. **FLAUBERT, Gustavo:** *Madame Bovary. Costumbres de provincia.* Prólogo de José Arenas. 20.00

FRANCE, Anatole: Véase: **RABELAIS**

375. **FRANCE, Anatole:** *El crimen de un académico. La azucena roja. Tais.* Prólogo de Rafael Solana. 35.00

399. **FRANCE, Anatole:** *Los dioses tienen sed. La rebelión de los ángeles.* Prólogo de Pierre Josserand. 30.00

654. **FRANK, Ana:** *Diario.* Prólogo de Daniel Rops 18.00

391. **FRANKLIN, Benjamín:** *Autobiografía y otros escritos.* Prólogo de Arturo Uslar Pietri. 18.00

92. **FRIAS, Heriberto:** *Tomóchic.* Prólogo y notas de James W. Brown. 16.00

494. **FRIAS, Heriberto:** *Leyendas históricas mexicanas y otros relatos.* Prólogo de Antonio Saborit. 30.00

534. **FRIAS, Heriberto:** *Episodios militares mexicanos. Principales campañas, jornadas, batallas, combates y actos heroicos que ilustran la historia del ejército nacional desde la Independencia hasta el triunfo definitivo de la República.* 22.00

608. **FURMANOV, Dimitri:** *Chapáev.* Prólogo de Dionisio Rosales. 36.00

354. **GABRIEL Y GALAN, José María:** *Obras completas.* Introducción de Arturo Souto A. 27.00

311. **GALVAN, Manuel de J.:** *Enriquillo. Leyenda histórica dominicana (1503-1533).* Con un estudio de Concha Meléndez. 18.00

305. **GALLEGOS, Rómulo:** *Doña bárbara.* Prólogo de Ignacio Díaz Ruiz. 20.00

368. **GAMIO, Manuel:** *Forjando patria.* Prólogo de Justino Fernández. 22.00

PRECIOS SUJETOS A VARIACION SIN PREVIO AVISO

251. **GARCIA LORCA, Federico:** *Libro de poemas. Poema del Canto Jondo. Romancero Gitano. Poeta en Nueva York. Odas. Llanto por Sánchez Mejías. Bodas de Sangre. Yerma.* Prólogo de Salvador Novo. .... $ 22.00

255. **GARCIA LORCA, Federico:** *Mariana Pineda. La zapatera prodigiosa. Así que pasen cien años. Doña Rosita la soltera. La casa de Bernarda Alba. Primeras canciones. Canciones.* Prólogo de Salvador Novo. 20.00

164. **GARCIA MORENTE, Manuel:** *Lecciones preliminares de filosofía.* 18.00

621. **GARCIA MORENTE, Manuel:** *Estudios y ensayos.* Prólogo de Luis Aguirre Pardo. 29.00

GARCILASO DE LA VEGA. Véase: **VEGA, Garcilaso de la**

22. **GARIBAY K., Angel María:** *Panorama literario de los pueblos nahuas.* 20.00

31. **GARIBAY K., Angel María:** *Mitología griega. Dioses y héroes.* 20.00

626. **GARIBAY K., Angel María:** *Historia de la literatura Náhuatl.* Prólogo por Miguel León-Portilla. 65.00

GARIN. Véase: **CUENTOS RUSOS**

373. **GAY, José Antonio:** *Historia de Oaxaca.* Prólogo de Pedro Vázquez Colmenares. 36.00

433. **GIL Y CARRASCO, Enrique:** *El señor de Bembibre. El lago de Carucedo. Artículos de costumbres.* Prólogo de Arturo Souto A. 18.00

21. **GOETHE, J. W.:** *Fausto. Werther.* Introducción de Francisco Montes de Oca. 15.00

400. **GOETHE, J. W.:** *De mi vida. Poesía y verdad.* Prólogo de Ernst Robert Curtius. 44.00

132. **GOGOL, Nikolai V.:** *Las almas muertas. La tercera orden de San Vladimiro. (Fragmentos de comedia inconclusa).* Prólogo de Rosa María Phillips. . 18.00

457. **GOGOL, Nikolai V.:** *Taras Bulba. Relatos de Mirgorod.* Prólogo de Emilia Pardo Bazán. 18.00

627. **GOGOL, Nikolai V:** *Novelas breves petersburguesas. Diario de un loco. La nariz. El copete. El retrato. El carruaje. La perspectiva Nevski.* Prólogo de Pablo Schostakovski. 27.00

GOGOL, Nikolai V. Véase: **CUENTOS RUSOS**

461. **GOMEZ ROBLEDO, Antonio:** *El magisterio filosófico y jurídico de Alonso de la Veracruz.* Con una antología de textos. 15.00

GONCHAROV. Véase: **CUENTOS RUSOS**

262. **GONGORA:** *Poesías. Romances. Letrillas. Redondillas. Décimas. Sonetos atribuidos. Poemas. Soledades. Polifemo y Galatea. Panegírico. Poesías sueltas.* Prólogo de Anita Arroyo. 22.00

568. **GONZALEZ OBREGON, Luis:** *Las calles de México. Leyendas y sucedidos. Vida y costumbres de otros tiempos.* Prólogo de Carlos G. Peña y Luis G. Urbina. 20.00

44. **GONZALEZ PEÑA, Carlos:** *Historia de la literatura mexicana. (Desde los orígenes hasta nuestros días).* 22.00

254. **GORKI, Máximo:** *La madre. Mis confesiones.* Prólogo de Rosa María Phillips. 14.00

397. **GORKI, Máximo:** *Mi infancia. Por el mundo. Mis universidades.* Prólogo de Marc Slonim. 29.00

118. **GOYTORTUA SANTOS, Jesús:** *Pensativa.* Premio "Lanz Duret" 1944. ..... 27.00

315. **GRACIAN, Baltasar:** *El discreto. El criticón. El héroe.* Introducción de Isabel C. Tarán. 35.00

GUILLEN DE NICOLAU, Palma. Véase: **MISTRAL, Gabriela**

169. **GÜIRALDES, Ricardo:** *Don segundo sombra.* Prólogo de María Edmée A. 15.00

GUITTON, Jean. Véase: **SERTILANGES, A. D.**

19. **GUTIERREZ NAJERA, Manuel:** *Cuentos y cuaresmas del Duque Job. Cuentos frágiles. Cuentos de color de humo. Primeros cuentos. Ultimos cuentos.* Prólogo y capítulo de novelas. Edición e introducción de Francisco Monterde. 22.00

PRECIOS SUJETOS A VARIACION SIN PREVIO AVISO

438.	GUZMAN, Martín Luis: *Memorias de Pancho Villa.*	$ 51.00
508.	HAGGARD, Henry Rider: *Las minas del Rey Salomón.* Introducción de Allan Quatermain.	18.00
396.	HAMSUN, Knut: *Hambre. Pan.* Prólogo de Antonio Espina.	15.00
631.	HAWTHORNE, Nathaniel: *La letra escarlata.* Prólogo de Ludwig Lewisohn.	27.00
484.	HEBREO, León: *Diálogos de Amor.* Traducción de Garcilaso de la Vega, El Inca.	22.00
187.	HEGEL: *Enciclopedia de las ciencias filosóficas.* Estudio introductivo y análisis de la obra por Francisco Larroyo.	29.00
429.	HEINE, Enrique: *Libro de los cantares. Prosa escogida.* Prólogo de Marcelino Menéndez Pelayo.	15.00
599.	HEINE, Enrique: *Alemania. Cuadros de viaje.* Prólogo de Maxime Alexandre.	22.00
	HENRIQUEZ UREÑA, Pedro. Véase: URBINA, Luis G.	
271.	HEREDIA, José María: *Poesias completas.* Estudio preliminar de Raimundo Lazo.	15.00
216.	HERNANDEZ, José: *Martin Fierro.* Estudio preliminar por Raimundo Lazo.	10.00
176.	HERODOTO: *Los nueve libros de la historia.* Introducción de Edmundo O'Gorman.	29.00
323.	HERRERA Y REISSIG, Julio: *Poesías.* Introducción de Ana Victoria Mondada.	15.00
206.	HESIODO: *Teogonia. Los trabajos y los dias. El escudo de Heracles. Idilios de Bión. Idilios de Mosco. Himnos órficos.* Prólogo de Manuel Villálaz.	15.00
607.	HESSE, Hermann: *El lobo estepario. Relatos autobiográficos.* Prólogo de F. Martini.	24.00
630.	HESSE, Hermann: *Demian. Siddhartha.* Prólogo de Ernest Robert Curtius. .	20.00
351.	HESSEN, Juan: *Teoria del conocimiento.* MESSER, Augusto: *Realismo crítico.* BESTEIRO, Julian: *Los juicios sintéticos "A priori".* Preliminar y estudio introductivo por Francisco Larroyo.	20.00
156.	HOFFMAN, E. T. G.: *Cuentos.* Prólogo de Rosa María Phillips.	18.00
2.	HOMERO: *La Iliada.* Traducción de Luis Segala y Estalella. Prólogo de Alfonso Reyes.	11.00
4.	HOMERO: *La Odisea.* Traducción de Luis Segala y Estalella. Prólogo de Manuel Alcalá.	11.00
240.	HORACIO: *Odas y épodos. Satiras. Epistolas. Arte poética.* Estudio preliminar de Francisco Montes de Oca.	22.00
77.	HUGO, Víctor: *Los miserables.* Nota preliminar de Javier Peñalosa.	44.00
294.	HUGO, Víctor: *Nuestra Señora de Paris.* Introducción de Arturo Souto A. ..	24.00
586.	HUGO, Víctor: *Noventa y tres.* Prólogo de Marcel Aymé.	22.00
274.	HUGON, Eduardo: *Las veinticuatro tesis tomistas.* Incluye, además Enciclica Aeterni Patris, de León XIII. Motu Propio Doctoris Angelici, de Pío X. Motu Propio non multo post, de Benedicto XV. Enciclica Studiorum Ducem, de Pío XI. Análisis de la obra precedida de un estudio sobre los orígenes y desenvolvimiento de la Neoescolástica, por Francisco Larroyo.	18.00
	HUIZINGA, Johan. Véase: ROTTERDAM, Erasmo de	
39.	HUMBOLDT, Alejandro de: *Ensayo politico sobre el reino de la Nueva España.* Estudio preliminar, cotejos, notas y anexos de Juan A. Ortega y Medina.	58.00
326.	HUME, David: *Tratado de la naturaleza humana. Ensayo para introducir el método del razonamiento humano en los asuntos morales.* Estudio introductivo y análisis de la obra por Francisco Larroyo.	24.00
587.	HUXLEY, Aldous: *Un mundo feliz. Retorno a un mundo feliz.* Prólogo de Theodor W. Adorno.	20.00

PRECIOS SUJETOS A VARIACION SIN PREVIO AVISO

78.   IBARGÜENGOITIA, Antonio: *Filosofía mexicana. En sus hombres y en sus textos.* .... $ 30.00

348. IBARGÜENGOITIA CHICO, Antonio: *Suma filosófica mexicana. (Resumen de historia de la filosofía en México).* 30.00

303. IBSEN, Enrique: *Peer Gynt. Casa de muñecas. Espectros. Un enemigo del pueblo. El pato silvestre. Juan Gabriel Borkman.* Versión y prólogo de Ana Victoria Mondada. 18.00

47.   IGLESIAS, José María: *Revistas históricas sobre la intervención francesa en México.* Introducción e índice de materias de Martín Quirarte. 58.00

63.   INCLAN, Luis G.: *Astucia. El jefe de los hermanos de la hoja o los charros contrabandistas de la rama.* Prólogo de Salvador Novo. 35.00

207. INDIA LITERARIA, LA. Mahabarata. Bagavad Gita. Los ved as. Leyes de Manú. Poesía. Teatro. Cuentos. Apología y leyendas. Antología, introducciones históricas, notas y un vocabulario del hinduismo por Teresa E. Rohde. 18.00

270. INGENIEROS, José: *El hombre mediocre.* Introducción de Raúl Carrancá y Rivas. 22.00

      IRIARTE. Véase: FABULAS

79.   IRVING, Washington: *Cuentos de la Alhambra.* Introducción de Ofelia Garza del Castillo. 18.00

46.   ISAACS, Jorge: *María.* Introducción de Daniel Moreno. 12.00

245. JENOFONTE: *La expedición de los diez mil. Recuerdos de Sócrates. El banquete. Apología de Sócrates.* Estudio preliminar de Francisco Montes de Oca. 18.00

66.   JIMENEZ, Juan Ramón: *Platero y yo. Trescientos poemas (1903-1953).* ... 25.00

374. JOSEFO, Flavio: *La guerra de los judíos.* Prólogo de Salvador Marichalar. . 27.00

448. JOVELLANOS, Gaspar Melchor de: *Obras históricas. Sobre la legislación y la historia. Discursos sobre la geografía y la historia. Sobre los espectáculos y diversiones públicas. Descripción del Castillo de Bellver. Disciplina eclesiástica sobre sepulturas.* Edición y notas de Elvira Martínez. . 22.00

23.   JOYAS DE LA AMISTAD ENGARZADAS EN UNA ANTOLOGIA. Selección y nota preliminar de Salvador Novo. 25.00

390. JOYCE, James: *Retrato del artista adolescente. Gente de Dublín.* Prólogo de Antonio Marichalar. 22.00

467. KAFKA, Franz: *La metamorfosis. El proceso.* Prólogo de Milán Kundera. ... 25.00

486. KAFKA, Franz: *El castillo. La condena. La gran Muralla China.* Introducción de Theodor W. Adorno. 18.00

656. KAFKA, Franz: *Carta al padre y otros relatos.* Prólogo de José Ma. Alfaro 25.00

203. KANT, Manuel: *Crítica de la razón pura.* Estudio introductivo y análisis de la obra por Francisco Larroyo. 29.00

212. KANT, Manuel: *Fundamentación de la metafísica de las costumbres. Crítica de la razón práctica. La paz perpetua.* Estudio introductivo y análisis de las obras por Francisco Larroyo. 18.00

246. KANT, Manuel: *Prolegómenos a toda metafísica del porvenir. Observaciones sobre el sentimiento de lo bello y lo sublime. Crítica del juicio.* Estudio preliminar de las obras por Francisco Larroyo. 22.00

30.   KEMPIS, Tomás de: *Imitación de Cristo.* Introducción de Francisco Montes de Oca. 15.00

204. KIPLING, Rudyard: *El libro de las tierras vírgenes.* Introducción de Arturo Souto Alabarce. 24.00

545. KOROLENKO, Vladimir G.: *El sueño de Makar. Malas compañías. El clamor del bosque. El músico ciego y otros relatos.* Introducción por A. Jrabrovitski. 15.00

      KOROLENKO: Véase: CUENTOS RUSOS

PRECIOS SUJETOS A VARIACION SIN PREVIO AVISO

637. **KRUIF, Paul de:** *Los cazadores de microbios.* Introducción de Irene E. Motts. .... $ 35.00

598. **KUPRIN, Alejandro:** *El desafío.* Introducción de Ettore lo Gatto. 22.00
KUPRIN: Véase: CUENTOS RUSOS

427. **LAERCIO, Diógenes:** *Vidas de los filósofos más ilustres.* **FILOSTRATO:** *Vidas de los sofistas.* Traducciones y prólogos de José Ortiz·Sanz y José M. Riaño. 29.00
LAERCIO, Diógenes. Véase: LUCRECIO CARO, Tito
LAFONTAINE. Véase: FABULAS.

520. **LAFRAGUA, José María y OROZCO Y BERRA, Manuel:** *La ciudad de México.* Prólogo de Ernesto de la Torre Villar. Con la colaboración de Ramiro Navarro de Anda. 36.00

155. **LAGERLOFF, Selma:** *El maravilloso viaje de Nils Holgersson.* Introducción de Palma Guillén de Nicolau. 18.00

549. **LAGERLOFF, Selma:** *El carretero de la muerte. El esclavo de su finca y otras narraciones.* Prólogo de Agustín Loera y Chávez. 22.00

272. **LAMARTINE, Alfonso de:** *Graziella. Rafael.* Estudio preliminar de Daniel Moreno. 15.00

93. **LARRA, Mariano José de. "Fígaro":** *Artículos.* Prólogo de Juana de Ontañón. 29.00

459. **LARRA, Mariano José de. "Fígaro":** *El doncel de Don Enrique. El doliente. Macías.* Prólogo de Arturo Souto A. 18.00

333. **LARROYO, Francisco:** *La filosofía Iberoamericana. Historia, formas, temas, polémica, realizaciones.* 29.00

34. **LAZARILLO DE TORMES, EL.** (Autor desconocido). *Vida del buscón Don Pablos* de **FRANCISCO DE QUEVEDO.** Estudio preliminar de ambas obras por Guillermo Díaz-Plaja. 25.00

38. **LAZO, Raimundo:** *Historia de la literatura hispanoamericana. El período colonial (1492-1780).* 40.00

65. **LAZO, Raimundo:** *Historia de la literatura hispanoamericana. El siglo XIX (1780-1914).* 18.00

179. **LAZO, Raimundo:** *La novela Andina. (Pasado y futuro. Alcides. Arguedas. César Vallejo. Ciro Alegría. Jorge Icaza. José María Arguedas. Previsible misión de Vargas Llosa y los futuros narradores).* 18.00

184. **LAZO, Raimundo:** *El romanticismo. (Lo romántico en la lírica hispano-americana, del siglo XVI a 1970).* 29.00

226. **LAZO, Raimundo:** *Gertrudis Gómez de Avellaneda. La mujer y la poesía lírica.* 15.00
LECTURA EN VOZ ALTA. Véase: ARREOLA, Juan José

247. **LE SAGE:** *Gil Blas de Santillana.* Traducción y prólogo de Francisco José de Isla. Y un estudio de Sainte-Beuve. 36.00

321. **LEIBNIZ, Godofredo G.:** *Discurso de metafísica. Sistema de la naturaleza. Nuevo tratado sobre el entendimiento humano. Monadología. Principios sobre la naturaleza y la gracia.* Estudio introductivo y análisis de las obras por Francisco Larroyo. 36.00

145. **LEON, Fray Luis de:** *La perfecta casada. Cantar de los cantares. Poesías originales.* Introducción y notas de Joaquín Antonio Peñalosa. 22.00

632. **LESSING, G. E.:** *Laocoonte.* Introducción de Wilhelm Dilthey. 29.00

48. *Libro de los Salmos.* Versión directa del hebreo y comentarios de José González Brown. 29.00

304. **LIVIO, Tito:** *Historia Romana. Primera década.* Estudio preliminar de Francisco Montes de Oca. 27.00

276. **LONDON, Jack:** *El lobo de mar. El mexicano.* Introducción de Arturo Souto A. 18.00

277. **LONDON, Jack:** *El llamado de la selva. Colmillo blanco.* .... $ 25.00
284. **LONGO:** *Dafnis y Cloé.* **APULEYO:** *El asno de oro.* Estudio preliminar de
Francisco Montes de Oca. 18.00
12. **LOPE DE VEGA Y CARPIO, Félix:** *Fuente ovejuna. Peribáñez y el comendador de ocaña. El mejor alcalde, el Rey. El caballero de Olmedo.* Biografía y presentación de las obras por J. M. Lope Blanch. 18.00
657. **LOPE DE VEGA.** *Poesía líricas.* Prólogo de Alfonso Junes 65.00
566. **LOPEZ DE GOMARA, Francisco:** *Historia de la conquista de México.* Estudio preliminar de Juan Miralles Ostos. 29.00
LOPE DE VEGA. Véase: AUTOS SACRAMENTALES
LOPEZ DE YANGUAS. Véase: AUTOS SACRAMENTALES
298. **LOPEZ-PORTILLO Y ROJAS, José:** *Fuertes y débiles.* Prólogo de Ramiro Villaseñor y Villaseñor. 15.00
LOPEZ RUBIO. Véase: TEATRO ESPAÑOL CONTEMPORANEO
574. **LOPEZ SOLER, Ramón:** *Los bandos de Castilla. El caballero del cisne.* Prólogo de Ramón López Soler. 18.00
218. **LOPEZ Y FUENTES, Gregorio:** *El indio. (Novela mexicana.)* Prólogo de Antonio Magaña Esquivel. 15.00
297. **LOTI, Pierre:** *Las desencantadas.* Introducción de Rafael Solana. 15.00
LUCA DE TENA. Véase: TEATRO ESPAÑOL CONTEMPORANEO
485. **LUCRECIO CARO, Tito:** *De la naturaleza.* **LAERCIO, Diógenes:** *Epicuro.* Prólogo de Concetto Marchessi. 22.00
353. **LUMMIS, Carlos F.:** *Los exploradores españoles del siglo XVI.* Prólogo de Rafael Altamira. 15.00
595. **LLUL, Ramón:** *Blanquerna. El doctor iluminado* por Ramón Xirau. 22.00
639. **MACHADO DE ASSIS, Joaquín María:** *El alienista y otros cuentos.* Prólogo de Ilán Stavans. 27.00
324. **MAETERLINCK, Maurice:** *El pájaro azul.* Introducción de Teresa del Conde. 12.00
178. **MANZONI, Alejandro:** *Los novios. (Historia milanesa del siglo XVIII).* Con un estudio de Federico Baraibar. 22.00
152. **MAQUIAVELO, Nicolás:** *El príncipe.* Precedido de Nicolás Maquiavelo en su quinto centenario por Antonio Gómez Robledo. 11.00
MARCO AURELIO. Véase: EPICTETO
192. **MARMOL, José:** *Amalia.* Prólogo de Juan Carlos Ghiano. 29.00
652. **MARQUES DE SANTILLANA — GOMEZ MANRIQUE — JORGE MANRIQUE.** *Poesía.* Introducción de Arturo Souto A. ....
367. **MARQUEZ STERLING, Carlos:** *José Martí. Síntesis de una vida extraordinaria.* 22.00
MARQUINA. Véase: TEATRO ESPAÑOL CONTEMPORÁNEO
141. **MARTI, José:** *Sus mejores páginas.* Estudio, notas y selección de textos, por Raimundo Lazo. 18.00
236. **MARTI, José:** *Ismaelillo. La edad de oro. Versos sencillos.* Prólogo de Raimundo Lazo. 18.00
338. **MARTINEZ DE TOLEDO, Alfonso:** *Arcipreste de Talavera o Corbacho.* Introducción de Arturo Souto A. Con un estudio del vocabulario del Corbacho y colección de refranes y locuciones contenidos en el mismo por A. Steiger. 18.00
214. **MARTINEZ SIERRA. Gregorio:** *Tú eres la paz. Canción de cuna.* Prólogo de María Edmée Alvarez. 15.00
193. **MATEOS, Juan A.:** *El cerro de las campanas. (Memorias de un guerrillero).* Prólogo de Clementina Díaz y de Ovando. 29.00
197. **MATEOS, Juan A.:** *El sol de mayo. (Memorias de la intervención).* Nota preliminar de Clementina Díaz y de Ovando. 24.00
514. **MATEOS, Juan A.:** *Sacerdote y caudillo. (Memorias de la insurrección).* ... 29.00
573. **MATEOS, Juan A.:** *Los insurgentes.* Prólogo y epílogo de Vicente Riva Palacio. 22.00

PRECIOS SUJETOS A VARIACION SIN PREVIO AVISO

344. **MATOS MOCTEZUMA, Eduardo:** *El negrito poeta mexicano y el domini-cano. ¿Realidad o fantasía?* Exordio de Antonio Pompa y Pompa. .... $ 15.00

565. **MAUGHAM W., Somerset:** *Cosmopolitas. La miscelánea de siempre.* Estu-dio sobre el cuento corto de W. Somerset Maugham. 18.00

410. **MAUPASSANT, Guy de:** *Bola de sebo. Mademoiselle Fifí. Las hermanas Rondoli.* 22.00

423. **MAUPASSANT, Guy de:** *La becada. Claror de luna. Miss Harriet.* Intro-ducción de Dana Lee Thomas. 25.00

642. **MAUPASSANT, Guy de:** *Bel-Ami.* Introducción de Miguel Moure. Traduc-ción de Luis Ruiz Contreras. 36.00

506. **MELVILLE, Herman:** *Moby Dick o la ballena blanca.* Prólogo de W. Somerset Maugham. 35.00

336. **MENENDEZ, Miguel Angel:** *Nayar.* (Novela). Ilustró Cadena M. 29.00

370. **MENENDEZ PELAYO, Marcelino:** *Historia de los heterodoxos españoles. Erasmistas y protestantes. Sectas místicas. Judaizantes y moriscos. Artes mágicas.* Prólogo de Arturo Farinelli. 65.00

389. **MENENDEZ PELAYO, Marcelino:** *Historia de los heterodoxos españoles. Regalismo y enciclopedia. Los afrancesados y las Cortes de Cádiz. Reina-dos de Fernando VII e Isabel II. Krausismo y Apologistas católicos.* Prólogo de Arturo Ferinelli. 44.00

405. **MENENDEZ PELAYO, Marcelino:** *Historia de los heterodoxos españoles. Epocas romana y visigoda. Priscilianismo y adopcionismo. Mozárabes. Acordobeses. Panteísmo semítico. Albigenses y valdenses. Arnaldo de Vilanova. Raimundo Lulio. Herejes en el siglo XV.* Advertencia y discurso pre-liminar de Marcelino Menéndez Pelayo. 44.00

475. **MENENDEZ PELAYO, Marcelino:** *Historia de las ideas estéticas en Es-paña. Las ideas estéticas entre los antiguos griegos y latinos. Desarrollo de las ideas estéticas hasta fines del siglo XVII.* 51.00

482. **MENENDEZ PELAYO, Marcelino:** *Historia de las ideas estéticas en Es-paña. Reseña histórica del desarrollo de las doctrinas estéticas durante el siglo XVIII.* 44.00

483. **MENENDEZ PELAYO, Marcelino:** *Historia de las ideas estéticas en Es-paña. Desarrollo de las doctrinas estéticas durante el siglo XIX.* 58.00

MESSER, Augusto: Véase: **HESSEN, Juan**

MIHURA: Véase: **TEATRO ESPAÑOL CONTEMPORANEO**

18. **MIL Y UN SONETOS MEXICANOS.** Selección y nota preliminar de Sal-vador Novo. 22.00

136. **MIL Y UNA NOCHES, LAS.** Prólogo de Teresa E. de Rhode. 30.00

194. **MILTON, John:** *El paraíso perdido.* Prólogo de Joaquín Antonio Peñalosa. . 12.00

MIRA DE AMEZCUA: Véase: **AUTOS SACRAMENTALES**

109. **MIRO, Gabriel:** *Figuras de la pasión del Señor. Nuestro Padre San Daniel.* Prólogo de Juana de Ontañón. 22.00

68. **MISTRAL, Gabriela:** *Lecturas para mujeres. Gabriela Mistral (1922-1924).* Por-Palma Guillén de Nicolau. 12.00

250. **MISTRAL, Gabriela:** *Desolación. Ternura. Tala. Lagar.* Introducción de Palma Guillén de Nicolau. 30.00

144. **MOLIERE:** *Comedias. Tartufo. El burgués gentilhombre. El misántropo. El enfermo imaginario.* Prólogo de Rafael Solana. 15.00

149. **MOLIERE:** *Comedias. El avaro. Las preciosas ridículas. El médico a la fuerza. La escuela de las mujeres. Las mujeres sabias.* Prólogo de Rafael Solana. 18.00

32. **MOLINA, Tirso de:** *El vergonzoso en palacio. El condenado por descon-fiado. El burlador de Sevilla. La prudencia en la mujer.* Edición de Juana de Ontañón. 15.00

PRECIOS SUJETOS A VARIACION SIN PREVIO AVISO

MOLINA, Tirso de: Véase: **AUTOS SACRAMENTALES**

600. **MONTAIGNE:** *Ensayos completos.* Notas prologales de Emiliano M. Aguilera. Traducción del francés de Juan G. de Luaces. .... $ 65.00

208. **MONTALVO, Juan:** *Capítulos que se le olvidaron a Cervantes.* Estudio introductivo de Gonzalo Zaldumbide. 22.00

501. **MONTALVO, Juan:** *Siete tratados.* Prólogo de Luis Alberto Sánchez. 22.00

381. **MONTES DE OCA, Francisco:** *Poesía hispanoamericana.* 29.00

191. **MONTESQUIEU:** *Del espíritu de las leyes.* Estudio preliminar de Daniel Moreno. 50.00

282. **MORO, Tomás:** *Utopía.* Prólogo de Manuel Alcalá. 18.00

129. **MOTOLINIA, Fray Toribio:** *Historia de los indios de la Nueva España.* Estudio crítico, apéndices, notas e índice de Edmundo O'Gorman. 25.00

588. **MUNTHE, Axel:** *La historia de San Michele.* Introducción de Arturo Uslar-Pietri. 22.00

286. **NATORP, Pablo:** *Propedéutica filosófica. Kant y la escuela de Marburgo. Curso de pedagogía social.* Presentación introductiva. (El autor y su obra). Y preámbulos a los capítulos por Francisco Larroyo. 12.00

527. **NAVARRO VILLOSLADA, Francisco:** *Amaya o los Vascos en el siglo VIII.* 36.00

171. **NERVO, Amado:** *Plenitud, perlas negras. Místicas. Los jardines interiores. El estanque de los Lotos.* Prólogo de Ernesto Mejía Sánchez. 18.00

175. **NERVO, Amado:** *La amada inmóvil. Serenidad. Elevación. La última luna.* Prólogo de Ernesto Mejía Sánchez. 18.00

443. **NERVO, Amado:** *Poemas: Las voces. Lira heroica. El éxodo y las flores del camino. El arquero divino. Otros poemas. En voz baja. Poesías varias.* .. 22.00

NEVILLE. Véase: **TEATRO ESPAÑOL CONTEMPORANEO**

395. **NIETZSCHE, Federico:** *Así hablaba Zaratustra.* Prólogo de E. W. F. Tomlin. 20.00

430. **NIETZSCHE, Federico:** *Más allá del bien y del mal. Genealogía de la moral.* Prólogo de Johann Fischl. 18.00

576. **NUÑEZ CABEZA DE VACA, Alvar:** *Naufragios y comentarios. Apuntes sobre la vida del adelantado* por Enrique Vedia. 30.00

356. **NUÑEZ DE ARCE, Gaspar:** *Poesías completas.* Prólogo de Arturo Souto A. 18.00

45. **O'GORMAN, Edmundo:** *Historia de las divisiones territoriales en México.* 44.00

8. **OCHO SIGLOS DE POESIA EN LENGUA ESPAÑOLA.** Introducción y Compilación de Francisco Montes de Oca. 87.00

OLMO: Véase: **TEATRO ESPAÑOL CONTEMPORANEO**

ONTAÑON, Juana de: Véase: **SANTA TERESA DE JESUS**

462. **ORTEGA Y GASSET, José:** *En torno a Galileo. El hombre y la gente.* Prólogo de Ramón Xirau. 36.00

488. **ORTEGA Y GASSET, José:** *El tema de nuestro tiempo. La rebelión de las masas.* Prólogo de Fernando Salmerón. 22.00

497. **ORTEGA Y GASSET, José:** *La deshumanización del arte e ideas sobre la novela. Velázquez. Goya.* 27.00

499. **ORTEGA Y GASSET, José:** *¿Qué es filosofía? Unas lecciones de metafísica.* Prólogo de Antonio Rodríguez Huescar. 40.00

436. **OSTROVSKI, Nicolai:** *Así se templó el acero.* Prefacio de Ana Karevaéva. . 18.00

316. **OVIDIO:** *Las metamorfosis.* Estudio preliminar de Francisco Montes de Oca. 18.00

213. **PALACIO VALDES, Armando:** *La hermana San Sulpicio.* Introducción de Joaquín Antonio Peñalosa. 18.00

125. **PALMA, Ricardo:** *Tradiciones peruanas.* Estudio y selección por Raimundo Lazo. 18.00

PALOU, Fr. Francisco: Véase: **CLAVIJERO, Francisco Xavier**

421. **PAPINI, Giovanni:** *Gog. El libro negro.* Prólogo de Ettore Allodoli. 22.00

PRECIOS SUJETOS A VARIACION SIN PREVIO AVISO

424.	PAPINI, Giovanni: *Historia de Cristo.* Prólogo de Victoriano Capánaga.	$ 22.00
644.	PAPINI, Giovanni: *Los operarios de la viña y otros ensayos.*	29.00
266.	PARDO BAZAN, Emilia: *Los pazos de Ulloa.* Introducción de Arturo Souto A.	15.00
358.	PARDO BAZAN, Emilia: *San Francisco de Asís. (Siglo XIII).* Prólogo de Marcelino Menéndez Pelayo.	24.00
496.	PARDO BAZAN, Emilia: *La madre naturaleza.* Introducción de Arturo Souto A.	18.00
577.	PASCAL, Blas: *Pensamientos y otros escritos.* Aproximaciones a Pascal de R. Guardini. F. Mauriac, J. Mesner y H. Küng.	29.00
	PASO: Véase: TEATRO ESPAÑOL CONTEMPORANEO	
3	PAYNO, Manuel: *Los bandidos de Río Frío.* Prólogo de Antonio Castro Leal.	40.00
80.	PAYNO, Manuel: *El fistol del diablo. (Novela de costumbres mexicanas.)* Texto establecido y estudio preliminar de Antonio Castro Leal.	58.00
605.	PAYNO, Manuel: *El hombre de la situación. Retratos históricos. Moctezuma II. Cuauhtémoc. La Sevillana. Alfonso de Avila. Don Martín Cortés. Fray Marcos de Mena. El Tumulto de 1624. La Familia Dongo. Allende. Mina. Guerrero. Ocampo. Comonfort.* Prólogo de Luis González Obregón.	18.00
622.	PAYNO, Manuel: *Novelas cortas.* Apuntes biográficos por Alejandro Villaseñor y Villaseñor.	27.00
	PEMAN: Véase: TEATRO ESPAÑOL CONTEMPORÁNEO	
	PENSADOR MEXICANO: Véase: FÁBULAS	
64.	PEREDA, José María de: *Peñas arriba. Sotileza.* Introducción de Soledad Anaya Solórzano.	18.00
165.	PEREYRA, Carlos: *Hernán Cortés.* Prólogo de Martín Quirarte.	15.00
493.	PEREYRA, Carlos: *Las huellas de los conquistadores.*	18.00
498.	PEREYRA, Carlos: *La conquista de las rutas oceánicas. La obra de España en América.* Prólogo de Silvio Zavala.	22.00
188.	PEREZ ESCRICH, Enrique: *El mártir del Gólgota.* Prólogo de Joaquín Antonio Peñalosa.	29.00
69.	PEREZ GALDOS, Benito: *Miau. Marianela.* Prólogo de Teresa Silva Tena.	30.00
107.	PEREZ GALDOS, Benito: *Doña perfecta. Misericordia.*	20.00
117.	PEREZ GALDOS, Benito: *Episodios nacionales: Trafalgar. La corte de Carlos IV.* Prólogo de María Eugenia Gaona.	22.00
130.	PEREZ GALDOS, Benito: *Episodios nacionales: 19 de marzo y el 2 de mayo. Bailén.*	15.00
158.	PEREZ GALDOS, Benito: *Episodios nacionales: Napoleón en Chamartín. Zaragoza.* Prólogo de Teresa Silva Tena.	15.00
166.	PEREZ GALDOS, Benito: *Episodios nacionales: Gerona. Cádiz.* Nota preliminar de Teresa Silva Tena.	15.00
185.	PEREZ GALDOS, Benito: *Fortunata y Jacinta. (Dos histórias de casadas).* Introducción de Agustín Yáñez.	51.00
289.	PEREZ GALDOS, Benito: *Episodios nacionales: Juan Martín el Empecinado. La batalla de los Arapiles.*	15.00
378.	PEREZ GALDOS, Benito: *La desheredada.* Prólogo de José Salavarría.	30.00
383.	PEREZ GALDOS, Benito: *El amigo manso.* Prólogo de Joaquín Casalduero.	18.00
392.	PEREZ GALDOS, Benito: *La fontana de oro.* Introducción de Marcelino Menéndez Pelayo.	22.00
446.	PEREZ GALDOS, Benito: *Tristana. Nazarín.* Prólogo de Ramón Gómez de la Serna.	18.00
473.	PEREZ GALDOS, Benito: *Angel Guerra.* Prólogo de Emilia Pardo Bazán. .	22.00
489.	PEREZ GALDOS, Benito: *Torquemada en la hoguera. Torquemada en la cruz. Torquemada en el purgatorio. Torquemada y San Pedro.* Prólogo de Joaquín Casalduero.	27.00
231.	PEREZ LUGIN, Alejandro: *La casa de la Troya. Estudiantina.*	12.00

PRECIOS SUJETOS A VARIACION SIN PREVIO AVISO

235.	**PEREZ LUGIN, Alejandro:** *Currito de la Cruz.*	**$ 18.00**
263.	**PERRAULT, CUENTOS DE:** *Griselda. Piel de asno. Los deseos ridículos. La bella durmiente del bosque. Caperucita roja. Barba azul. El gato con botas. Las hadas. Cenicienta. Riquete el del copete. Pulgarcito.* Prólogo de María Edmée Alvarez.	15.00
308.	**PESTALOZZI, Juan Enrique:** *Cómo Gertrudis enseña a sus hijos. Cartas sobre la educación de los niños. Libros de educación elemental.* Prólogos, estudio introductivo y preámbulos de las obras por Edmundo Escobar.	25.00
369.	**PESTALOZZI, Juan Enrique:** *Canto del cisne.* Estudio preliminar de José Manuel Villalpando.	18.00
492.	**PETRARCA:** *Cancionero. Triunfos.* Prólogo de Ernst Hatch Wilkins.	22.00
221.	**PEZA, Juan de Dios:** *Hogar y patria. El arpa del amor.* Noticia preliminar de Porfirio Martínez Peñalosa.	18.00
224.	**PEZA, Juan de Dios:** *Recuerdos y esperanzas. Flores del alma y versos festivos.*	25.00
557.	**PEZA, Juan de Dios:** *Leyendas históricas tradicionales y fantásticas de las calles de la ciudad de México.* Prólogo de Isabel Quiñonez.	22.00
594.	**PEZA, Juan de Dios:** *Memorias. Reliquias y retratos.* Prólogo de Isabel Quiñonez.	27.00
248.	**PINDARO:** *Odas. Olímpicas. Píticas. Nemeas. Istmicas y fragmentos de otras obras de Píndaro. Otros líricos griegos: Arquíloco. Tirteo. Alceo. Safo. Simónides de Ceos. Anacreonte. Baquílides.* Estudio preliminar de Francisco Montes de Oca.	15.00
13.	**PLATON:** *Diálogos.* Estudio preliminar de Francisco Larroyo.	41.00
139.	**PLATON:** *Las leyes. Epinomis. El político.* Estudio introductivo y preámbulos a los diálogos de Francisco Larroyo.	36.00
258.	**PLAUTO:** *Comedias: Los mellizos. El militar fanfarrón. La olla. El gorgojo. Anfitrión. Los cautivos.* Estudio preliminar de Francisco Montes de Oca.	18.00
26.	**PLUTARCO:** *Vidas paralelas.* Introducción de Francisco Montes de Oca.	33.00
564.	**POBREZA Y RIQUEZA.** En obras selectas del cristianismo primitivo por Carlos Ignacio González S. J.	18.00
210.	**POE, Edgar Allan:** *Narraciones extraordinarias. Aventuras de Arturo Gordon. Pym. El cuervo.* Prólogo de Ma. Elvira Bermúdez.	18.00
85.	**POEMA DE MIO CID.** Versión antigua, con prólogo y versión moderna de Amancio Bolaño e Isla. Seguida del **ROMANCERO DEL CID.**	14.00
102.	**POESIA MEXICANA.** Selección de Francisco Montes de Oca.	36.00
371.	**POLO, Marco:** *Viajes.* Introducción de María Elvira Bermúdez.	25.00
510.	**PONSON DU TERRAIL, Pierre Alexis:** *Hazañas de Rocambole.* Tomo I. .	29.00
511.	**PONSON DU TERRAIL, Pierre Alexis:** *Hazañas de Rocambole.* Tomo II.	29.00
518.	**PONSON DU TERRAIL, Pierre Alexis:** *La resurrección de Rocambole. Tomo I.* Continuación de "Hazañas de Rocambole".	29.00
519.	**PONSON DU TERRAIL, Pierre Alexis:** *La resurrección de Rocambole. Tomo II.* Continuación de "Hazañas de Rocambole".	29.00
36.	**POPOL VUH.** Antiguas historias de los indios quichés de Guatemala. Ilustradas con dibujos de los códices mayas. Advertencia, versión y vocabulario de Albertina Saravia E.	25.00
150.	**PRESCOTT, William H.:** *Historia de la conquista de México.* Anotada por Don Lucas Alamán. Con notas, críticas y esclarecimientos de Don José Fernando Ramírez. Prólogo y apéndices por Juana A. Ortega y Medina.	44.00
198.	**PRIETO, Guillermo:** *Musa callejera.* Prólogo de Francisco Monterde.	15.00
450.	**PRIETO, Guillermo:** *Romancero nacional.* Prólogo de Ignacio M. Altamirano.	22.00
481.	**PRIETO, Guillermo:** *Memorias de mis tiempos.* Prólogo de Horacio Labastida.	55.00

PRECIOS SUJETOS A VARIACION SIN PREVIO AVISO

54.	PROVERBIOS DE SALOMON Y SABIDURIA DE JESUS DE BEN SIRAK. Versión directa de los originales por Angel María Garibay K.	$ 18.00
	QUEVEDO, Francisco de: Véase: LAZARILLO DE TORMES	
646.	QUEVEDO, Francisco de: *Poesía*. Introducción de Jorge Luis Borges.	29.00
332.	QUEVEDO Y VILLEGAS, Francisco de: *Sueños. El sueño de las calaveras. El alguacil alguacilado. Las zahurdas de Plutón. Visita de los chistes. El mundo por dentro. La hora de todos y la fortuna con seso. Poesías.* Introducción de Arturo Souto A.	22.00
97.	QUIROGA, Horacio: *Cuentos.* Selección, estudio preliminar y notas críticas e informativas por Raimundo Lazo.	30.00
347.	QUIROGA, Horacio: *Más cuentos.* Introducción de Arturo Souto A.	20.00
360.	RABELAIS: *Gargantúa y Pantagruel. Vida de Rabeláis* por Anatole France. Ilustraciones de Gustavo Doré.	36.00
219.	RABINAL-ACHI: *El varón de Rabinal. Ballet-drama de los indios quichés de Guatemala.* Traducción y prólogo de Luis Cardoza y Aragón.	15.00
	RANGEL, Nicolás. Véase: URBINA, Luis G.	
366.	REED, John: *México insurgente. Diez días que estremecieron al mundo.* Prólogo de Juan de la Cabada.	20.00
597.	RENAN, Ernesto: *Marco Aurelio y el fin del mundo antiguo.* Precedido de la plegaria sobre la acrópolis.	27.00
101.	RIVA PALACIO, Vicente: *Cuentos del general.* Prólogo de Clementina Díaz y de Ovando.	15.00
474.	RIVA PALACIO, Vicente: *Las dos emparedadas. Memorias de los tiempos de la inquisición.*	18.00
476.	RIVA PALACIO, Vicente: *Calvario y Tabor.*	18.00
507.	RIVA PALACIO, Vicente: *La vuelta de los muertos.*	18.00
162.	RIVA, Duque de: *Don Alvaro o la fuerza del Sino. Romances históricos.* Prólogo de Antonio Magaña Esquivel.	15.90
172.	RIVERA, José Eustasio: *La vorágine.* Prólogo de Cristina Barros Stivalet.	18.00
87.	RODO, José Enrique: *Ariel. Liberalismo y Jacobinismo. Ensayos: Rubén Darío, Bolívar, Montalvo.* Estudio preliminar, índice biográfico-cronológico y resumen bibliográfico por Raimundo Lazo.	10.00
115.	RODO, José Enrique: *Motivos de Proteo y nuevos motivos de Proteo.* Prólogo de Raimundo Lazo.	27.00
88.	ROJAS, Fernando de: *La Celestina.* Prólogo de Manuel de Ezcurdia. Con una cronología y dos glosarios.	11.00
650.	ROPS, Daniel: *Jesús en su tiempo.* Jesús ante la crítica por Daniel Rops.	58.00
	ROMANCERO DEL CID. Véase: POEMA DE MIO CID	
	ROSAS MORENO: Véase: FABULAS	
328.	ROSTAND, Edmundo: *Cyrano de Bergerac.* Prólogo, estudio y notas de Angeles Mendieta Alatorre.	12.00
440.	ROTTERDAM, Erasmo de: *Elogio de la locura. Coloquios. Erasmo de Rotterdam,* por Johan Huizinga.	25.00
113.	ROUSSEAU, Juan Jacobo: *El contrato social o principios de Derecho Político. Discurso sobre las ciencias y las artes. Discurso sobre el origen de la desigualdad.* Estudio preliminar de Daniel Moreno.	12.00
159.	ROUSSEAU, Juan Jacobo: *Emilio o de la educación.* Estudio preliminar de Daniel Moreno.	18.00
470.	ROUSSEAU, Juan Jacobo: *Confesiones.* Prólogo de Jeanne Renée Becker.	18.00
265.	RUEDA, Lope de: *Teatro completo. Eufemia. Armelina. De los engañados. Medora. Colloquio de Camelia. Colloquio de Tymbria. Diálogo sobre la invención de las Calcas. El deleitoso. Registro de representantes. Colloquio llamado prendas de amor. Colloquio en verso. Comedia llamada discordia y questión de amor. Auto de Naval y Abigail. Auto de los desposorios de Moisén. Farsa del sordo.* Introducción de Arturo Souto A.	25.00

PRECIOS SUJETOS A VARIACION SIN PREVIO AVISO

10.	**RUIZ DE ALARCON, Juan:** *Cuatro comedias. Las paredes oyen. Los pechos privilegiados. La verdad sospechosa. Ganar amigos.* Estudio, texto y comentarios de Antonio Castro Leal.	$ 22.00
451.	**RUIZ DE ALARCON, Juan:** *El examen de maridos. La prueba de las promesas. Mudarse por mejorarse. El tejedor de Segovia.* Prólogo de Alfonso Reyes. ..	18.00
	RUIZ IRIARTE: Véase: **TEATRO ESPAÑOL CONTEMPORANEO**	
51.	*Sabiduría de Israel. Tres obras de la cultura judía.* Traducciones directas de Angel María Garibay K.	25.00
	SABIDURIA DE JESUS BEN SIRAK: Véase: **PROVERBIOS DE SALOMON**	
300.	**SAHAGUN, Fr. Bernardino de:** *Historia general de las cosas de la Nueva España.* La dispuso para la prensa en esta nueva edición, con numeración, anotaciones y apéndices Angel María Garibay K.	72.00
299.	**SAINT-EXUPERY, Antoine de:** *El principito.* Nota preliminar y traducción de María de los Angeles Porrúa.	12.00
322.	**SAINT-PIERRE, Bernardino de:** *Pablo y Virginia.* Introducción de Arturo Souto A.	22.00
659.	**SAINTE-BEUVE:** *Retratos literarios.* Prólogo de Gerard Bauer	35.00
456.	**SALADO ALVAREZ, Victoriano:** *Episodios Nacionales: Santa Anna. La reforma. La intervención. El imperio: su alteza serenísima. Memorias de un Polizonte.* Prólogo biográfico de Ana Salado Alvarez.	18.00
460.	**SALADO ALVAREZ, Victoriano:** *Episodios Nacionales: Santa Anna. La reforma. La intervención. El imperio: el golpe de Estado. Los mártires de Tacubaya.*	18.00
464.	**SALADO ALVAREZ, Victoriano:** *Episodios Nacionales: Santa Anna. La reforma. La intervención. El imperio: la reforma. El plan de pacificación.* ...	18.00
466.	**SALADO ALVAREZ, Victoriano:** *Episodios Nacionales: Santa Anna. La reforma. La intervención. El imperio: las ranas pidiendo rey. Puebla.*	18.00
468.	**SALADO ALVAREZ, Victoriano:** *Episodios Nacionales: Santa Anna. La reforma. La intervención. El imperio: la Corte de Maximiliano. Orizaba.*	18.00
469.	**SALADO ALVAREZ, Victoriano:** *Episodios Nacionales: Santa Anna. La reforma. La intervención. El imperio: Porfirio Díaz. Ramón Corona.*	18.00
471.	**SALADO ALVAREZ, Victoriano:** *Episodios Nacionales: Santa Anna. La reforma. La intervención. El imperio: la emigración. Querétaro.*	18.00
477.	**SALADO ALVAREZ, Victoriano:** *Memorias. Tiempo viejo. Tiempo Nuevo.* Nota preliminar de José Emilio Pacheco. Prólogo de Carlos González Peña.	24.00
220.	**SALGARI, Emilio:** *Sandokan. La mujer del pirata.* Prólogo de María Elvira Bermúdez.	20.00
239.	**SALGARI, Emilio:** *Los piratas de la Malasia. Los estranguladores.* Nota preliminar de María Elvira Bermúdez.	18.00
242.	**SALGARI, Emilio:** *Los dos rivales. Los tigres de la Malasia.* Nota preliminar de María Elvira Bermúdez.	25.00
257.	**SALGARI, Emilio:** *El rey del mar. La reconquista de Mompracem.* Nota preliminar de María Elvira Bermúdez.	15.00
264.	**SALGARI, Emilio:** *El falso Bracman. La caída de un imperio.* Nota preliminar de María Elvira Bermúdez.	15.00
267.	**SALGARI, Emilio:** *En los junglares de la India. El desquite de Yáñez.* Nota preliminar de María Elvira Bermúdez.	15.00
292.	**SALGARI, Emilio:** *El capitán Tormenta. El León de Damasco.* Nota preliminar de María Elvira Bermúdez.	15.00
296.	**SALGARI, Emilio:** *El hijo del León de Damasco. La galera del Bajá.* Nota preliminar de María Elvira Bermúdez.	15.00
302.	**SALGARI, Emilio:** *El corsario negro. La venganza.* Nota preliminar de María Elvira Bermúdez.	20.00
306.	**SALGARI, Emilio:** *La reina de los caribes. Honorata de Wan Guld.*	15.00

PRECIOS SUJETOS A VARIACION SIN PREVIO AVISO

312.	SALGARI, Emilio: *Yolanda. Morgan.*	$ 15.00
363.	SALGARI, Emilio: *Aventuras entre los pieles rojas. El rey de la pradera.* Prólogo de María Elvira Bermúdez.	15.00
376.	SALGARI, Emilio. *En las fronteras del Far-West. La cazadora de cabelleras.* Prólogo de María Elvira Bermúdez.	18.00
379.	SALGARI, Emilio: *La soberana del campo de oro. El rey de los cangrejos.* Prólogo de María Elvira Bermúdez.	18.00
465.	SALGARI, Emilio: *Las "Panteras" de Argel. El filtro de los Califas.* Prólogo de María Elvira Bermúdez.	15.00
517.	SALGARI, Emilio: *Los náufragos del Liguria. Devastaciones de los piratas.*	15.00
533.	SALGARI, Emilio: *Los mineros de Alaska. Los pescadores de ballenas.*	15.00
535.	SALGARI, Emilio: *La campana de plata. Los hijos del aire.*	15.00
536.	SALGARI, Emilio: *El desierto de fuego. Los bandidos del Sahara.*	15.00
537.	SALGARI, Emilio: *Los barcos filibusteros.*	15.00
538.	SALGARI, Emilio: *Los misterios de la selva. La Costa de Marfil.*	15.00
540.	SALGARI, Emilio: *La favorita del Mahdi. El profeta del Sudán.*	15.00
542.	SALGARI, Emilio: *El capitán de la "D'Juana". La montaña de luz.*	15.00
544.	SALGARI, Emilio: *El hijo del corsario rojo.*	20.00
547.	SALGARI, Emilio: *La perla roja. Los pescadores de perlas.*	15.00
553.	SALGARI, Emilio: *El mar de las perlas. La perla del río rojo.*	15.00
554.	SALGARI, Emilio: *Los misterios de la India.*	15.00
559.	SALGARI, Emilio. *Los horrores de Filipinas.*	15.00
560.	SALGARI, Emilio: *Flor de las perlas. Los cazadores de cabezas.*	15.00
561.	SALGARI, Emilio: *Las hijas de los faraones. El sacerdote de Phtah.*	15.00
562.	SALGARI, Emilio: *Los piratas de las Bermudas. Dos abordajes.*	18.00
563.	SALGARI, Emilio: *Nuevas aventuras de cabeza de piedra. El castillo de Montecarlo.*	15.00
567.	SALGARI, Emilio: *La capitana del Yucatán. La heroína de Puerto Arturo.* Nota preliminar de María Elvira Bermúdez.	20.00
579.	SALGARI, Emilio: *Un drama en el Océano Pacífico. Los solitarios del Océano.* .	18.00
583.	SALGARI, Emilio: *Al Polo Norte a bordo del "Taimyr".*	15.00
585.	SALGARI, Emilio: *El continente misterioso. El esclavo de Madagascar.*	18.00
288.	SALUSTIO: *La conjuración de Catilina. La guerra de Jugurta.* Estudio preliminar de Francisco Montes de Oca.	15.00
	SAMANIEGO: Véase: FABULAS	
393.	SAMOSATA, Luciano de: *Diálogos. Historia verdadera.* Introducción de Salvador Marichalar.	29.00
59.	SAN AGUSTIN: *La ciudad de Dios.* Introducción de Francisco Montes de Oca.	36.00
142.	SAN AGUSTIN: *Confesiones.* Versión, introducción y notas de Francisco Montes de Oca.	15.00
40.	SAN FRANCISCO DE ASIS. *Florecillas.* Introducción de Francisco Montes de Oca.	15.00
228.	SAN JUAN DE LA CRUZ: *Obras completas. Subida del Monte Carmelo. Noche oscura. Cántico espiritual. Llama de amor viva. Poesías.* Prólogo de Gabriel de la Mora.	35.00
199.	SAN PEDRO, Diego de: *Cárcel de amor. Arnalde e Lucenda. Sermón. Poesías. Desprecio de la fortuna. Seguidas de questión de amor.* Introducción de Arturo Souto A.	22.00
	SANCHEZ DE BADAJOZ: Véase: AUTOS SACRAMENTALES	
655.	SAND, George: *Historia de mi vida.* Prólogo de Ramón Arguita	35.00
50.	SANTA TERESA DE JESUS: *Las moradas. Libro de su vida.* Biografía de Juana de Ontañón.	22.00

PRECIOS SUJETOS A VARIACION SIN PREVIO AVISO

645. SANTAYANA, George: *Tres poetas filósofos. Lucrecio - Dante - Goethe. Diálogos en el Limbo.* Breve historia de mis opiniones de George Santayana. .... $ 29.00
49. SARMIENTO, Domingo F.: *Facundo. Civilización y Barbarie. Vida de Juan Facundo Quiroga.* Ensayo preliminar e índice cronológico por Raimundo Lazo. 18.00
SASTRE: Véase: TEATRO ESPAÑOL CONTEMPORANEO
138. SCOTT, Walter: *Ivanhoe o El Cruzado.* Introducción de Arturo Souto A. 15.00
409. SCOTT, Walter: *El monasterio.* Prólogo de Henry Thomas. 18.00
416. SCOTT, Walter: *El pirata.* Prólogo de Henry Thomas. 18.00
401. SCHILLER, Federico: *María Estuardo. La doncella de Orleans. Guillermo Tell.* Prólogo de Alfredo S. Barca. 20.00
434. SCHILLER, Federico: *Don Carlos. La conjuración de Fiesco. Intriga y amor.* Prólogo de Wilhelm Dilthey. 18.00
458. SCHILLER, Federico: *Wallenstein. El campamento de Wallenstein. Los Piccolomini. La muerte de Wallenstein. La novia de Mesina.* Prólogo de Wilhelm Dilthey. 18.00
419. SCHOPENHAUER, Arturo: *El mundo como voluntad y representación.* Introducción de E. Friedrick Sauer. 22.00
455. SCHOPENHAUER, Arthur: *La sabiduría de la vida. En torno a la filosofía. El amor, las mujeres, la muerte y otros temas.* Prólogo de Abraham Waismann. Traducción del alemán por Eduardo González Blanco. 22.00
603. SCHWOB, Marcel: *Vidas imaginarias. La cruzada de los niños.* Prólogo de José Emilio Pacheco. 22.00
281. SENECA: *Tratados filosóficos. Cartas.* Estudio preliminar de Francisco Montes de Oca. 18.00
653. SERRANO MIGALLON, Fernando: *El grito de Independencia. Historia de una pasión nacional.* Prólogo de Andrés Henestrosa 35.00
658. SERRANO MIGALLON, Fernando: *Toma de Posesión: el rito del Poder.* Presentación de Lorenzo Meyer. 30.00
437. SERTILANGES, A. D.: *La vida intelectual.* GUITTON, Jean: *El trabajo intelectual.* 22.00
86. SHAKESPEARE: *Hamlet. Penas por amor perdidas. Los dos hidalgos de Verona. Sueño de una noche de verano. Romeo y Julieta.* Con notas preliminares y dos cronologías. 18.00
94. SHAKESPEARE: *Otelo. La fierecilla domada. Y vuestro gusto. El rey Lear.* Con notas preliminares y dos cronologías. 18.00
96. SHAKESPEARE: *Macbeth. El mercader de Venecia. Las alegres comadres de Windsor. Julio César. La tempestad.* Con notas preliminares y dos cronologías. 12.00
SHOLOJOV: Véase: CUENTOS RUSOS
160. SIENKIEWICZ, Enrique: *Quo vadis?* Prólogo de José Manuel Villalaz. 20.00
146. SIERRA, Justo: *Juárez: su vida y su tiempo.* Introducción de Agustín Yáñez. 22.00
515. SIERRA, Justo: *Evolución política del pueblo mexicano.* Prólogo de Alfonso Reyes. 22.00
81. SITIO DE QUERETARO, EL: Según sus protagonistas y testigos. Selección y notas introductorias de Daniel Moreno. 29.00
14. SOFOCLES: *Las siete tragedias.* Versión directa del griego con una introducción de Angel María Garibay K. 14.00
89. SOLIS Y RIVADENEIRA, Antonio de: *Historia de la conquista de México.* Prólogo y apéndices de Edmundo O'Gorman. Notas de José Valero. 29.00
472. SOSA, Francisco: *Biografías de mexicanos distinguidos. (Doscientas noventa y cuatro).* 50.00
319. SPINOZA: *Etica. Tratado teológico-político.* Estudio introductivo, análisis de las obras y revisión del texto por Francisco Larroyo. 45.00
651. STAVANS, Ilán: *Cuentistas judíos.* Sforim. Schultz. Appelfeld. Perera. Kafka. Peretz. Bratzlav. Kis. Aleichem. Goldemberg. Ash. Oz. Goloboff. Yehoshua.

PRECIOS SUJETOS A VARIACION SIN PREVIO AVISO

Shapiro. Agnon. Amichai. Svevo. Singer. Paley. Szichman. Stavans. Babel. Gerchunoff. Bellow. Roth. Dorfman. Lubitch. Ozic. Scliar. Bleister. Roenmacher. Introducción *Memoria y literatura* por Ilán Stavans. .... $ 53.00

105. **STENDHAL:** *La cartuja de Parma.* Introducción de Francisco Montes de Oca. 15.00

359. **STENDHAL:** *Rojo y negro.* Introducción de Francisco Montes de Oca. 22.00

110. **STEVENSON, R. L.:** *La isla del tesoro. Cuentos de los mares del sur.* Prólogo de Sergio Pitol. 20.00

72. **STOWE, Harriet Beecher:** *La cabaña del tío Tom.* Introducción de Daniel Moreno. 30.00

525. **SUE, Eugenio:** *Los misterios de París.* Tomo I. 29.00

526. **SUE, Eugenio:** *Los misterios de París.* Tomo II. 29.00

628-
629. **SUE, Eugenio:** *El judío errante.* 2 tomos. 144.00

355. **SUETONIO:** *Los doce Césares.* Introducción de Francisco Montes de Oca ... 20.00

SURGUCHOV. Véase: **CUENTOS RUSOS**

196. **SWIFT, Jonathan:** *Viajes de Gulliver.* Traducción, prólogo y notas de Monserrat Alfau. 18.00

291. **TACITO, Cornelio:** *Anales.* Estudio preliminar de Francisco Montes de Oca. 18.00

33. **TAGORE, Rabindranath:** *La luna nueva. El jardinero. El cartero del rey. Las piedras hambrientas y otros cuentos.* Estudio de Daniel Moreno. 30.00

647. **TAINE, Hipólito:** *Filosofía del arte.* Prólogo de Raymond Dumay. 36.00

232. **TARACENA, Alfonso:** *Francisco I. Madero.* 18.00

386. **TARACENA, Alfonso:** *José Vasconcelos.* 18.00

610. **TARACENA, Alfonso:** *La verdadera Revolución Mexicana. (1901-1911).* Prólogo de José Vasconcelos. 51.00

611. **TARACENA, Alfonso:** *La verdadera Revolución Mexicana. (1912-1914).* Palabras de Sergio Golwarz. 51.00

612. **TARACENA, Alfonso:** *La verdadera Revolución Mexicana. (1915-1917).* Palabras de Jesús González Schmal. 51.00

613. **TARACENA, Alfonso:** *La verdadera Revolución Mexicana. (1918-1921).* Palabras de Enrique Krauze. 51.00

614. **TARACENA, Alfonso:** *La verdadera Revolución Mexicana. (1922-1924).* Palabras de Ceferino Palencia. 51.00

615. **TARACENA, Alfonso:** *La verdadera Revolución Mexicana. (1925-1927).* Palabras de Alfonso Reyes. 51.00

616. **TARACENA, Alfonso:** *La verdadera Revolución Mexicana. (1928-1929).* Palabras de Rafael Solana, Jr. 51.00

617. **TARACENA, Alfonso:** *La verdadera Revolución Mexicana. (1930-1931).* Palabras de José Muñoz Cota. 51.00

618. **TARACENA, Alfonso:** *La verdadera Revolución Mexicana. (1932-1934).* Palabras de Martín Luis Guzmán. 51.00

619. **TARACENA, Alfonso:** *La verdadera Revolución Mexicana. (1935-1936).* Palabras de Enrique Alvarez Palacios. 51.00

620. **TARACENA, Alfonso:** *La verdadera Revolución Mexiana. (1937-1940).* Palabras de Carlos Monsiváis. 51.00

TASIN: Véase: **CUENTOS RUSOS**

403. **TASSO, Torcuato:** *Jerusalén libertada.* Prólogo de M. Th. Laignel. 18.00

325. **TEATRO ESPAÑOL CONTEMPORANEO: BENAVENTE:** *Los intereses creados. La malquerida.* **MARQUINA.** *En Flandes se ha puesto el sol.* **HNOS. ALVAREZ QUINTERO:** *Malvaloca.* **VALLE INCLAN:** *El embrujado.* **UNAMUNO:** *Sombras de sueño.* **GARCIA LORCA:** *Bodas de sangre.* Introducción y anotaciones por Joseph W. Zdenek y Guillermo I. Castillo-Feliú. 27.00

PRECIOS SUJETOS A VARIACION SIN PREVIO AVISO

330. **TEATRO ESPAÑOL CONTEMPORANEO: LOPEZ RUBIO:** *Celos del aire.* **MIHURA:** *Tres sombreros de copa.* **LUCA DE TENA:** *Don José, Pepe y Pepito.* **SASTRE:** *La mordaza.* **CALVO SOTELO:** *La muralla.* **PEMAN:** *Los tres etcéteras de Don Simón.* **NEVILLE:** *Alta fidelidad.* **PASO:** *Cosas de papá y mamá.* **OLMO:** *La camisa.* **RUIZ IRIARTE:** *Historia de un adulterio.* Introducción y anotaciones por Joseph W. Zdenek y Guillermo I. Castillo-Feliú. .... $ 22.00

350. **TEIXIDOR, Felipe:** *Viajeros mexicanos. (Siglos XIX y XX).* 22.00

37. **TEOGONIA E HISTORIA DE LOS MEXICANOS.** *Tres opúsculos del Siglo XVI.* Edición de Angel M. Garibay K. 18.00

253. **TERENCIO:** *Comedias: La andriana. El eunuco. El atormentador de sí mismo. Los hermanos. La suegra. Formión.* Estudio preliminar de Francisco Montes de Oca. 15.00

TIMONEDA: Véase: **AUTOS SACRAMENTALES**

201. **TOLSTOI, León:** *La guerra y la paz. De "La guerra y la paz"* por Eva Alexandra Uchmany. 65.00

205. **TOLSTOI, León:** *Ana Karenina.* Prólogo de Fedro Guillén. 36.00

295. **TOLSTOI, León.** *Cuentos escogidos.* Prólogo de Fedro Guillén. 18.00

394. **TOLSTOI, León:** *Infancia-Adolescencia-Juventud. Recuerdos.* Prólogo de Salvador Marichalar. 29.00

413. **TOLSTOI, León:** *Resurrección.* Prólogo de Emilia Pardo Bazán. 29.00

463. **TOLSTOI, León:** *Los Cosacos. Sebastopol. Relatos de guerra.* Prólogo de Jaime Torres Bodet. 18.00

479. **TORRE VILLAR, Ernesto de la:** *Los Guadalupes y la independencia.* Con una selección de documentos inéditos. 15.00

550. **TRAPE, Agostino:** *San Agustín. El hombre, el pastor, el místico.* Presentación y traducción de Rafael Gallardo García O.S.A. 29.00

290. **TUCIDIDES:** *Historia de la guerra del Peloponeso.* Introducción de Edmundo O'Gorman. 29.00

453. **TURGUENEV, Iván:** *Nido de Hidalgos. Primer amor. Aguas primaverales.* Prólogo de Emilia Pardo Bazán. 18.00

TURGUENEV: Véase: **CUENTOS RUSOS**

591. **TURNER, John Kenneth:** *México bárbaro.* 20.00

209. **TWAIN, Mark:** *Las aventuras de Tom Sawyer.* Introducción de Arturo Souto Alabarce. 20.00

337. **TWAIN, Mark:** *El príncipe y el mendigo.* Introducción de Arturo Souto A. .. 18.00

UCHMANY, Eva: Véase: **TOLSTOI, León**

UNAMUNO, Miguel de. Véase: **TEATRO ESPAÑOL CONTEMPORANEO**

384. **UNAMUNO, Miguel de:** *Cómo se hace una novela. La tía Tula. San Manuel bueno, o mártir y tres historias más.* Retrato de Unamuno por J. Cassou y comentarios de Unamuno. 20.00

388. **UNAMUNO, Miguel de.** *Niebla. Abel Sánchez. Tres novelas ejemplares y un prólogo.* 25.00

402. **UNAMUNO, Miguel de:** *Del sentimiento trágico de la vida. La agonía del cristianismo.* Introducción de Ernst Robert Curtius. 15.00

408. **UNAMUNO, Miguel de:** *Por tierras de Portugal y España. Andanzas y visiones españolas.* Introducción de Ramón Gómez de la Serna. 18.00

417. **UNAMUNO, Miguel de:** *Vida de Don Quijote y Sancho. En torno al casticismo.* Introducción de Salvador de Madariaga. 45.00

523. **UNAMUNO, Miguel de:** *Antología poética.* Prólogo de Arturo Souto A. 22.00

480. **URBINA, Luis G. y otros:** *Antología del centenario.* Estudio documentado de la literatura mexicana durante el primer siglo de independencia 1800-1821. Obra compilada bajo la dirección de Don Justo Sierra. 29.00

PRECIOS SUJETOS A VARIACION SIN PREVIO AVISO

237. **USIGLI, Rodolfo:** *Corona de sombra. Corona de fuego. Corona de luz.* .... $ 27.00
52. **VALDES, Juan de:** *Diálogo de la lengua.* Prólogo de Juan M. Lope Blanch. 20.00
VALDIVIELSO: Véase: **AUTOS SACRAMENTALES**
56. **VALERA, Juan:** *Pepita Jiménez y Juanita la Larga.* Prólogo de Juana de Ontañón. 18.00
190. **VALMIKI:** *El Ramayana.* Prólogo de Teresa E. Rohde. 14.00
135. **VALLE-INCLAN, Ramón del:** *Sonata de primavera. Sonata de estío. Sonata de otoño. Sonata de invierno. (Memorias del Marqués de Bradomín).* Estudio preliminar de Allen W. Phillips. 18.00
287. **VALLE-INCLAN, Ramón del:** *Tirano Banderas.* Introducción de Arturo Souto A. 12.00
VALLE-INCLAN, Ramón del. Véase: **TEATRO ESPAÑOL CONTEMPORANEO**
55. **VARGAS MARTINEZ, Ubaldo:** *Morelos: siervo de la nación.* 22.00
95. **VARONA, Enrique José:** *Textos escogidos.* Ensayo de interpretación, acotaciones y selección de Raimundo Lazo. 22.00
425. **VEGA, Garcilaso de la y BOSCAN, Juan:** *Poesías completas.* Prólogo de Dámaso Alonso. 27.00
439. **VEGA, Garcilaso de la "El Inca":** *Comentarios reales.* Introducción de José de la Riva-Agüero. 27.00
217. **VELA, Arqueles:** *El modernismo. Su filosofía. Su ética. Su técnica.* 22.00
243. **VELA, Arqueles:** *Análisis de la expresión literaria.* 18.00
339. **VELEZ DE GUEVARA, Luis:** *El diablo cojuelo. Reinar después de morir.* Introducción de Arturo Souto A. 15.00
111. **VERNE, Julio:** *De la tierra a la luna. Alrededor de la luna.* Prólogo de María Elvira Bermúdez. 18.00
114. **VERNE, Julio:** *Veinte mil leguas de viaje submarino.* Nota de María Elvira Bermúdez. 25.00
116. **VERNE, Julio:** *Viaje al centro de la Tierra. El doctor Ox. Maese Zacarías. Un drama en los aires.* Nota de María Elvira Bermúdez. 18.00
123. **VERNE, Julio.** *La isla misteriosa.* Nota de María Elvira Bermúdez. 22.00
168. **VERNE, Julio:** *La vuelta al mundo en 80 días. Las tribulaciones de un chino en China.* 20.00
180. **VERNE, Julio:** *Miguel Strogoff.* Con una biografía de Julio Verne por María Elvira Bermúdez. 15.00
183. **VERNE, Julio:** *Cinco semanas en globo.* Prólogo de María Elvira Bermúdez. 12.00
186. **VERNE, Julio:** *Un capitán de quince años.* Prólogo de María Elvira Bermúdez. 18.00
189. **VERNE, Julio:** *Dos años de vacaciones.* Prólogo de María Elvira Bermúdez. 15.00
260. **VERNE, Julio:** *Los hijos del capitán Grant.* Nota preliminar de María Elvira Bermúdez. 22.00
361. **VERNE, Julio.** *El castillo de los Cárpatos. Las indias negras. Una ciudad flotante.* Nota preliminar de María Elvira Bermúdez. 18.00
404. **VERNE, Julio:** *Historia de los grandes viajes y los grandes viajeros.* 27.00
445. **VERNE, Julio:** *Héctor Servadac.* Prólogo de María Elvira Bermúdez. 22.00
509. **VERNE, Julio:** *La Jangada. Ochocientas leguas por el Río de las Amazonas.* 18.00
513. **VERNE, Julio:** *Escuela de los Robinsones.* Nota preliminar de María Elvira Bermúdez. 18.00
539. **VERNE, Julio:** *Norte contra Sur.* 15.00
541. **VERNE, Julio.** *Aventuras del capitán Hatteras. Los ingleses en el Polo Norte. El desierto de hielo.* 18.00
543. **VERNE, Julio:** *El país de las pieles.* 15.00
551. **VERNE, Julio:** *Kerabán el testarudo.* 15.00

PRECIOS SUJETOS A VARIACION SIN PREVIO AVISO

552.	VERNE, Julio: *Matías Sandorf.* Novela laureada por la Academia Francesa.	$ 18.00
569.	VERNE, Julio: *El archipiélago de fuego. Clovis Dardentor. De Glasgow a Charleston. Una invernada entre los hielos.*	18.00
570.	VERNE, Julio: *Los amotinados de la Bounty. Mistress Branican.*	15.00
571.	VERNE, Julio: *Un drama en México. Aventuras de tres rusos y de tres ingleses en el África Austral. Claudio Bombarnac.*	18.00
575.	VERNE, Julio: *César Cascabel.*	18.00
	VIDA DEL BUSCON DON PABLOS: Véase: LAZARILLO DE TORMES.	
163.	VIDA Y HECHOS DE ESTEBANILLO GONZALEZ. Prólogo de Juana de Ontañón.	15.00
227.	VILLAVERDE, Cirilo: *Cecilia Valdés. Novela de costumbres cubanas.* Estudio crítico de Raimundo Lazo.	24.00
147.	VIRGILIO. *Eneida. Geórgicas. Bucólicas.* Edición revisada por Francisco Montes de Oca.	15.00
261.	VITORIA, Francisco de: *Reelecciones. Del estado, de los indios y del derecho de la guerra.* Con una introducción de Antonio Gómez Robledo.	15.00
447.	VIVES, Juan Luis: *Tratado de la enseñanza. Introducción a la sabiduría. Escolta del alma. Diálogos. Pedagogía pueril.* Estudio preliminar y prólogos por José Manuel Villalpando.	33.00
27.	VOCES DE ORIENTE. *Antología de textos literarios del cercano Oriente.* Traducciones, introducciones, compilación y notas de Angel María Garibay K.	15.00
398.	VOLTAIRE: *Cándido. Zadig. El ingenuo. Micrómegas. Memmon y otros cuentos.* Prólogo de Juan Antonio Guerrero.	18.00
634.	VON KLEIST, Heinrich. *Michael Kohlhaas y otras narraciones. Heinrich Von Kleist* por Stefan Zewig.	27.00
170.	WALLACE, Lewis: Ben-Hur. Prólogo de Joaquín Antonio Peñalosa.	25.00
	WICKRAM, Jorge: Véase: ANONIMO	
133.	WILDE, Oscar: *El retrato de Dorian Gray. El príncipe feliz. El ruiseñor y la rosa. El crimen de Lord Arthur Saville. El fantasma de Canterville.* Traducción, prólogo y notas de Monserrat Alfau.	20.00
238.	WILDE, Oscar: *La importancia de llamarse Ernesto. El abanico de Lady Windermere. Una mujer sin importancia. Un marido ideal. Salomé.* Traducción y prólogo de Monserrat Alfau.	22.00
161.	WISEMAN, Cardenal: *Fabiola o la Iglesia de las Catacumbas.* Introducción de Joaquín Antonio Peñalosa.	15.00
90.	ZARCO, Francisco: *Escritos literarios.* Selección, prólogo y notas de René Avilés.	22.00
546.	ZAVALA, Silvio: *Recuerdo de Vasco de Quiroga.*	33.00
269.	ZEA, Leopoldo: *Conciencia y posibilidad del mexicano. El occidente y la conciencia de México. Dos ensayos sobre México y lo mexicano.*	15.00
528.	ZEVACO, Miguel: *Los Pardaillán. Tomo I: En las garras del monstruo. La espía de la Médicis. Horrible revelación.*	22.00
529.	ZEVACO, Miguel: *Los Pardaillán. Tomo II: El círculo de la muerte. El cofre envenenado. La cámara del tormento.*	22.00
530.	ZEVACO, Miguel: *Los Pardaillán. Tomo III: Sudor en sangre. La sala de las ejecuciones. La venganza de Fausta.*	22.00
531.	ZEVACO, Miguel: *Los Pardaillán. Tomo IV: Una tragedia en la Bastilla. Vida por vida. La crucificada.*	22.00
532.	ZEVACO, Miguel: *Los Pardaillán. Tomo V: El vengador de su madre. Juan el Bravo. La hija del Rey Hugonote.*	22.00
548.	ZEVACO, Miguel: *Los Pardaillán. Tomo VI: El tesoro de Fausta. La prisionera. La casa misteriosa.*	22.00

PRECIOS SUJETOS A VARIACION SIN PREVIO AVISO

555.	**ZEVACO, Miguel:** *Los Pardaillán. Tomo VII: El día de la justicia. El santo oficio. Ante el César.*	$ 22.00
556.	**ZEVACO, Miguel:** *Los Pardaillán. Tomo VIII: Fausta la diabólica. Pardaillán y Fausta. Tallo de lirio.*	22.00
558.	**ZEVACO, Miguel:** *Los Pardillán. Tomo IX: La abandonada. La dama blanca. El fin de los Pardaillán.*	22.00
412.	**ZOLA, Emilio:** *Naná.* Prólogo de Emilia Pardo Bazán.	18.00
414.	**ZOLA, Emilio:** *La taberna.* Prólogo de Guy de Maupassant.	20.00
58.	**ZORRILLA, José:** *Don Juan Tenorio. El puñal del Godo.* Prólogo de Salvador Novo.	18.00
153.	**ZORRILLA DE SAN MARTIN, Juan:** *Tabaré.* Estudio crítico por Raimundo Lazo.	15.00
418.	**ZWEIG, Stefan:** *El mundo de ayer.*	22.00
589.	**ZWEIG, Stefan:** *Impaciencia del corazón.*	15.00

TENEMOS EJEMPLARES ENCUADERNADOS EN TELA

PRECIOS SUJETOS A VARIACION SIN PREVIO AVISO

EDITORIAL PORRUA

BIBLIOTECA JUVENIL PORRUA

LAS OBRAS MAESTRAS ADAPTADAS AL ALCANCE DE NIÑOS Y JÓVENES CON ILUSTRACIONES EN COLOR

BIBLIOTECA JUVENIL PORRUA

1. CERVANTES SAAVEDRA, Miguel de: **Aventuras de Don Quijote.** Primera parte. Adaptadas para los niños por Pablo Vila. 2a. edición. 1994. 112 pp. Rústica .... $ 15.00
2. —**Aventuras de Don Quijote.** Segunda parte. Adaptadas para los niños por Pablo Vila. 2a. edición. 1994. 144 pp. Rústica 15.00
3. **Amadís de Gaula.** Relatada a los niños por María Luz Morales. 1a. edición. 1992. 103 pp. Rústica 15.00
4. **Historia de Guillermo Tell.** Adaptada a los niños por H. E. Marshall. 2a. edición. 1994. 82 pp. Rústica 15.00
5. MILTON, John: **El paraíso Perdido.** Adaptadas para los niños por Manuel Vallvé. 1a. edición. 1992. 77 pp. Rústica 15.00
6. **Hazañas del Cid Campeador.** Adaptación para los niños por María Luz Morales. 2a. edición. 1994. 113 pp. Rústica 15.00
7. CAMOENS, Luis de: **Los Lusiadas.** Poema épico. Adaptada para los niños por Manuel Vallvé. 1a. edición. 1992. 77 pp. Rústica 15.00
8. ALIGHIERI, Dante: **La Divina Comedia.** Adaptación a los niños por Mary MacGregor. 1a. edición. 1992. 101 pp. Rústica 15.00
9. **Aventuras del Barón de Munchhausen.** Relatadas a los niños. 1a. edición. 1992. 125 pp. Rústica 15.00
10. **La Iliada o El Sitio de Troya.** Relatada a los niños por María Luz Morales. 2a. edición. 1994. 98 pp. Rústica 15.00
11. SCOTT, Walter: **Ivanhoe.** Adaptación para los niños por Manuel Vallvé. 1a. edición. 1992. 119 pp. Rústica 15.00
12. **Cantar de Roldán, El.** Adaptación para los niños por H. E. Marshall. 1a. edición. 1992. 93 pp. Rústica 15.00
13. TASSO, Torcuato: **La Jerusalén Libertada.** Adaptada para los niños por José Baeza. 1a. edición. 1992. 105 pp. Rústica 15.00
14. **Historias de Ruiz de Alarcón.** Relatadas a los niños por María Luz Morales. 1a. edición. 1992. 105 pp. Rústica 15.00
15. RODAS, Apolonio de: **Los Argonautas.** Adaptado a los niños por Carmela Eulate. 1a. edición. 1993. 101 pp. Rústica 15.00
16. **Aventuras de Gil Blas de Santillana.** Adaptado para los niños por María Luz Morales. 1a. edición. 1992. 115 pp. Rústica. 15.00
17. CERVANTES SAAVEDRA, Miguel de: **La Gitanilla. El Amante Liberal.** Adaptado a los niños por María Luz Morales. 1a. edición. 1992. 103 pp. Rústica. 15.00
18. **Cuentos de Hoffman.** Relatados a los niños por Manuel Vallvé. 1a. edición. 1992. 101 pp. Rústica. 15.00
19. HOMERO: **La Odisea.** Relatada a los niños por María Luz Morales. 2a. edición. 1994. 109 pp. Rústica. 15.00
20. **Cuentos de Edgar Allan Poe.** Relatados a los niños por Manuel Vallvé. 2a. edición. 1994. 78 pp. Rústica. 15.00
21. ARIOSTO, Ludovico: **Orlando Furioso.** Relatado a los niños. 1a. edición. 1993. 91 pp. Rústica. 15.00
22. **Historias de Wagner.** Adaptado a los niños por C. E. Smith. 1a. edición. 1993. 105 pp. Rústica. 15.00
23. **Tristán e Isolda.** Adaptado a los niños por Manuel Vallvé. 1a. edición. 1993. 87 pp. Rústica. 15.00
24. **Historias de Moliére.** Relatadas a los niños por José Baeza. 1a. edición. 1993. 73 pp. Rústica. 15.00

PRECIOS SUJETOS A VARIACION SIN PREVIO AVISO

25. **Historia de Lope de Vega.** Relatadas a los niños por Ma. Luz Morales. 1a. edición. 1993. 93 pp. Rústica. .... $ 15.00
26. **Mil y una Noches, Las.** Narradas a los niños por C. G. 1a. edición. 1993. 85 pp. Rústica. 15.00
27. **Historias de Tirso de Molina.** Relatadas a los niños. 1a. edición 1993. 95 pp. Rústica. 15.00
28. **Cuentos de Schmid.** Relatada a los niños por E. H. H. 1a. edición 1993. 124 pp. Rústica. 15.00
29. IRVING, Washington: **Cuentos de la Alhambra.** Relatada a los niños por Manuel Vallvé. 1a. edición. 1993. 78 pp. Rústica. 15.00
30. WAGNER, R.: **El Anillo del Nibelungo.** Relatada a la juventud por Manuel Vallvé. 1a. edición. 1993. 109 pp. Rústica. 15.00
31. **Historias de Juan Godofredo de Herder.** Adaptado a los niños por Leonardo Panizo. 1a. edición. 1993. 75 pp. Rústica. 15.00
32. **Historias de Plutarco.** Adaptado a los niños por Manuel Vallvé. 1a. edición. 1993. 93 pp. Rústica. 15.00
33. IRVING, Washington: **Más Cuentos de la Alhambra.** Adaptado a los niños por Manuel Vallvé. 1a. edición. 1993. 91 pp. Rústica......... 15.00
34. **Descubrimiento del Perú.** Relatadas a los niños por Fray Celso García (Agustino). 1a. edición. 1993. 125 pp. Rústica. 15.00
35. **Más Historias de Hans Andersen.** Traducción y adaptación de Manuel Vallvé. 1a. edición. 1993. 83 pp. Rústica. 15.00
36. KINGSLEY, Charles: **Los héroes.** Relatado a los niños por Mary MacGregor. 1a. edición. 1993. 103 pp. Rústica. 15.00
37. **Leyendas de Peregrinos.** (Historia de Chaucer). Relatadas a los niños por Janet Harvey Kelma. 1a. edición. 1993. 89 pp. Rústica 15.00
38. **Historias de Goethe.** Relatado a los niños por María Luz Morales. 1a. edición. 1993. 107 pp. Rústica 15.00
39. VIRGILIO MARON, Publio: **La Eneida.** Relatada a los niños por Manuel Vallvé. 1a. edición. 1993. 81 pp. Rústica..................... 15.00
40. **Los Caballeros de la Tabla Redonda.** Leyendas relatadas a los niños por Manuel Vallvé. 1a. edición. 1993. 95 pp. Rústica 15.00
41. **Historias de Shakespeare.** Explicadas a los niños por Jeanie Lang. 1a. edición. 1993. 127 pp. Rústica. 15.00
42. **Historias de Calderón de la Barca. El Alcalde de Zalamea. La Vida es Sueño.** Relatadas a los niños por Manuel Vallvé. 1a. edición. 1993. 87 pp. Rústica. 15.00
43. **Historias de Eurípides.** Narradas a los niños por María Luz Morales. 1a. edición. 1993. 103 pp. Rústica. 15.00
44. SWIFT, Jonathan: **Viajes de Gulliver a Liliput y Brobdingnang.** Relatados a los niños por John Lang. 1a. edición. 1993. 100 pp. Rústica. 15.00
45. **Historias de Rojas Zorrilla.** Adaptadas a la juventud por José Baeza. 1a. edición. 1994. 107 pp. Rústica. 15.00
46. **Más Historias de Shakespeare.** Relatadas a los niños por Jeanie Lang. 1a. edición. 1994. 101 pp. Rústica. 15.00
47. **Cuentos de Perrault.** Relatada a los niños por María Luz Morales. 1a. edición. 1994. 101 pp. Rústica. 15.00
48. **Historias de Lucano.** Relatadas a los niños por Francisco Esteve. 1a. edición. 1994. 100 pp. Rústica. 15.00
49. CERVANTES, Miguel de: **Entremeses.** Adaptación por José Baeza. 1a. edición. 1994. 97 pp. Rústica. 15.00
50. **La Cabaña del Tío Tom.** Relatada a los niños por H. E. Marshall. 1a. edición. 1994. 103 pp. Rústica. 15.00
51. **Ramayana de Valmiki, El.** Relatado a la juventud por Carmela Eulate. 1a. edición. 1994. 112 pp. Rústica. 15.00

PRECIOS SUJETOS A VARIACION SIN PREVIO AVISO

52. **Conde Lucanor, El.** Relatado a la juventud por Francisco Esteve. 1a. edición. 1994. 134 pp. Rústica. .... $ 15.00

53. FENELON, M. de. **Las Aventuras de Telémaco.** Adaptación por José Baeza. 1a. edición. 1994. 103 pp. Rústica. 15.00

54. CROCE, Della: **Bertoldo, Bertoldino y Cacaseno.** Adaptación por José Baeza. 1a. edición. 1994. 91 pp. Rústica. 15.00

55. **Historias de Hans Andersen.** Relatadas a los niños por Mary MacGregor. 1a. edición. 1994. 100 pp. Rústica. 15.00

56. **Historias de Esquilo.** Relatadas a la juventud por María Luz Morales. 1a. edición. 1994. 111 pp. Rústica. 15.00

57. **Más mil y una Noches.** Relatadas a la juventud por C. G. 1a. edición. 1994. 97 pp. Rústica. 15.00

58. **Fausto.** Célebre poema de Goethe. Adaptado para la juventud por Francisco Esteve. 1a. edición. 1994. Rústica. 15.00

59. **Tienda del anticuario, La.** Adaptación para la juventud por José Baeza. 1a. edición. 1994. 105 pp. Rústica. 15.00

60. **Sakuntala de Kalidasa.** Adaptación de Carmela Eulate. 1a. edición. 1994. 104 pp. Rústica. 15.00

61. **Trovas de otros Tiempos.** Leyendas españolas. Relatadas a los niños por María Luz Morales. 1a. edición. 1994. 83 pp. Rústica. 15.00

62. **Leyendas de Oriente.** Relatadas a los niños por María Luz Morales. 1a. edición. 1994. 121 pp. Rústica. 15.00

63. **Historias de Sófocles.** Adaptadas para los niños por María Luz Morales. 1a. edición. 1994. 97 pp. Rústica. 15.00

64. HURTADO DE MENDOZA, Diego. **El Lazarillo de Tormes.** Adaptación para los niños por José Escofet. 1a. edición. 1994. 93 pp. Rústica. 15.00

65. **Historias de Lord Byron.** Relatadas a la juventud por José Baeza. 1a. edición. 1994. 93 pp. Rústica. 15.00

66. **Historias de Plauto. Los Cautivos. La Aulularia. Gorgojo.** Adaptadas a la juventud por José Baeza. 1a. edición. 1994. 113 pp. Rústica. 15.00

67. **Cuentos de Grimm.** Adaptada a la juventud por María Luz Morales. 1a. edición. 1994. 107 pp. Rústica. 15.00

68. **Más Cuentos de Grimm.** Adaptada a la juventud por Manuel Vallvé. 1a. edición. 1994. 95 pp. Rústica. 15.00

69. DICKENS, Carlos: **El Canto de Navidad.** Adaptada a la juventud por Manuel Vallvé. 1a. edición. 1994. 81 pp. Rústica. 15.00

70. SCHLEMIHL, Pedro: **El hombre que vendió su sombra.** Adaptada a la juventud por Manuel Vallvé. 1a. edición. 1994. 89 pp. Rústica. 15.00

71. **Historias de Till Eulenspiegel.** Adaptada a la juventud por Manuel Vallvé. 1a. edición. 1994. 91 pp. Rústica. 15.00

72. **Beowulf.** Leyendas Heroicas. Relatado para la juventud por Manuel Vallvé. 1a. edición. 1994. 91 pp. Rústica. 15.00

73. **Fábulas de Samaniego.** Cuidadosamente elegidas y adaptadas para los niños. 1a. edición. 1994. 144 pp. Rústica. 15.00

74. HURTADO DE MENDOZA, Diego: **Los siete infantes de Lara.** Leyendas del Romancero Castellano por Manuel Vallvé. 1a. edición. 1994. 97 pp. Rústica. 15.00

75. **Fábulas de Esopo.** Relatadas a la juventud. 1a. edición. 1994. 120 pp. Rústica. 15.00

76. **Leyendas de Sigfrido, La.** Adaptada para la juventud por María Luz Morales. 1a. edición. 1994. 116 pp. Rústica. 15.00

77. DEFOE, Daniel: **Aventuras de Robinson Crusoe.** Relatadas a la juventud por Jeanie Lang. Versión española de Manuel Vallvé. 1a. edición. 1994. 92 pp. Rústica. 15.00

PRECIOS SUJETOS A VARIACION SIN PREVIO AVISO